Sprache – Kultur – Gesellschaft 26

Beiträge zu einer anwendungsbezogenen Sozio- und Ethnolinguistik

Hrsg. von Prof. Dr. Sabine Bastian
Prof. Dr. Laurent Gautier

Laura Rothe

Der Bologna-Prozess im Fachbereich Translatologie

Empirische Untersuchung der europäischen Studienreform 2006–2016

PETER LANG

Berlin - Bruxelles - Chennai - Lausanne - New York - Oxford

Bibliografische Information der Deutschen Nationalbibliothek
Die Deutsche Nationalbibliothek verzeichnet diese Publikation in der Deutschen Nationalbibliografie; detaillierte bibliografische Daten sind im Internet über http://dnb.d-nb.de abrufbar.

Zugl.: Leipzig, Univ., Diss., 2024

Umschlagabbildung:
Innenhof des Palazzo dell'Archiginnasio,
Sitz der Universität Bologna von 1563-1803.
© xamnesiacx84/Shutterstock.com

15
ISSN 2195-3678
ISBN 978-3-631-92562-1 (Print)
E-ISBN 978-3-631-92563-8 (E-PDF)
E-ISBN 978-3-631-92564-5 (E-PUB)
DOI 10.3726/b22265

Verlegt durch Peter Lang GmbH, Berlin, Deutschland

info@peterlang.com www.peterlang.com

Diese Publikation wurde begutachtet.

„Der Staat muss seine Universitäten weder als Gymnasium noch als Specialschulen behandeln." – Humboldt im Jahr 1810

(Humboldt et al. 1964 // 2002, S. 260)

Danksagung

Mein größter Dank gebührt an dieser Stelle dem freien Studiensystem von Forschung und Lehre, das mich über die Jahre meines Diplomstudiums begleitete, und mir Wege abseits der ausgetretenen Pfade sowie Exkursionen in fremde Fachgebiete ermöglichte, immer mit der Option auf Rückkehr in den Schoß meines Fachbereichs. Vor allem angesichts der geänderten Studienbedingungen, deren „erste Generation Bologna" ich in dieser Arbeit untersuchen durfte, bin ich unendlich dankbar für diese Möglichkeiten, die nicht nur meine persönlichen Entscheidungen beeinflussten, sondern auch meine Bildung in einem Lernumfeld ohne Scheuklappen gedeihen ließen. Sich fachliche Inhalte anzueignen bleibt ein nachrangiges Ziel, nachgeordnet der Geistesbildung. Diesem Grundsatz im Sinne des Humboldt'schen Ideals fühle ich mich verpflichtet, und diesen möchte ich weitertragen.

Dabei geholfen hat mir über die Jahre allen voran meine Betreuerin und Gutachterin Frau Prof. Dr. Sabine Bastian. Schon die Themenfindung war eine Gemeinschaftsarbeit, und ihre Doktorand:innenkolloquien bildeten über viele Jahre hinweg den Rahmen meiner Lehr- und Forschungstätigkeit. Auch nach ihrer Emeritierung stand sie mir stets zur Seite und war jederzeit für ein Gespräch zur Stelle. Ihre Überzeugung kam dabei niemals ins Wanken, auch dann nicht, als ich ins Wanken kam. Zum guten Schluss half mir mein zweiter Gutachter, Herr Prof. Dr. Czulo, über die Schwelle. Ihm habe ich es zu verdanken, dass ich die Doktorarbeit wieder als das sehen konnte, was sie war: als eine „Arbeit", und dass ich in der Folge ihr Idealbild von Perfektion überwinden konnte. Die Perfektion hatte mir viele Jahre vorgeschwebt, und ich glaubte sie in der Dissertation meiner Freundin Frau Dr. Silke Baum zu sehen. Sie beriet mich als Sozialwissenschaftlerin stetig und fachlich fundiert, was die Fragen der empirischen Forschung anging. Doch erst als sie mir die Illusion von der Perfektion ihrer eigenen Dissertation nahm, konnte ich die Unzulänglichkeiten der meinen akzeptieren.

Die inhaltliche Ausgestaltung der Studie, der Lebenshauch dieser Arbeit, sowie wertvolle weiterführende Inspirationen wären nicht denkbar gewesen ohne meine zahlreichen, wissbegierigen und auskunftsfreudigen Probandinnen und Probanden, denen ich hiermit ganz herzlich für ihre Teilnahme und ihre mit mir geteilte Zeit danke.

Nicht zuletzt haben meine Familie, meine Freundinnen und Freunde über viele Jahre hinweg geduldig den Prozess des Werdens und die Perioden der

Stagnation begleitet. Sie taten dies stets aus beobachtender Perspektive, und niemals mit einer fordernden Haltung. Danke für eure Geduld.

Eine Doktorarbeit ist ein Projekt, oder mehr noch ein Prozess, der eine Person viele Jahre lang begleitet und prägt. Es wechseln sich dabei Phasen der Produktivität mit Phasen der Lethargie ab, Momente der Unschlüssigkeit wollen ausgehalten und Momente der Begeisterung erlebt werden. Eines wird eine Doktorarbeit allerdings niemals sein: abgeschlossen.

Inhaltsverzeichnis

Abbildungs- und Tabellenverzeichnis

Abkürzungsverzeichnis

Abb.	Abbildung
Allg.	Allgemein(es)
Audiovisual TL	Audiovisuelles Übersetzen
BA	Bachelor of Arts
BE	Bologna-Erklärung
BMBF	Bundesministerium für Bildung und Forschung
BP	Bologna-Prozess
CAD	Computer Aided Design
CAT	Computer Aided Translation
D/DE	Deutsch
DAF	Deutsch als Fremdsprache
DM	Dolmetschen
E/EN	Englisch
ECTS	European Credit Transfer and Accumulation System
EHEA	European Higher Education Area
EHR	Europäischer Hochschulraum
EWR	Europäischer Wirtschaftsraum
ENQA	European Network of Quality Assurance in Higher Education
ESIB	National Unions of Students in Europe
EURASHE	European Association of Institutions in Higher Education (Europäischer Verband von praxisorientierten Hochschulen)
FB	Fragebogen
HRG	Hochschulrahmengesetz
HRK	Hochschulrektorenkonferenz
HS	Hochschule
KMK	Kultusministerkonferenz
LV	Lehrveranstaltung
LP	Leistungspunkte
MA	Master of Arts
MB	Maschinenbau
Pers.	Person(en)
PLV	Praxisbetonte Lehrveranstaltung
PO	Prüfungsordnung

QM	Qualitätsmanagement
QS	Qualitätssicherung
S/ES	Spanisch
SG	Studiengang
SO	Studienordnung
TLV	Theoriebetonte Lehrveranstaltung
ÜB	Übersetzer:in
ÜS	Übersetzen

1 Einleitung

1.1 Hintergrund

49 Staaten bemühen sich seit inzwischen 25 Jahren um die Realisierung der Ziele der Bologna-Erklärung. Damit soll ein europäischer Hochschulraum geschaffen werden (HRK 2008, S. 7). Die Bildungssysteme von 27 EU-Staaten und 22 Nicht-EU-Staaten sollen mittels dieser Strukturreform besser koordinierbar werden. Nationale Universitäten haben bisher zur Bildung nationaler Identität große Beiträge geleistet (Hörner 2014, S. 7 f.). Nun sollen europäische Universitäten bestenfalls die Bildung von EU-Identität befördern. Ein erster Überblick über die Sekundärliteratur zeigte: Viele Autor:innen äußerten sich teilweise extrem kritisch zur Reform, auf jeden Fall aber skeptisch (vgl. Bollenbeck und Wende 2007a). Einige wenige untersuchten sie wirklich objektiv und zogen durchaus positive Bilanzen (vgl. Schwarz-Hahn und Rehburg 2004).

Dies hat verschiedene Gründe. Zuvorderst wirkt sich der Reformprozess vor allem auf die Studiengangstrukturen, aber auch auf die Studiengangsinhalte, die Organisationsabläufe der Hochschulen (HS), die Verwaltungsprozesse und nicht zuletzt auf die Entscheidungen der Studierenden aus (HRK 2008, S. 7). Diese Reform ist die größte seit Jahrzehnten, auch wenn mit ihrer Vorläuferin, der *Magna Charta Universitatum* bereits der Grundstein gelegt wurde (Banscherus 2007, S. 76). Das Entstehen von Kontroversen ist daher in diesem komplexen Prozess nicht überraschend.

Mit Hilfe des Bologna-Prozesses (BP) sollte sich die Studiendauer verkürzen, es sollte weniger Studienabbrecher:innen geben, die Absolventen:innen[1] sollten für den Arbeitsmarkt besser qualifiziert werden und die Studiengänge und Abschlüsse sollten international kompatibel werden. Die duale Struktur sieht eine Gliederung in zwei Abschlüsse vor: Bachelor und Master (HRK 2008, S. 11). In der vorliegenden Arbeit findet eine Auseinandersetzung mit der praktischen Umsetzung dieser Strukturen im übersetzungswissenschaftlichen[2] Bereich und

---

1 In dieser Arbeit erfolgt die Genderkennzeichnung üblicherweise mittels Doppelpunkts. Wenn möglich, werden neutrale Bezeichnungen gewählt oder es werden beide Formen genannt. In wenigen Fällen repräsentiert die männliche Form beide Geschlechter.

2 Der Terminus *Übersetzungswissenschaft* wird in dieser Arbeit gleichbedeutend mit *Translatologie* verwendet und umgekehrt, da hier keine Fragestellungen der *Dolmetschwissenschaft* einbezogen werden sollen. Falls dies doch vorkommt, wird

deren Auswirkung auf die Lehrinhalte im Zuge des Bologna-Prozesses statt. Das Studiengebiet der Translatologie wird mit der brisanten Reformbewegung der Hochschulen in Verbindung gebracht. Die Translatologie ist eine der wichtigsten Grundlagen im Rahmen der Übersetzer:innenausbildung und unerlässlich für das spätere professionelle Arbeiten. Unter den Studierenden stellt sie eher einen umstrittenen Bereich dar. Es werden immer wieder Meinungen laut, die ihre Existenzberechtigung in Zweifel ziehen und die Übersetzerbildung eher an praktisch orientierten Fachhochschulen sehen. Dieses Thema wird im Weiteren ebenfalls aufgegriffen.

1.2 Forschungsziel

Die Reformsituation bis zum Jahr 2016 soll als Zwischenergebnis des bis dahin durchlaufenen Bologna-Prozesses eingeschätzt werden. Dies kann im Folgenden zur Bewertung des Internationalisierungsprozesses dienen. Der erste Abschnitt dazu stellt eine historische Untersuchung auf Makroebene dar. Anhand der genaueren Untersuchung der Lehrveranstaltungen und Curricula im Bereich Translatologie wurde anschließend mittels einer Korpusstudie und einer vertiefenden sozialwissenschaftlichen Interviewstudie festgestellt, ob und wie die Vergleichbarkeit der Studiengänge an den einzelnen Universitäten beurteilt werden kann. Diese empirische Untersuchung wurde auf Mikroebene durchgeführt. In diesem Zuge wird die Struktur im Vergleich zur inhaltlichen Ausgestaltung betrachtet. Die Wahrnehmung der Studierenden wird dabei für die Ermittlung des Reformstandes einbezogen.

1.3 Vorgehensweise und Gliederung

Die vorliegende Arbeit ist in einen theoretischen Teil, auf Basis der Textarbeit, und einen empirischen Teil gegliedert. Im theoretischen Teil werden sowohl der Bologna-Prozess als solches sowie einzelne nationale Ausprägungen untersucht. Auf dieser Basis werden Hypothesen über das Fortschreiten des Reformprozesses aufgestellt. Im empirischen Teil werden eine Korpusstudie sowie eine qualitative Erhebung in Form einer Interviewstudie durchgeführt. Der Vergleich der theoretischen und der empirischen Untersuchungen führt zu Schlussfolgerungen, auf deren Basis die Hypothesen geprüft und Vorschläge

explizit auf *Dolmetschwissenschaft* verwiesen. Siehe dazu auch Definitionen in Kapitel 2.6.2.1.

zu einer weiterführenden Untersuchung eingebracht werden können. Die Aufteilung der Kapitel wurde wie folgt gestaltet:

Zunächst werden in Kapitel 2 die theoretische Untersuchung der Bologna-Reformprozesse und deren politisch-wirtschaftliches Spannungsfeld umrissen. Damit wird die Forschung verortet und die Relevanz belegt. Dazu wird unter 2.1.1 die gesamteuropäische Hochschulentwicklung als Ausgangspunkt betrachtet und unter 2.1.2 die neuhumanistische Bildungsidee in Deutschland im Besonderen vertieft. Es folgen die Entwicklungen an den deutschen Hochschulen bis zur Wiedervereinigung unter Punkt 2.1.3 und darauf die aktuellen Hochschulentwicklungen im 21. Jahrhundert unter Punkt 2.1.4.

Im zweiten Unterkapitel wird im Detail auf die Reformlage des Bologna-Prozesses eingegangen. Dabei findet unter 2.2.1 eine Betrachtung des Widerstreits zwischen wissenschaftlicher Orientierung und universitärer Berufsausbildung statt. Im Folgenden wird unter 2.2.2 auf die Problematik von Massenstudium im Gegensatz zu aktuellen Exzellenzbestrebungen eingegangen. Punkt 2.2.3 behandelt die Vergesellschaftung der Wissenschaftsbereiche und im letzten Unterpunkt 2.2.4 wird die heikle Thematik der Einflussnahme von Wirtschaftsakteuren auf Wissenschaft und Hochschulen im Rahmen der Hochschulreform diskutiert.

Im Anschluss werden im dritten Unterkapitel die Bologna-Erklärung selbst (2.3.1) und deren Realisierung im Zuge der Folgekonferenzen (2.3.2) erläutert und schließlich die Ziele der Reformbewegung sowie deren Umsetzung klassifiziert und im Detail unter 2.3.3 dargestellt.

Es folgt eine nationale Vertiefung von drei Teilnehmerstaaten als Ergänzung zur Darstellung der Reformlage in Deutschland, und zwar zum Vereinigten Königreich von Großbritannien und Nordirland (2.4.1), zu Frankreich (2.4.2) und zur Situation in Italien (2.4.3). Dies bildet die Verstehensvoraussetzungen für die Untersuchungsergebnisse aus den Ländern, die neben Deutschland am häufigsten von den befragten Proband:innen im Rahmen ihrer Auslandsstudien besucht wurden, oder die deren Herkunftsländer und Heimatuniversitäten darstellten.

Eine Vertiefung zu den historischen und politischen Zusammenhängen, die zur Bologna-Erklärung geführt haben und deren Ausgestaltung bedingen, findet sich im fünften Unterkapitel. Zu diesem Zweck werden zuerst die Idee des Europäischen Hochschulraums in Verbindung mit dem Europäischen Wirtschaftsraum unter Punkt 2.5.1 geschildert. Es folgen Vertiefungen zur Wettbewerbsfähigkeit unter 2.5.2 und zur Beschäftigungsfähigkeit unter 2.5.3. Dabei wird bereits Bezug auf die Situation in den translatologischen Studiengängen genommen.

Der vierte und der fünfte Unterpunkt beziehen sich auf unterschiedliche Blickwinkel, die ein Scheitern der Reform wahrscheinlich machen. Es geht dabei einerseits um die schlechte Ausgangslage für die Reform unter 2.5.4, die von rechtlichen Schwierigkeiten bis hin zu Reformunwillen reichte, sowie um die Schilderung konkret aufgetretener Problemfälle und Gegenreformen in verwandten philologischen Studiengängen, wie der Lehramts-Curricula, unter 2.5.5.

Im letzten Kapitel der historisch-bildungspolitischen Untersuchung wird der Bologna-Prozess speziell im Bereich der Translatologie-Studiengänge analysiert. Dabei findet zuerst eine Diskussion der sich verändernden Rollenbilder von Studierenden im Rahmen der Reform unter 2.6.1 statt, die speziell im Bereich Translation die Verwandlung weg vom bildungspolitischen Ideal der Persönlichkeitsentwicklung hin zu modernen, wirtschaftlich orientierten Bildungskonsument:innen mit universitärer Berufsausbildung deutlich macht. Um die anschließenden empirischen Ergebnisse verständlich und verwertbar zu machen, findet unter 2.6.2 eine kurze Einführung translatologischer Forschungsschwerpunkte und Konzepte statt. Unter 2.6.3 werden die Aspekte vertieft, die bei der akademischen Berufsausbildung von Übersetzer:innen besonderes zum Tragen kommen, und abschließend wird unter 2.6.4 der Transfer zwischen translatologischer Theorie und Übersetzungspraxis diskutiert.

Im Kapitel 3 werden die Konzeption und die Durchführung der empirischen Erhebung dargelegt. Zur Grundlegung der Forschungskonzeption wird mittels Punkt 3.1.1 zuerst auf die Verbindung der in dieser Arbeit durchgeführten Qualitativen Erhebung mit einer als Vorschlag geplanten Quantitativen Forschung eingegangen. Im Folgenden werden die nötigen didaktischen Anpassungen an den im Rahmen der Reform konsolidierten translatologischen Studierendentypus unter Punkt 3.1.2 geschildert. Als dritter Punkt werden die lerntheoretischen Aspekte des impliziten Wissens und der Könnerschaft mit Punkt 3.1.3 umrissen, die beim Übersetzen eine große Rolle spielen, und die bezüglich der Lernerfolge und des Kompetenzerwerbs im Studium im Zuge der Erhebung thematisiert wurden. Zuletzt wird unter 3.1.4 eine Vergleichsstudie von Susanne Hagemann aus dem Jahr 2005 zur Vorbereitung der Korpusstudie herangezogen, die damals den Translationsgehalt der translatologischen Studiengänge untersuchte, und die als Vorstudie hier vergleichend und ergänzend verwertet wurde.

Im zweiten Unterkapitel erfolgt die Forschungskonzeption. Dazu werden unter 3.2.1 zuerst das Forschungsziel definiert und eine Operationalisierung eingeleitet, die die Schilderung des Forschungsproblems und die Darstellung des Forschungsdesigns beinhaltet. Daran schließt sich mit 3.2.2 der zentrale

Punkt der Hypothesenbildung an, gefolgt von der Planung und Vorbereitung der zugehörigen Erhebung unter Punkt 3.2.3. Es werden mit dem Interviewleitfaden das wichtigste Instrument sowie die Interviewplanung und der Pretest geschildert. Die Umsetzung des empirischen Forschungsvorhabens erfolgt im dritten Unterkapitel, wobei zuerst im Rahmen der Korpusstudie, 3.3.1, die Umsetzung der Reformziele anhand relevanter Dokumente einzelner Hochschulen untersucht wird. Anschließend wird die Durchführung der qualitativen Befragung mittels problemzentrierten Leitfadeninterviews unter 3.3.2 dokumentiert.

In Kapitel 4 erfolgen die Auswertung und die Analyse der Interviewstudie. Im ersten Unterkapitel, Punkt 4.1.1 werden die Datenerfassung und Fehlerkontrolle erläutert. Es folgt unter 4.1.2 die Darstellung, wobei die Auswertung mittels einer sozialwissenschaftlichen Qualitativen Inhaltsanalyse durchgeführt wird.

Im zweiten Unterkapitel wird die konkrete Datenanalyse durchgeführt, diese erfolgt nach Themenschwerpunkten geordnet. Unter 4.2.1 werden die in den Interviews besprochenen und ausgewerteten Schwerpunkte des Bologna-Reformprozesses: Quereinstieg, Studienstruktur, Mobilität, Berufseinstieg mit BA-Abschluss, Fachgebietsvertiefung und Qualitätssicherungsmaßnahmen dargelegt und im Hinblick auf die translatologischen Studienerfahrungen diskutiert. Dabei wird auf die vorher ermittelten theoretischen Hintergründe Bezug genommen und die Ergebnisse der Korpusstudie werden einbezogen. Der Punkt 4.2.2 vermittelt die anschließende vertiefte Analyse der reformbezogenen Themenschwerpunkte aus dem Bereich der Translatologie: Nutzen der Translatologie für die Berufstätigkeit, translatologische Könnerschaft im Übersetzungsberuf, Unterrichtsformen in translatologischen Lehrveranstaltungen und Unterrichtsinhalte der translatologischen Lehrveranstaltungen im Vergleich. Unter 4.2.3 erfolgt eine Zusammenfassung der gesamten Auswertung und es werden die grundlegenden Schlüsse zum Erreichen oder Nichterreichen der Reformziele gezogen.

Das Kapitel 5 führt alle Analysen abschließend zusammen, indem das erste Unterkapitel 5.1 die Diskussion mit der Verifizierung bzw. der Falsifizierung der aufgestellten Hypothesen beinhaltet. Das zweite und letzte Kapitel 5.2 bietet einen Vorschlag für eine weiterführende, quantitative Überprüfung der Hypothesen an.

Die vorgelegte Arbeit endet mit der zusammenfassenden Schlussbetrachtung in Kapitel 6.

2 Der Bologna-Prozess – Fluch oder Segen?

Große Skepsis gegenüber dem Reformprozess durch die Bologna-Erklärung war am Fachbereich Translatologie der Philologischen Fakultät in Leipzig im Vorfeld der Reform nicht zu spüren. „Als Bologna kam, da dachte ich (…) als erstes (…), das ist jetzt unsere Stunde!" (Interview Experte IALT ab 00:45:21) berichtet Herr Dr. M.[3] vom IALT (Institut für Angewandte Linguistik und Translatologie) im Interview. Das grundlegend praxisorientiert ausgerichtete Studium des Übersetzens und Dolmetschens bietet den Absolvent:innen sehr gute Berufsperspektiven, welche mit Hilfe der Evaluationsverfahren vermeintlich endlich sichtbar gemacht werden konnten. Was die Verantwortlichen damals noch nicht wussten: Der stark wachsende bürokratische Aufwand würde zu einem großen Problem bei der Umsetzung werden. Im Jahr 2016 beklagte Herr Dr. M.: „Es ist ein gewisses Frustrationsgefühl. (…) Es ist immer diese Administration, diese Bürokratisierung, die zunimmt. (…) Hier wurde versprochen, dass die Verwaltung abnimmt. Ja, das Gegenteil ist der Fall" (00:21:41). Weiter führte er dazu aus, dass weniger Lehrende für die gleiche oder sogar steigende Zahl von Studierenden zuständig seien, aber die Zahl der Verwaltungskräfte parallel ebenfalls steige. Diese seien oft damit beschäftigt, die Selbstverwaltung durchzuführen und ihre Tätigkeiten zu rechtfertigen. „Das sind so Dinge, wo man dann an der EU, an dem Bildungssystem, an Bologna, und so weiter, immer wieder dann natürlich zweifelt" (00:24:24). „Zu Forschung komme ich überhaupt nicht mehr. (…), weil ich eben alles in der Administration, im französischen Bereich natürlich, machen muss" (00:24:40). Wie konnte es dazu kommen? Und wie ist es zu erklären, dass einige der befragten Studierenden unisono versichern, die neue Struktur funktioniere reibungslos und alles liefe wie von selbst? Diese Einschätzung scheint völlig konträr zu der des Fachbereichsverantwortlichen zu stehen. Um die Zusammenhänge des Reformprozesses und die widersprüchlichen Eindrücke der Erhebung zu verstehen, ist vorab ein historischer Rückgriff nötig, um die Entwicklungen bis zur Reform, ihren Verlauf und ihre Auswirkungen darüber hinaus betrachten zu können.

Dieses Kapitel beinhaltet somit einen historischen Abriss zur Hochschulentwicklung in Europa im Allgemeinen und in Deutschland im Speziellen.

3 In der Untersuchung wurden alle Namen der teilnehmenden Hochschulangestellten und Studierenden zu Anonymisierungszwecken geändert. Details zu Ethik und Schutz der Identität bei Meyer und Meier zu Verl (2014, S. 255).

Anschließend wird die bildungspolitische Reformlage bis zum Jahr 2016 kritisch beleuchtet und von verschiedenen Standpunkten betrachtet. Zum besseren Verständnis der inhaltlichen Details der Reform, die in der Untersuchung thematisiert werden, folgt darauf ein Abschnitt zu den wichtigsten Zielen, Inhalten und damit auch zu den Begrifflichkeiten der Reform. Da bei den fortlaufenden Verweisen auf die Reformsituation zumeist auf die Lage in Deutschland Bezug genommen wird, die Untersuchung sich aber auch mit Hochschulen anderer Länder auseinandersetzt, werden weiterführend die Hochschulentwicklung und die Bologna-Reformen in drei anderen Ländern geschildert. Diese sind Frankreich, das Vereinigte Königreich[4] und Italien. Diese stehen beispielhaft für die am stärksten einbezogenen Länder und deren Hochschulen, auch wenn sie nicht alle in der Untersuchung erwähnten Hochschulstandorte abdecken.

Im anschließenden Abschnitt werden politische Hintergründe beleuchtet, in deren für Außenstehende schlecht durchdringbaren Strukturen verschiedene Interessengruppen agieren, von denen einige kontrovers diskutierte Reformziele verfolgt werden. Es wird dabei angestrebt, diese komplizierten Zusammenhänge verständlich darzustellen, um sie auch nicht politikwissenschaftlich versierten Leser:innen zugänglich zu machen. Im Zuge dessen muss auch das Thema vorweggenommenes Scheitern der Reform angesprochen werden. Paradoxerweise erklärten viele Abhandlungen die Reform seit ihrem Beginn für gescheitert. Die Frage ist jedoch, aus welcher Perspektive sie dazu betrachtet wird. Ein Scheitern aus der Sicht von hochschulnahen Akteur:innen kann aus der Sicht von Wirtschaftsvertreter:innen durchaus einen Erfolg bedeuten. Welches Fazit dazu gezogen werden kann, wird zu Ende des entsprechenden Unterkapitels ermittelt.

Natürlich gehört zur Betrachtung des universitären Rahmens nicht nur die Reform selbst, sondern auch der hier maßgebliche Fachbereich, in dem sie sich abspielt. Der oben bereits erwähnte Fachbereich für Übersetzen und Dolmetschen wird dabei beispielhaft anhand der Strukturen des IALT der Universität Leipzig dargestellt. Dabei erfolgt eine weitgehende Eingrenzung auf den Bereich Übersetzen, dem die Autorin selbst als ehemalige Studentin entstammt, und zu dem sie daher auf Erfahrungen aus Zeiten vor der Bologna-Reform zurückgreifen kann. Dies ermöglicht eine distanzierte Betrachtungsweise, da sie selbst kein Studium im Rahmen der neuen Curricula durchlaufen hat. Da mittlerweile

---

4 Der Kürze und Einfachheit halber wird das Vereinigte Königreich von Großbritannien und Nordirland im Laufe des Textes auch als UK oder alternativ als Großbritannien bzw. GB bezeichnet. Letzteres beinhaltet dabei keine Aussagen über Irland.

umfangreiche Erfahrungen als Dozentin an eben diesem Fachbereich vorhanden sind, waren dennoch Einblicke in die aktuellen Strukturen möglich, was einen doppelten Expertinnenstatus zur Folge hat. Dies legt eine Vergleichsgrundlage, auf deren Basis die verschiedenen Reformaspekte aus Student:innen- und aus Dozent:innensicht einerseits gemeinsam mit den Proband:innen erarbeitet und andererseits fachlich fundiert eingeschätzt werden können.

2.1 Historische Darstellung der Hochschulentwicklung

In diesem Unterkapitel wird in Kürze die Entwicklung der Hochschulen in Europa und im Besonderen in Deutschland skizziert. Dies dient nicht einer vollumfänglichen historischen Darstellung, die in den zitierten Werken viel ausführlicher nachzulesen ist.[5] Es werden ausschließlich die für die vorliegende Untersuchung bedeutsamen Aspekte vertieft. Dabei wird die Entwicklung des neuhumanistischen Bildungskonzepts nach Humboldt ebenfalls überblicksartig erläutert[6]. Diese beiden historischen Abrisse dienen zum besseren Verständnis der Ausführungen in den folgenden Kapiteln. Es wird im gesamten Text beständig auf Universitätsgeschichte bzw. auf humanistische Grundkonzepte Bezug genommen, da diese Aspekte bei der Diskussion der Reformaktivitäten eine große Rolle spielen.

Die Darstellung einiger Details zu den historischen Entwicklungen des Universitätssystems in anderen europäischen Ländern, zu denen Untersuchungsergebnisse vorliegen, erfolgt in dem dafür ausgewiesenen Unterkapitel 2.4.

2.1.1 Gesamteuropäische Hochschulentwicklung

Die ersten größeren Hochschulentwicklungen erfolgten im Mittelalter. Vor allem ab dem 12. Jahrhundert verfügten europäische Universitäten über einen universalistischen Geltungs- und Wirkungsbereich, der sich auf den gesamten europäischen Raum erstreckte. Somit können die Universitäten als die ersten gesamteuropäischen Institutionen angesehen werden. Die Titel wurden gesamteuropäisch anerkannt und selbst die Lehrmethoden glichen sich zu der Zeit in großem Maße. (Fraenkel-Haeberle 2014, S. 17 f.) (siehe dazu auch Walter 2006, S. 124) Die Studierenden sowie die Lehrenden zeigten eine

---

5 Ausführlicher historische Entwicklungen bei Schelsky 1963 und Fraenkel-Haeberle 2014.

6 Dazu mehr bei Webler 2008 (frühe Entwicklungen) und Ash 1999a (Neuere Geschichte und politische Aspekte).

außerordentliche Mobilität, was durch die Verkehrssprache Latein ermöglicht und begünstigt wurde. (Fraenkel-Haeberle 2014, S. 35) Die Kirchen waren in diesem Rahmen über lange Zeit als Trägerinnen und Entscheidungsinstanzen zuständig für die universitäre Bildung. Ab dem 15. Jahrhundert bildete sich ein neues, weltliches, humanistisches Wissenschaftsverständnis heraus. Die mittelalterliche, theologisch geprägte *vita contemplativa* wurde abgelöst von der neuzeitlichen *vita activa*. Vom 16. bis zum 18. Jahrhundert wurden in diesem Zuge in Deutschland vorrangig durch Landesherren 50 neuzeitliche, humanistische Universitäten gegründet. Der Gründungszenit lag dabei zwischen 1550 und 1650. (Fraenkel-Haeberle 2014, S. 22 f.) Die Hochschulen nahmen somit deutlicher werdenden Abstand von der Kirche, was durch die Reformation zusätzlich begünstigt wurde. Folglich mussten sich die Hochschulen durch den Wegfall der kirchlichen Finanzierung stärker dem Staat verpflichten. (Fraenkel-Haeberle 2014, S. 21) (siehe dazu auch Webler 2008, S. 7 f.)

2.1.2 Die neuhumanistische Bildungsidee in Deutschland

Das wie oben beschrieben entstandene weltliche Prinzip der Universität in Deutschland manifestierte sich vor allem in der traditionellen preußischen Gelehrtenschule, auf die im Folgenden näher eingegangen wird. Dieses Universitätsprinzip expandierte im Laufe seiner Entwicklung und gestaltete sich neu als Hochschule, zu der die damalige Masse der industrialisierten Gesellschaft Zugang erhielt. (Maeße 2010, S. 9) Hiermit ist noch nicht die heute bekannte Massenuniversität gemeint, die Schilderung bezieht sich auf das in Preußen favorisierte Spezialschulmodell. Dieses setzte nach französischem Vorbild die berufliche Ausbildung auf utilitaristische Weise ins Zentrum. Die unter Humboldts Tätigkeit geprägte idealistische Universitätsausrichtung stand dem entgegen. Somit ist es bis heute erstaunlich, dass sie sich durchsetzen konnte. (vom Bruch 1999, S. 37) Ein Grund dafür war, dass das humanistische Hochschulkonzept, welches Humboldt oft zugeschrieben wird, zwar von ihm aufgrund seines Amtes durchgesetzt werden konnte (Webler 2008, S. 21), aber nicht von ihm allein geschaffen wurde. Viele Reformer der damaligen Zeit trugen dazu bei (Ash 1999b, S. 10), darunter Schleiermacher, Schelling und Fichte (Webler 2008, S. 21). (vgl. Schelsky 1963, S. 21) Die wichtigsten Bestandteile des Konzepts, die Freiheit von Forschung und Lehre sowie die universitäre Selbstverwaltung, entstanden sogar zu unterschiedlichen Zeitpunkten und unter unterschiedlichen Bedingungen (Webler 2008, S. 1). Zusammenfassend kann jedoch gesagt werden, dass durch den „neuen Humanismus" eine Konzentration auf das

Individuum und damit auf eine Bildung von Persönlichkeiten ermöglicht und gefordert wurde. (Hörner 2010, 97 f.)

Humboldt war zu der Zeit preußischer Kultusminister und nutzte den Druck der Staatskrise in Preußen nach der Niederlage gegen Napoleon im Jahr 1806, um die Bildungsreform voranzutreiben. (Fraenkel-Haeberle 2014, S. 173) Dabei arbeitete er nicht nur gegen das überholte preußische Universitätsverständnis, sondern auch bereits gegen die reformierten Ideen und Konzepte der Aufklärer. Diese vertraten eine Trennung von Forschung und Lehre, was zur Ausgründung verschiedener Institute und zum Entstehen von Forschungsgesellschaften geführt hatte. (Schelsky 1963, S. 31 f.) Ebenso traten die Aufklärer für eine praxisorientierte Vermittlung von Kenntnissen ein, die auf sozialen und wirtschaftlichen Nutzen ausgerichtet war. Damit wurde die Lehre in Richtung einer Ausbildung und spezialisierter Berufsbildung gelenkt, ähnlich wie es heute wieder geschieht. (Schelsky 1963, S. 33) (Webler 2008, S. 21)

Das in diesem Zusammenhang geschaffene Humboldt'sche Universitätsideal[7] beinhaltete die im Folgenden dargestellten Grundsätze und wird als Umbruch durch die Gründung der Berliner Universität im Jahre 1810 symbolisiert (Fraenkel-Haeberle 2014, S. 24 ff.). Universität und Forschung übernahmen dabei eine neue Rolle. Zuvor stellten die Hochschulen eine Art Ausbildungsinstitute der Landesherren dar, nachdem sie sich von der Kirche emanzipiert hatten. Mit dem neuen Bildungsverständnis sollten die Hochschulen auf reines Erkenntnisstreben ausgerichtet werden. Die Lust am Studium sollte geweckt werden. Forschung und Lehre sollten frei sein und über eine akademische Selbstverwaltung verfügen. Dies war nötig, um die Hochschulen nach der Befreiung von der Bevormundung durch die Kirche auch von der zu starken Lenkung durch den Staat zu lösen. Der Staat erhielt dabei die schwierige Aufgabe, die Kultur zu pflegen und gleichzeitig ihre Freiheit vor Angriffen von außen zu schützen (Fraenkel-Haeberle 2014, S. 174). (Fraenkel-Haeberle 2014, S. 24 ff.)

Es galt in diesem Zusammenhang, die Wissenschaft als Wert an sich zu verstehen, für dessen Pflege die Gesellschaft verantwortlich ist. Die Autonomie der Institution *Universität* und der Person *Student* durch Bildung wurde angestrebt. Das Konzept „Bildung“ bezieht sich dabei auf den Menschen und ist als vom Beruf unabhängige Allgemeinbildung von der Berufsbildung zu unterscheiden. Die Kenntnisse sollten in diesem Rahmen nicht als Stoff gelehrt, sondern ihre selbstständige Entdeckung sollte vermittelt werden. Dies stellte die

7 Zum damaligen Verhältnis von Staat und Hochschulen siehe Kapitel 6 ab S. 173 bei Fraenkel-Haeberle 2014.

grundsätzliche Anregung eines wissenschaftlichen Interesses dar. Mit Hilfe der Professoren sollte die Fähigkeit zu Problemlösungen gefördert und entwickelt werden. Zu diesem Zwecke wurden keine Pflichtvorlesungen und begleitende Prüfungen abgehalten, sondern zu Ende des Studiums wurde der Student auf seine Problemlösungsfähigkeit umfassend geprüft. (Fraenkel-Haeberle 2014, S. 24 ff.) Berufsbezogene Inhalte und Fächer, wie Medizin, technische Fächer etc., sollten dabei nicht ausgeschlossen werden. Allgemeine Bildung sollte allerdings Vorrang vor der fachlichen Bildung erhalten. (Webler 2008, S. 23)

Von diesem Grundsatz rührt die einstige Vorrangstellung der Geisteswissenschaften her, die den ganzen Menschen bilden und zu vielen verschiedenen Tätigkeiten befähigen sollen. Die dazu eventuell benötigten fachlichen und technischen Fertigkeiten konnten zusätzlich und wahlweise im Anschluss an das Studium erworben werden. (Fraenkel-Haeberle 2014, S. 24 ff.) So entwickelte sich eine Art Koexistenz der beiden Ausrichtungen in der Hochschullehre: die weltliche, auf den Nutzen des Staates ausgerichtete Funktion, und die neugedachte universalistische Bildungsidee. (Fraenkel-Haeberle 2014, S. 36) Natürlich war die ideal gedachte Bildungsidee dieser Zeit niemals genau deckungsgleich mit der real existierenden Ausprägung der Universitäten. Dennoch war die Dynamik dieser Idealvorstellung stark genug, um die Realhochschule in ihrem Geiste zu gestalten. (vom Bruch 1999, S. 38)

2.1.3 Die deutschen Hochschulen bis zur Wiedervereinigung

Der Niedergang des geschilderten neuhumanistischen Konzeptes wurde bereits im Verlaufe des 19. Jahrhunderts eingeleitet, als die Anforderungen an die fachlichen Kenntnisse anzusteigen begannen. Das allgemeinbildende Lehrangebot konnte nicht mehr komplett bewältigt werden und wurde folglich aufgespalten. Damit rückte die Universität von der Grundidee Humboldts ab, die eine Einheit der Wissenschaft als Bildungsinstanz voraussetzte. Die Universität erfuhr somit im 20. Jahrhundert eine starke Differenzierung. Es erstarkten Naturwissenschaften und Technik neben den Geisteswissenschaften. Es entstanden technische Hochschulen, die auch forschten, was die Universitäten dem Forschungsmonopol enthob. Viele ausgelagerte Forschungsgesellschaften, die sich nicht gleichzeitig mit Lehre belasten mussten, entstanden in diesem Zuge. Weitere Entwicklungen folgten und die Wissenschaftswelt erfuhr eine umfassende funktionale Differenzierung. Dies hat sich bis heute fortgesetzt und so ist die Forschung ein vollkommen eigenständiger Zweig geworden, der sich sowohl an Universitäten und Fachhochschulen als auch an außerhochschulischen Forschungseinrichtungen abspielt, die mehr der Wirtschaft als der

Wissenschaft unterstellt sind. (Fraenkel-Haeberle 2014, S. 36) Im Kaiserreich waren die deutschen Universitäten sehr erfolgreich, auch in der Forschung, da es damals bereits eine durchdachte Mischung aus staatlicher und privater finanzieller Unterstützung gab, ein Konzept, das heute wiederum sehr kritisch betrachtet wird. (Ash 1999b, S. 20)

Nach dem Zweiten Weltkrieg, der das Funktionieren der Universitäten sehr stark beschädigt hatte, wurde der humanistische Geist für die Restauration der westdeutschen Hochschulstrukturen bemüht, da die Humboldt'schen Ideale durch die NS-Ideologie nicht beeinträchtigt worden waren. (Jarausch 1999, S. 61) Dennoch konnte sich der Geist der Selbstbildung nicht gegen die Tendenz der Massenuniversität und der universitären Berufsausbildung durchsetzen. Die Einflüsse der Studentenrevolten trugen ihren Teil zur Auflösung der elitären Hochschulbildung bei. Von 1950 bis 1980 stieg die Zahl der eingeschriebenen Student:innen in Westdeutschland von 100.000 auf über eine Million. Somit erhielten 25 % der Schulabgänger:innen eines Jahrgangs Zugang zu höherer Bildung. Vorher waren es nur 5 % gewesen. Die Tendenz zur sozialen Öffnung der Hochschulen und der Entfernung vom Privileg der höheren Bildung als Eliteprogramm hatte in anderen westlichen Ländern bereits in den dreißiger Jahren eingesetzt. Die zunehmenden Maßnahmen zur Ermöglichung der Chancengleichheit beförderten das Erstarken der Massenuniversität, unter anderem durch das Bundesausbildungsförderungsgesetz (BAföG). (Jarausch 1999, S. 63 ff.)

In Ostdeutschland wurde der Geist Humboldts ebenfalls beschworen, auch wenn parallel ein Hochschulsystem nach sowjetischem Vorbild errichtet wurde. Entsprechend der herrschenden Ideologie wurde im Gegensatz zum Westen nicht der freie Zugang für alle Bürger:innen angestrebt, sondern die Erhöhung der Studierendenzahlen aus Arbeiter- und Bauernfamilien. Die Maßnahmen waren schnell und effektiv, sodass bereits in den sechziger Jahren des zwanzigsten Jahrhunderts etwa die Hälfte der Studierenden diesem Kriterium entsprach. Noch in den dreißiger Jahren waren es lediglich zwei bis drei Prozent gewesen. (Connelly 1999, S. 80 ff.) Die ostdeutschen Universitäten, ihre Verwaltung und ihr Personal standen von Beginn an unter staatlicher Aufsicht und unter staatlichem Einfluss. Die Konformität der Student:innen mit der sozialistischen Idee kristallisierte sich frühzeitig als Voraussetzung für höhere Bildung heraus. (Connelly 1999, S. 83 ff.) In den fünfziger Jahren wurden auch die Lehrpläne und Unterrichtsinhalte politisch angeglichen und mit zunehmender Überwachung durch den Staatssicherheitsdienst konnten all diese Maßnahmen nur schwerlich umgangen werden. Durch die Reform der Semestereinteilung und die Verpflichtung zur Unterrichtsteilnahme mittels eines festgelegten Stundenplans wurde nicht nur der Kenntniserwerb an anderen Fakultäten erschwert, sondern auch das Humboldt'sche Ideal der umfassenden, freien Bildung zurückgedrängt. Es existierten Seminargruppen, die Schulklassen ähnelten und in deren Rahmen die Studierenden das ganze Studium absolvierten. Das Studium sollte dem Staat dienen. Dies war innerhalb der Universität mit marxistisch-leninistischen Studienanteilen sowie außerhalb mit entsprechenden Freizeitaktivitäten in der FDJ (Freie Deutsche Jugend, Staatliche Jugendorganisation) nachzuweisen. Der Fokus lag auf der Förderung technischer Hochschulen, deren Nutzen für das System verglichen mit anderen Fachrichtungen am größten war. Die Forschung wurde zu großen Teilen ausgelagert und somit ebenfalls die Einheit von Forschung und Lehre abgeschafft. (Connelly 1999, S. 85 ff.) Diese Maßnahmen wurden in den folgenden Reformen immer weiter verfeinert, sodass eine gebildete Elite ausnehmend staats- und gesinnungstreu auftrat, und viel weniger Konfliktpotential barg als in Westdeutschland, wo vor allem in den sechziger Jahren Studierendenproteste aufgetreten waren. (Connelly 1999, S. 91–100)

2.1.4 Aktuelle Entwicklungen im 21. Jahrhundert

Im wiedervereinigten Deutschland etablierte sich bis Anfang des 21. Jahrhunderts ein egalitäres Hochschulmodell. Die Bildungsqualität der Hochschulen war im Durchschnitt sehr hoch, sodass es nicht ausschlaggebend war, an welcher Hochschule das Studium stattfand. Die Studierenden konnten überall ähnliche Bedingungen vorfinden. Dieser Vorteil eines hohen Durchschnittsstandards führte im Umkehrschluss dazu, dass Konkurrenz unter den Hochschulen und ein gewisser Wettbewerb fast ausgeschlossen waren, ganz zu schweigen von Eliteeinrichtungen, wie sie in anderen Kulturen zeitig auftraten. Deutsche Spitzenforschung wird daher oft nicht an deutschen Universitäten angesiedelt, wie oben bereits erwähnt. Dies verändert sich mit der laufenden Bildungsreform. Deutschland bewegt sich im Rahmen des Bologna-Prozesses mehr in die Richtung des amerikanischen Systems, wo Spitzenforschung und Spitzeninstitutionen zum Normalfall gehören. Mit den eingeleiteten Exzellenzinitiativen möchte das Land sich weg vom „Gießkannenprinzip" bewegen. (Fraenkel-Haeberle 2014, S. 75) Zu diesem Zweck werden Elemente des kooperativen Föderalismus in Deutschland reduziert, um einen Wettbewerb zwischen den Bildungssystemen der Länder zu ermöglichen. Die Föderalismusreform von 2006 führte zu einer Reduzierung des Einflusses des Bundes auf die Wissenschaft, der erst 1969 im Grundgesetz stärker verankert worden war. Es wird eine Entflechtung der Kompetenzen von Bund und Ländern sowie die Abschaffung der Mischfinanzierung angestrebt. Damit wird auch die bereits erwähnte private Finanzierung stärker in den Fokus gerückt. (Fraenkel-Haeberle 2014, S. 83)

Die stärkere Betonung der Berufsausbildung im Rahmen der Hochschulbildung wird in den gültigen Gesetzen, z. B. HRG (Hochschulrahmengesetz), oder auch in den Aussagen des Bundesverfassungsgerichtes deutlich gemacht. (Fraenkel-Haeberle 2014, S. 178)

2.1.5 Zusammenfassung

Zur Entstehungszeit der europäischen Hochschulen im Mittelalter war der Gedanke des Europäischen Hochschulraumes bereits ein lebendiges Konzept. Die Universitäten, die damals ausnahmslos der Kirche unterstanden, waren untereinander vernetzt, die Studenten selbstverständlich europaweit mobil und die gemeinsame Unterrichtssprache Latein verband die Kulturen. Später, etwa ab dem 15. Jahrhundert, wandten sich die Hochschulen im Zuge der politischen Entwicklungen mehr und mehr von der Kirche ab und den herrschenden Landesherren zu. Dabei erreichten sie zwar inhaltlich eine größere Selbstständigkeit, waren dabei aber finanziell weiterhin abhängig.

Im 18./19. Jahrhundert gab es in Deutschland einen weiteren, auschlaggebenden Richtungswechsel im Zuge der Preußischen Reformen. Die Hochschulen dienten damals als Kaderschmieden für den Staat und es begann die Öffnung für die breite Gesellschaft. Dies wurde durch die Ideen der Aufklärer zwar gefördert, diese hielten jedoch den Berufsbildungszweck für vorrangig. Dem entgegen stellten sich verschiedene Philosophen, unter anderem Wilhelm von Humboldt, die für den sogenannten *neuen Humanismus,* eine Konzentration auf das Individuum und damit auf eine Bildung von Persönlichkeiten eintraten. Die Wissenschaft sollte als Wert an sich gelten, für dessen Pflege die Gesellschaft verantwortlich ist. Die Autonomie der Institution (Universität) und der Person (Student) durch Bildung (Geisteswissenschaften) wurden angestrebt. Das Konzept „Bildung“ ist dabei personengebunden und muss, als vom Beruf unabhängige Allgemeinbildung, von der zusätzlich zu erwerbenden Berufsbildung unterschieden werden. Von diesem Grundsatz rührt auch die damals gewachsene und heute stark zurückgedrängte Überlegenheit der Geisteswissenschaften her.

Allerdings befand sich das Gesamtkonzept bereits im Verlaufe des 19. Jahrhunderts mit der fortschreitenden Funktionalisierung und Spezialisierung wieder im Abbau. Trotz der vielen gegenläufigen Einflüsse durch die extremen politischen Entwicklungen im 20. Jahrhundert hat die deutsche Hochschule eine Grundlage dieses Geistes und Idealbildes bisher bewahren können. Auch nach den beiden Weltkriegen und den teilweise stark unterschiedlichen innerdeutschen Entwicklungen in den alten Bundesländern und der DDR: bis heute gilt die Freiheit der Bildung des Menschen als hohes Gut und ist demnach im Grundgesetz verankert. Dabei werden Forschung und Lehre meistens als Verbund wahrgenommen, auch wenn viele Hochschulen, Fachhochschulen und Forschungsinstitute existieren, die dies auch getrennt durchführen.

Die neuesten Entwicklungen im Hochschulbereich zeigen einen starken Trend hin zur universitären Berufsausbildung, zu einer Einschränkung der staatlichen Kompetenzen zugunsten der Länderkompetenzen und zu einer stärker privat ausgerichteten Finanzierung. In diesem Rahmen kommt auch der Bologna-Prozess zum Tragen, der im Folgenden vorrangig betrachtet wird. Trotz aller Umwälzungen, Reformen und Einflüsse der Teilung und Wiedervereinigung des Landes wird das Hochschulsystem in Deutschland bis heute stark von den Prinzipien der preußischen Hochschulreformen und der neuhumanistischen Bildungsidee beeinflusst. (vgl. Ziedek 2013, S. 6) Doch gerade die Gedanken der Freiheit und Einheit von Forschung und Lehre widersprechen sich mit Ideen und Zielen der Hochschulreform gemäß Bologna. Auf diese Spannungen soll in den folgenden Kapiteln ebenfalls näher eingegangen werden.

2.2 Reformsituation und Problemdarstellung

Der Bologna-Prozess ist eine zeitgenössische Entwicklung im Bildungsbereich und gehört zur umfassenden Verwandlung der Hochschullandschaft in Europa. (Maeße 2010, S. 11) Heutige Hochschulen müssen sich einer Reihe von Anforderungen stellen, die ihrem traditionellen Profil gemäß nicht angemessen wirken. Sie sollen entsprechend den Wirkmechanismen der Globalisierung internationale Bedeutung erhalten, Autonomie, Qualität und oft auch Exzellenz verkörpern. Natürlich ist der Exzellenzgedanke darunter kein neuer, denn bereits zu Zeiten der Preußischen Universitäten und darüber hinaus waren Hochschulen noch elitären Kreisen vorbehalten und nicht jeder Gesellschaftsschicht zugänglich. (Maeße 2010, S. 9 f.) Die genannten Veränderungen werden nicht nur in Fachkreisen, sondern auch in den Medien der breiten Gesellschaft bereits wahrgenommen, wie beispielsweise im hier zitierten Artikel der Zeit von Lill. Die Hochschulen werden einer Art Effizienzgedanken unterworfen, Globalisierung und Wettbewerb werden dabei zu häufig verwendeten Schlagworten. (Lill 2016, S. 61) (vgl. Kellermann et al. 2009a, S. 7 ff.)

2.2.1 Hochschulstudium und Berufsausbildung im Widerstreit

Der Anteil der Schulabgänger:innen, die ein Hochschulstudium aufnehmen, lag in Deutschland mit etwa 30 % weit niedriger als in anderen EU-Ländern. In England lag er bei weit über 40 %. (Pritchard 2010, S. 195) Dies liegt allerdings auch daran, dass nicht nur in Großbritannien die Berufsausbildung oft über ein Hochschulstudium vermittelt wird. Zwar studieren die Schulabgänger:innen offiziell an einer Hochschule, erreichen aber keinesfalls einen größeren Kenntnisstand als deutsche Auszubildende. In den Ländern mit dieser universitären Prägung, wie beispielsweise auch den USA, ist das Erlernen eines technischen Berufes wesentlich weniger angesehen als der Besuch eines Colleges. Eine Ausbildung treten in der dortigen Wahrnehmung nur diejenigen an, die es nicht auf eine Hochschule geschafft haben. Dies gestaltete sich bisher in Deutschland komplett anders. Die üblichen dualen Berufsausbildungen sind im Vergleich mit anderen Ländern von wesentlich höherem Anspruch und weisen einen extrem hohen Fachlichkeitsgrad auf, sodass sie durchaus mit den Hochschul-Curricula anderer Staaten konkurrieren können. Die Ausbildungen dauern vergleichsweise sehr lange, niemand würde in den USA drei Jahre auf eine Berufsausbildung verwenden. Dort genügen meist wenige Monate. Auch die Kostenübernahme durch die Betriebe, dank derer die Auszubildenden bezahlt werden, statt zu bezahlen, ist in anderen Ländern unüblich. Dies hat in vielen Ländern bereits einen Fachkräftemangel produziert. Aus diesem Grunde wird das deutsche Ausbildungsmodell mittlerweile in andere Länder exportiert und in abgewandelten Formen erfolgreich eingesetzt. (Ridderbusch 2016, S. 5). Der Trend zur Akademisierung der Berufsausbildung in Deutschland hat hingegen die Ausweitung der Massenuniversität zur Folge, die mehr und mehr ebenfalls einer hochqualifizierten Berufsausbildung dient. Ob dies das erstrebenswerte Ziel der Zukunft sein sollte, bleibt fraglich. Dennoch spielt ein reines Ausbildungsziel, die Beschäftigungsfähigkeit, auch genannt *Employability*, eine immer größere Rolle. (vgl. Fraenkel-Haeberle 2014, S. 3) (Lill 2016, S. 61 f.) (vgl. Ash 1999b, S. 9) Es erscheint bildungspolitisch und wirtschaftlich weder erstrebenswert, die Lehrberufe durch Hochschulausbildung zu ersetzen noch die Hochschulbildung generell auf das Niveau von Lehrberufen abzusenken. Dennoch sind Bewegungen in beide Richtungen zu beobachten und sie scheinen durch die Bildungsreform begünstigt zu werden.

2.2.2 Exzellenz in der Forschung, Masse in der Lehre?

An dem Punkt stellt sich die Frage, wie Hochschulen, die als Ausbildungsinstitute für die breite Masse fungieren, Exzellenz versprechen können, die sich rein definitionstechnisch auf eine kleine Gruppe beschränken muss. Die Zielstellung ist jedoch eine andere. Mittels der Exzellenzinitiative wird eine Ausdünnung vorgenommen. Die Exzellenz zeigt sich in dem Zusammenhang bei der Zuteilung der Fördermittel. Es soll Hochschulen ersten Ranges geben, die forschungszentriert sind. Für deren Forschungszwecke wird der Großteil der Mittel bereitgestellt. Die übrigen Hochschulen, denen keine solche Qualifizierung gelingt, werden zu Ausbildungsstätten für den Großteil der Durchschnittsstudierenden. Sie garantieren deren wissenschaftliche Berufsqualifikation, ohne oder nur mit wenigen Fördermitteln. (R. Schnell 2007, 64) (vgl. Liessmann 2009, S. 22) Diese Trends bergen die Gefahr, dass sich durch die gesteigerte Mobilität sowohl die aussichtsreichsten Studierenden als auch die hochqualifiziertesten Lehrenden und Forschenden in der Zukunft an wenigen Exzellenzstandorten konzentrieren könnten. (Charlier et al. 2009a, S. 8) Was dies für die Masse der Hochschulen an Nachteilen mit sich bringen würde, kann nur vermutet werden. Im Zuge der Globalisierung wurden und werden wirtschaftliche Grenzen aufgeweicht und eine Art Diffusion setzt ein, die jedoch keinen Ausgleich der Konzentrationen anstrebt. Dieses im Bereich der Fußballspielertransfers extrem deutlich zu beobachtende Phänomen kann ebenso im Wissenschaftsbereich auftreten. Wer seine Universität am klügsten verwaltet und die meisten Mittel einwirbt, um den besten (angehenden) Wissenschaftler:innen Stipendien und Forschungsmittel zur Verfügung zu stellen, macht seine Einrichtung im internationalen Vergleich zum attraktivsten Standort. (vgl. Charlier et al. 2009a, S. 8) Die Problematik der Drittmitteleinwerbung bringt im Bereich der Geisteswissenschaften noch andere Schwierigkeiten mit sich. Die betriebswirtschaftliche Denkweise erfordert eine ständige Rechtfertigung der Forschungsziele vor einem real greifbaren Hintergrund, der auf einen konkreten Nutzen ausgerichtet ist. Die Auswirkungen der Forschung auf die Realwirtschaft und die Gesellschaft werden zunehmend in den Fokus gerückt. Wer dies nicht vorweisen kann, gerät schnell in Schwierigkeiten. Geisteswissenschaften werben schon heute nur einen Bruchteil der Mittel ein, die Naturwissenschaften zur Verfügung gestellt werden. (Lill 2016, S. 61 f.)

Ein weiterer Ansatzpunkt der modernen Effizienzmaximierung sind die Studienzeiten. Da diese in Deutschland bis zum ersten, berufsqualifizierenden Abschluss bisher als zu lang betrachtet wurden, gilt Deutschland als international unattraktiver Hochschulstandort (Banscherus 2007, S. 82). Die mit der Reform anvisierte Verkürzung der Studiendauer und die künstlich verursachte Verknappung in Form von Unterfinanzierung führen folglich zu einer Verlagerung der Maßnahmen. Es werden wie erläutert entweder die Forschung, oder die Lehre intensiv unterstützt. Dabei gehen die Meinungen sehr stark auseinander. Die einen sehen in der modernen Hochschule ein kommerzielles Dienstleistungsinstitut, die anderen begrüßen die Befreiung aus den Zwängen des Staates. Im Allgemeinen ist festzustellen, dass die Rolle der Hochschulen sich stark verändert hat. Die gesellschaftliche Entwicklung ist unter dem Aspekt zu betrachten, dass Hochschulen nicht mehr das sind, was sich ein Großteil der industrialisierten Gesellschaft heute noch im traditionellen Sinn darunter vorstellt. (Maeße 2010, S. 9 ff.) (vgl. Fraenkel-Haeberle 2014, S. 4) Möglicherweise kann Deutschland, das im Gegensatz zu anderen Bologna-Staaten dem Humboldt'schen Bildungsgedanken sehr stark verbunden ist, dem neuen Trend noch etwas mehr entgegen setzen, doch die Frage ist, wie lange das möglich sein wird. (Lill 2016, S. 62)

2.2.3 Wechselwirkungen von Wissenschaft und Gesellschaft

Dem generellen Trend zur Veränderung der Organisation und der inhaltlichen Gestaltung von Hochschulen liegt, ebenso wie der Wandel der Gesellschaft, der Wandel der Wissenschaft selbst zugrunde. Im Zuge des Phänomens der Vergesellschaftung dringt die Wissenschaft durch ihre Zugänglichkeit in das gesellschaftliche Leben und Arbeiten vor, wird aber selbst dadurch sehr deutlich verändert. (Maeße 2010, S. 9 f.) (vgl. Fraenkel-Haeberle 2014, S. 385; Schelsky 1963) Der Wandel des Wissenschaftssystems, der vom Vorbild der Wirtschaft und deren Konkurrenzverhalten geprägt wird, verlangt von den Hochschulen die erwähnte Wettbewerbsfähigkeit. Ein solcher im bisherigen Wissenschaftssystem unnatürlicher Faktor führt vor allem bei den Geistes- und Sozialwissenschaften zu einer vorher unbekannten Angreifbarkeit und Verunsicherung. (Bollenbeck/Wende 2007b, 7) In manchen Staaten der Welt werden die Geisteswissenschaften bereits sukzessive in andere Fachbereiche eingegliedert, als Sammelfächer zusammengelegt oder gar abgeschafft. Dies ist unter anderem in Japan und den USA der Fall, aber auch schon innerhalb Europas, wo Großbritannien diesem Trend folgt. (Lill 2016, S. 61) Die mit der wirtschaftlichen Vergesellschaftung einhergehende Forderung nach Wettbewerbsfähigkeit soll durch das Ziel der internationalen Vergleichbarkeit der Strukturen ermöglicht werden. Im Gesamtzusammenhang soll die Freizügigkeit der späteren Arbeitnehmer:innen schon auf Hochschulebene vorbereitet werden, denn die europaweite Personalverfügbarkeit ist eine der wichtigsten Voraussetzungen für den einheitlichen europäischen Wirtschaftsraum (siehe dazu ausführlicher 2.5.2). In anderen europäischen Ländern soll dies besser funktionieren. Wettbewerbsfähigkeit bedeutet in diesem Zusammenhang nicht nur die innereuropäische Konkurrenzfähigkeit, sondern auch die Herstellung einer Konkurrenzfähigkeit außerhalb der EU-Staaten, also gegenüber den USA, Japan und ASEAN. Die technische Innovation und Qualifikation, auf die sich heutzutage ein Großteil der Anstrengungen konzentrieren, folgt wirtschaftlichen Interessen, die im Umkehrschluss wieder die angestrebte wissenschaftliche Berufsausbildung erfordern. (Banscherus 2007, S. 77 ff.).

Sofern dies ein Erfordernis der modernen Gesellschaft ist, könnte argumentiert werden, dass es nur natürlich und folgerichtig sei, diesen Bedarfen nachzukommen. Doch hier müssen auch Aspekte berücksichtigt werden, die jenseits harter Fakten liegen. Manche Argumente entspringen dem Unbehagen, was sich anhand dieser allzu plausiblen Rechnung einstellt. Es ist sehr schwer, gegen den Trend gültige, schlagkräftige Argumente zu finden. Dies dürfte einer der Gründe sein, weshalb die Geisteswissenschaften Schwierigkeiten mit ihrer eigenen Legitimation erfahren und mangels der faktischen Argumente anscheinend zunehmend im Niedergang begriffen sind. Traditionelle humanistische Wissenschaften haben an dieser Stelle eindeutig einen strategischen Nachteil, denn ihre Nützlichkeit für wirtschaftliche Zwecke ist im Gegensatz zu naturwissenschaftlichen Studiengängen nicht auf den ersten Blick erkennbar. Um es mit Lill zu sagen: Das neue Ideal der Messbarkeit kann auf sie nicht angewendet werden (vgl. Lill 2016, S. 61).

Bei genauerer Betrachtung dieses Phänomens ist allerdings festzustellen, dass die hier skizzierten Bedenken keine Erscheinung des 21. Jahrhunderts sind. Schelsky beispielsweise argumentiert in ganz ähnlicher Form bereits im Jahr 1963 und zitiert dabei Habermas aus dem Jahr 1957. Ihre Ausführungen könnten ohne weiteres für aktuelle Betrachtungen aus den letzten Jahren gehalten werden, denn sie sagen: „Der Prozess der Vergesellschaftung, in deren Zuge Wirtschaft und Universität, Produktion und Forschung sich verflechten" (Habermas 1957, S. 273), „macht die akademische Welt in vielerlei Hinsicht zu einem getreuen Spiegelbild der modernen Wirtschaftsgesellschaft" (Schelsky 1963, S. 211). Schelsky zitiert weiterhin Max Weber[8], der im Jahr 1919 bereits das Unternehmern ähnelnde Verhalten der Professoren und Direktoren anprangert (Schelsky 1963, S. 196), während er dem Mittelbau eine „proletaroide Position" (Schelsky 1963, S. 196) bescheinigt, wie es heutzutage mit anderen Worten ebenfalls sehr oft zu vernehmen ist. „Die Angleichung (…) an den Arbeitscharakter der Industriegesellschaft" (Habermas 1957, S. 279) als Merkmal dieser

---

8 Dazu kann Max Webers bekannter Vortrag „Wissenschaft als Beruf" von 1919 konsultiert werden, vgl. Schelsky 1963, S. 196 f., oder sein Grundlagenwerk Wirtschaft und Gesellschaft (Weber 1921-1922).

Vergesellschaftung wird als zusammenfassender Beweis geführt. Allerdings existiert auch ein sehr einleuchtender Widerspruch in diesen Ausführungen. Schelsky stellt nämlich im gleichen Atemzuge fest, dass sich „die anfänglich gehegte Befürchtung, bestimmte Interessengruppen der Wirtschaft oder der Politik würden monopolistisch die Herrschaft über Wissenschaft, Forschung und Hochschulen gewinnen, eigentlich kaum bestätigt" hat (Schelsky 1963, S. 211).

Was er mit der Einschränkung „eigentlich kaum" sagen möchte, erläutert er im Folgenden, und interessanterweise wird hier der deutliche Hinweis auf eine Diskrepanz zwischen wahrgenommener und tatsächlicher Bedrohung gegeben. Fürchten sich die Hochschulen vor einem Gespenst? Schon damals hat trotz aller Befürchtungen keine komplette wirtschaftliche Überformung der Hochschulen stattgefunden, auch wenn laut Schelsky gewisse Einflüsse durchaus vorhanden waren.[9] Ist dann nicht anzunehmen, dass heute ebenfalls keine ernstzunehmende Gefahr droht? Es könnten sich bestimmte Einflussbereiche herausbilden oder vertiefen, andere vielleicht geringer werden, und insgesamt würde die Universität doch standhalten in ihrem unabhängigen Charakter.

2.2.4 Konfliktpunkte und Umdeutungen zwischen Geisteswissenschaften und Wirtschaft

Natürlich kann objektiv und frei von tendenziöser Meinungsbildung eingeschätzt werden, dass es unabdingbar ist, den Hochschulraum von Europa, einem sich derzeit konstituierenden politischen, kulturellen und ökonomischen Raum, auch institutionell auszugestalten. Die Bologna-Erklärung (BE) soll dabei als Mittel zur Gestaltung dienen. Dennoch ist der Verdacht naheliegend, dass diese Reformbewegung für die darunter liegenden betriebswirtschaftlichen Zwecke instrumentalisiert werden könnte. Indizien dafür liegen in Deutschland vor: Viele Anstöße und Ideen für die Reform kommen aus Unternehmenskreisen, weniger aus wissenschaftspolitischen Kreisen. Ein Beispiel dafür sind die richtungsweisenden Aussagen des *Centrums für Hochschulentwicklung* (CHE) der Bertelsmann Stiftung, die ein wirtschaftlicher, kein wissenschaftlicher Akteur ist. Geäußert werden Aspekte, die durchaus positiv behaftet sind: Autonomie, Eigenverantwortung und Unabhängigkeit. Eingeführt werden allerdings „marktanaloge Steuerungselemente" (Bollenbeck und Wende 2007b, S. 7), die Forschung und Lehre für Wirtschaftszwecke nutzbar machen.

---

9 Siehe weitere Ausführungen bei Schelsky dazu, die wir hier nicht vertiefen: Kapitel V, Punkt 15, Seite 211 und folgendes Unterkapitel Seite 216 (Schelsky 1963, S. 204 ff.).

Gefordert werden in diesem Zusammenhang Effizienzmaximierung, Internationalisierung, Strukturveränderungen zur Anpassung der Hochschulen an Konzernstrukturen. Student:innen werden im reformierten Sprachgebrauch als Kund:innen bezeichnet und die Universität wird als Dienstleistungsunternehmen definiert. Das Studium wird zum Produkt. (Bollenbeck und Wende 2007b, S. 7 f.) (vgl. Kellermann et al. 2009b, S. 7 ff.)

Diese Metamorphose wird allerdings nur möglich sein, wenn die Universität tatsächlich messbar gemacht wird. Quantifizierende Kriterien spielen daher eine immer größere Rolle: eine Maximierung der Menge von Prüfungen, Promotionen und Drittmittelwerbung wird angestrebt, um den Erfolg der Hochschulen zu messen. Die Bedeutung solcher bisher nebensächlicher Faktoren wird künstlich gesteigert, da die Forschung und die Lehre an sich, vor allem im geisteswissenschaftlichen Bereich, nach wie vor kaum messbar sind. Der traditionell verankerte tiefere Sinn der Universitätsausbildung wird dabei von der Wirtschaft scheinbar nicht mehr akzeptiert. Der Humboldt'sche Gedanke der Einheit von Forschung und Lehre, sowie die zweckfreie autonome Bildung von Individuen ist mit wirtschaftlichen Denkweisen nicht greifbar, ergo nicht verwertbar. Die (Geistes-)Wissenschaft als offener Prozess mit ihrem Selbstzweck jenseits des praktischen Nutzens und der Konzentration auf das Ethos des Lernens stellt einen direkten Gegensatz zu Wirtschaftsstrukturen dar, zumindest bisher. (Bollenbeck und Wende 2007b, S. 8) (Bollenbeck und Saadhoff 2007, S. 11 f.) (vgl. Ash 1999b, S. 9) (vgl. Fraenkel-Haeberle 2014, S. 193) (vgl. Hörner 2010, S. 97 f.) Selbst der überwiegend kritische Philosoph Le Bon argumentiert ähnlich wie Humboldt, indem er erklärt: Die erste Gefahr der Erziehung durch Unterricht beruhe auf dem psychologischen Grundirrtum, dass Intelligenz sich durch Auswendiglernen von Lehrbüchern entwickle. Sich Wissen anzueignen und zu wiederholen, sei eine eigenartige Form der Erziehung, die nur dazu führe, Menschen herabzusetzen und unfähig zu machen. (Le Bon 2014, S. 90) Wie beängstigend ist dabei die Idee, dass möglicherweise genau hier die Zielstellung liegt? Was würde es bedeuten, wenn wirtschaftliche Interessengruppen gut ausgebildete, anpassungswillige Bürger viel besser einsetzen könnten als allseitig gebildete, kritisch hinterfragende Persönlichkeiten?

Dies ist durchaus eine legitime Fragestellung, denn es führte zu einer geistigen Aushöhlung der Gesellschaft von innen. Kultur, Ideen und Werte werden dabei als nicht quantifizierbar gleichgestellt mit vernachlässigbaren Aspekten. Es wird völlig außer Acht gelassen, dass Geisteswissenschaften Menschen zu reflexivem, kritischem Denken befähigen und eine Einfühlung in andere Kulturen ermöglichen. Kurz zusammengefasst, sind sie Empathie und Frieden stiftend. (vgl. Lill 2016, S. 61 f.)

Für die Umgestaltung der Hochschullandschaft in Deutschland werden wirtschaftliche Gründe, wie die knappe Finanzlage, der wachsende internationale Wettbewerb und die Bologna-Erklärung selbst angeführt. Der Verdacht, dass diese Gründe als Vorwand dienen, wird jedoch durch weitere Hinweise verstärkt. Die Bologna-Erklärung ist kein wirtschaftlicher Faktor, im Gegenteil, sie ist eine Absichtserklärung ohne rechtliche Bindung und ohne finanzielle Argumente. Der Homogenisierungsprozess schürt häufig die Angst, dass nationale Eigenheiten untergehen und den Hochschulen das angelsächsische System übergestülpt wird. Es muss daher berücksichtigt werden, welche Eigenheiten es zu bewahren lohnt. An dieser Stelle wird deutlich, dass es überhaupt nicht um den Kulturverlust oder die gefürchtete Anglisierung geht. Die Bologna-Erklärung wird benutzt, um den Geisteswissenschaften eine Zweckmäßigkeit aufzuzwingen, die nicht ihrem Naturell entspricht, sie dafür aber ökonomisch machen soll. Ein Beispiel dafür ist die Konzentration auf die Arbeitsmarktperspektiven, wie etwa den schnellen Berufseinstieg nach dem Bachelorabschluss. (vgl. Schwarz-Hahn und Rehburg 2004, S. 13) Das Studium soll schnell, billig und marktorientiert werden und quantifizierten Leistungsansprüchen genügen. Wird an dieser Stelle die Entdifferenzierung als Dienst an der Allgemeinheit, der Gesellschaft oder der Wirtschaft verstanden? In dem Fall weist nichts auf eine Anglisierung hin. Der Kulturstaat wandelt sich jedoch durch diese Eingriffe zum Interventionsstaat. Die Universität soll mit allen Mitteln dahin geführt werden, einen messbaren Mehrwert zu erzeugen. (Bollenbeck/Saadhoff 2007, S. 12 ff.)

Unzweifelhaft ist dieser stärker werdende Legitimationsdruck substanzzehrend für die Geisteswissenschaften. Sie müssen zwischen Autonomie und gesellschaftlicher Relevanz eine Balance finden. (Bollenbeck/Saadhoff 2007, 15 f.) Die Optimierung der Hochschulen ist mit Faktoren, die normalerweise wirtschaftliche Anforderungen definieren, schwer zu bestimmen und festzulegen. Diese Messinstrumente dienen normalerweise der Bewertung von Unternehmen mit wirtschaftlichen Kennzahlen, für eine Evaluierung von Hochschulen jedoch ist die Erarbeitung oder Heranziehung neuer Kriterien notwendig. Daher wird Wert auf Kennzahlen gelegt, die wie bereits erwähnt, Nebenrollen im Hochschulbetrieb spielen: Auslastung, Studiendauer, Drittmitteleinwerbung, Promotionszahlen etc. Diese Aspekte gewinnen lediglich durch Ihre Messbarkeit an Bedeutung. Dies ist eine bedeutsame Erkenntnis bei der Analyse der Auswahl dieser Kennzahlen. Sie lenken allerdings das Augenmerk vom Studium selbst ab. Marginale Faktoren werden so zu Meilensteinen in Entscheidungsprozessen. Den Ausschlag für ein bestimmtes Studium, einen Studiengang oder eine Fakultät gäbe dann von

Studierendenseite her nicht mehr der Inhalt, sondern die Begleiterscheinungen. (Bollenbeck/Saadhoff 2007, 16 f.)

2.2.5 Zwischenfazit zum Bologna-Prozess

Der Bologna-Prozess steht für eine umfassende Verwandlung der Hochschullandschaft in Europa. In diesem Zuge veränderten und verändern sich sowohl die Rolle und die Wahrnehmung als auch die Aufgaben und die Anforderungen an Hochschulen als Einrichtungen der Gesellschaft. Dabei erhalten vor allem wirtschaftliche Faktoren wie Effizienz und Wettbewerb einen höheren Stellenwert und beginnen, unter anderem als Folge der Globalisierung, Einfluss auf die Hochschulen zu nehmen.

Dies wird beispielsweise durch die Problematik des Studienniveaus deutlich, die unter 2.2.1 geschildert wird. Der Reformprozess zielt darauf ab, die Anzahl der Schulabgänger, die ein Hochschulstudium aufnehmen, zu erhöhen. Nun gibt es Staaten, in denen fachlich anspruchsvolle Ausbildungen über die Hochschulen geleistet werden. Diese befinden sich dabei im Vorteil. In Staaten wie Deutschland allerdings, die über ein hochqualifizierendes Ausbildungssystem verfügen, wird diese pauschale Zielsetzung zum Schaden der Ausbildung sein, da dort die Teilnehmer:innen fehlen werden, und ebenso der Schaden der Hochschulen, da diese in allen Studiengängen überlaufen sein werden oder es bereits sind. Zusätzlich strebt die Reform die erwähnte Beschäftigungsfähigkeit (*Employability*) an, die obendrein dazu führen wird, dass auch in Deutschland der Fokus des Hochschulstudiums immer stärker auf der Berufsausbildung liegen wird.

Ein weiterer Einflussfaktor wird über den Exzellenzansatz transportiert, der in 2.2.2 aufgegriffen wird. Die Mittelverknappung und die Vorbildwirkung anderer Länder führen zu einer Aufspaltung der Förderung. Einzelne forschungszentrierte Hochschulen werden stärker gefördert und somit zu Spitzeninstituten aufgewertet, an denen sich in der Zukunft möglicherweise auch die Spitzenkompetenz in Form von Personal und Studierenden konzentrieren wird. Der weitaus größere Teil der Hochschulen und Universitäten würde in der Folge zu Massenausbildungsinstituten herabgestuft. Bei den forschenden Exzellenzeinrichtungen stehen schon jetzt die Naturwissenschaften und andere Bereiche, die einen direkten „Mehrwert" für die Gesellschaft und vor allem auch für die Wirtschaft nachweisen können, stärker in der Gunst der Förderung als die Geisteswissenschaften, deren Nutzen nicht immer unmittelbar ersichtlich ist.

Der Punkt 2.2.3 widmet sich dem Konzept der *Vergesellschaftung*. Dies bezeichnet in unserem vorliegenden Fall den Wandel der Wissenschaft. Diese dringt in das gesellschaftliche Leben und Arbeiten vor, erfährt dadurch allerdings selbst deutliche Veränderungen, und zwar in der heutigen Zeit unter dem Einfluss der Wirtschaft und des Konkurrenzverhaltens, was die kapitalistisch organisierte Gesellschaft entscheidend prägt. Die dabei aufkommende Konkurrenz unter den Hochschulen, national wie international, wird als sogenannte Wettbewerbsfähigkeit propagiert. Die zu diesem Zweck angestrebte Vergleichbarkeit der Studiengänge und damit einhergehende Freizügigkeit der Studierenden zielt bereits auf die Vorbereitung der Freizügigkeit der Arbeitnehmer:innen im Europäischen Wirtschaftsraum EWR ab. Diese Entwicklung führt im Bereich der Geisteswissenschaften zu weitreichenden Problemen, da sich diese einem Rechtfertigungszwang ausgesetzt sehen, der per se unnatürlich für diesen Wissenschaftsbereich ist. Vielen Fächern droht in diesem Zusammenhang die Abschaffung oder die Eingliederung in andere Fachbereiche. Dennoch ist diese Entwicklung als Erfordernis der aktuell gelebten Wirtschaftsgesellschaft erstens nicht pauschal zu verurteilen, sofern sie der Gesellschaft nützt, und zweitens existiert durchaus eine Diskrepanz zwischen wahrgenommener und tatsächlicher Bedrohung. Dieselben Argumente wurden bereits vor etwa einhundert Jahren und erneut Mitte des 20. Jahrhunderts vorgetragen. Sie haben sich damals nicht in dem befürchteten Maße bewahrheitet. Ebenso könnte es sich diesmal verhalten, da auch die Geisteswissenschaft Gültigkeiten besitzt, die eine solche Umbruchphase überdauern könnten.

Abschließend wird in diesem Unterkapitel die marktanaloge Einführung der Messbarkeit im Hochschulbereich thematisiert. Unter 2.2.4 wird die Ausgestaltung des sich neu konstituierenden europäischen Hochschulraums mittels quantifizierbarer Kriterien wie Prüfungsmengen, Promotionszahlen und Drittmittelwerbung, die den Erfolg von Hochschulen sichtbar machen sollen, geschildert. Das Lernen an sich und die Bildung als Selbstzweck sowie die Forschung sind vor allem im geisteswissenschaftlichen Bereich nach wie vor kaum messbar. Dies widerstrebt der wirtschaftlich orientierten Denkweise und sie zieht daher sekundäre Kriterien zur Messung heran. Das Ganze führt zu einer geistigen Aushöhlung der Gesellschaft, in deren Zuge Kultur, Ideen und Werte als nicht messbar zu vernachlässigbaren Aspekten herabgestuft werden, und ein Studium in der Zukunft möglicherweise aufgrund seiner Rahmenbedingungen und nicht dank seiner Inhalte existiert und von Studierenden gewählt wird.

Verallgemeinernd kann in diesem Zusammenhang bemerkt werden, dass trotz der absolut notwendigen Diskussion über, für und gegen Humboldt'sche Traditionen und Universitätsideale, dennoch auch berücksichtigt werden muss, dass es sich dabei um ein mehr als einhundert Jahre altes Konzept handelt, das schon zu seinen Entstehungszeiten eine Art Gegenentwurf zur reellen

Entwicklung darstellte. Zwar hat diese Idealvorstellung stark dazu beigetragen, dass deutsche Hochschulen und deutsche Forschung in der gesamten Welt nicht nur als Erfolgskonzept, sondern auch als Vorbild gelten, allerdings blieb sie Zeit ihres Bestehens auch eine Idealvorstellung. Dieser nachzueifern kann heutzutage durchaus am realen Bedarf der Gesellschaft vorbeigehen. Möglicherweise hat sie auch ihre progressive, visionäre Strahlkraft längst verloren und ist selbst zu einem Hindernis für zukunftsweisende Entwicklungen im Hochschulbereich geworden. Es gilt dabei nicht nur im Blick zu behalten, wie die Universität im niemals zu erreichenden Idealfall sein könnte, sondern auch, wie sie entsprechend der heutigen gesellschaftlichen Bedürfnisse zu sein hat.[10] (Jarausch 1999, S. 76)

Ganzheitlich betrachtet wird der Bologna-Prozess oft negativ bewertet. Pasternack beispielsweise erteilt in seinem Qualitätsbewertungsschema für verschiedenste Hochschulreformen, vom Wissenschaftsumbau Ost bis zur Föderalismusreform, dem Bologna-Prozess die schlechteste Note. (Pasternack 2014, S. 194 f.) Philosophisch und historisch gesehen hat der Bologna-Prozess ebenfalls einen schweren Stand, siehe dazu beispielsweise Kellermann et al. 2009b; Bollenbeck und Wende 2007a. Bei Sichtung der Mengen an Literatur, die seit dem Beginn der Reform bis zum untersuchten Jahr 2016 dazu veröffentlicht wurden, könnte leicht der Eindruck entstehen, dass die Kritik zu dem Zeitpunkt alle positiven Ergebnisse der Reform in den Hintergrund drängte. Die Artikel in den Sammelbänden, die Monografien und Zeitschriften sprachen ein einstimmig negatives Urteil aus, egal welchen Teil der Reform sie betrachteten oder untersuchten. Nur wenige Werke, abgesehen von den Veröffentlichungen der Akteure selbst, beschäftigten sich zumindest auf einer objektiven Ebene mit dem Reformprozess. Dazu gehören beispielweise Sieh 2014, Brändle 2010, und Futterer et al. 2012. Werke mit positivem Fazit waren kaum zu finden, allenfalls noch die vorsichtige Prognose von Schwarz-Hahn und Rehburg 2004. Daher soll in der vorliegenden Arbeit der Anspruch gelten, nicht von Beginn an dem Einfluss der vorhandenen Literatur nachzugeben und ein negatives Bild aufgrund einer eigenen, vorgefassten Meinung und Beeinflussung zu zeichnen. Im Gegenteil werden die für diese Arbeit notwendigen Aspekte der Reform eingehend betrachtet und ihre Vor- und Nachteile sachlich aufgezeigt. Weitere Bewertungen ergeben sich in der empirischen Studie aus der Sicht von Studierenden und auch von Hochschulexpert:innen. Letztendlich wird sich durch die

10 Siehe dazu auch Le Bons Ausführungen zu den gesellschaftlichen Institutionen, worauf später noch eingegangen wird (Le Bon 2014, S. 86 f.).

Bewertung der Zielerreichung ein möglichst sachlich-objektives Bild ergeben, was durch bildungspolitische und philosophische Betrachtungen ergänzt werden kann.

Zu Beginn der Untersuchung werden nun die notwendigen, zu verwendenden Begriffe geklärt und die wichtigsten Reformaspekte werden inhaltlich kurz zusammengefasst dargestellt.

2.3 Begriffsklärung, Konzepte und Definitionen der Hochschulreform

Es folgt ein kurzer Abriss zu historischen Grundlagen und zur Terminologie im Rahmen der vorliegenden Problematik. Die dabei genannten Definitionen werden später ebenfalls für die Operationalisierung im Rahmen der empirischen Untersuchung verwendet. Siehe dazu Abschnitt 3.2 im Allgemeinen und 3.2.1 im Besonderen.

2.3.1 Die Bologna-Erklärung

Der Bologna-Prozess ist eine Studienstruktur-Reform, die mittels der Bologna-Erklärung im Jahr 1999 in Gang gesetzt wurde. Der Grundstein dieser Erklärung war bereits zehn Jahre zuvor gelegt worden: Zur Neunhundertjahrfeier der Universität in Bologna wurde im Jahr 1988 diese erste gemeinsame Erklärung der Präsident:innen und Rektor:innen verfasst, die *Magna Charta Universitatum* (Fraenkel-Haeberle 2014, S. 328; DIPF 2011). Nun folgen Informationen zu den Teilnehmerstaaten und zu den konkreten Zielen der Reform.

2.3.1.1 Die teilnehmenden Staaten

Die Bologna-Erklärung (Europäische Bildungsminister 1999a) wurde am 19. Juni 1999 von 29 europäischen Staaten abgegeben. Bis zum Jahr 2016 waren es 48[11] Teilnehmerländer. Dabei sind nicht ausschließlich EU-Staaten Teilnehmer:innen des Bologna-Prozesses (Hörner 2014, 10). Es wurde schon sehr zeitig im Entwicklungsprozess Kritik an der möglichen Veräußerung der hohen Standards des europäischen Bildungswesens durch den Beitritt von

11 https://www.kmk.org/themen/hochschulen/internationale-hochschulangelegenheiten.html: Die Möglichkeit einer Teilnahme am Bologna-Prozess besteht für alle europäischen Staaten, die das Kulturabkommen des Europarats ratifiziert haben und sich zu den Zielen des Prozesses bekennen. Dies sind neben den EU-Mitgliedern derzeit 21 Staaten, also 49 (siehe auch KMK 2017).

Nicht-EU-Ländern laut. Diese würden versuchen, sich mit Lobbyarbeit statt mit akademischen Verdiensten im Bereich der Weltelite anzusiedeln. Russland beispielsweise unterzeichnete 2003 die Bologna-Erklärung und als letzte der bisher teilnehmenden 49 Länder traten Kasachstan, Weißrussland und zuletzt San Marino (2020) dem Bologna-Bund bei. (Tomusk 2014, S. 57; EHEA 2023)

Heute sind folgende Staaten Unterzeichner der Bologna-Erklärung:

Albanien, Andorra, Armenien, Aserbaidschan, Belgien (flämische und französische Gemeinschaft), Bosnien und Herzegowina, Bulgarien, Dänemark, Deutschland, Estland, Finnland, Frankreich, Georgien, Griechenland, der Heilige Stuhl, Irland, Island, Italien, Kasachstan, Kroatien, Lettland, Liechtenstein, Litauen, Luxemburg, Malta, Moldau, Montenegro, Niederlande, Nordmazedonien, Norwegen, Österreich, Polen, Portugal, Rumänien, Russland, San Marino, Schweden, Schweiz, Serbien, Slowakische Republik, Slowenien, Spanien, Tschechische Republik, Türkei, Ukraine, Ungarn, Vereinigtes Königreich, Weißrussland und Zypern. (EHEA 2023) Das sind 27 EU-Länder (unterstrichen) und 22 Nicht-EU-Länder, also beinahe eine gleichstarke Verteilung.

Trotz des zuvor erwähnten längerfristigen Hinarbeitens auf gestufte Studiengänge bekam die Reformbewegung schnell eine überraschende Dynamik. Der Widerstand war gering. (Maeße 2010, S. 17) Dies könnte dahingehend ausgelegt werden, dass die Nationalstaaten mit diesem Mittel die Verwirklichung ihrer ganz eigenen, unterschiedlichen, tieferliegenden Interessen verfolgten. Andernfalls wäre ein solch aufwändiges Programm vermutlich nicht ohne Protest in Gang gesetzt worden.

Die schon früher langfristig angestrebten strukturellen Reformversuche von Studien und Abschlüssen wurden durch den Bologna-Prozess nicht nur wieder in Gang gebracht, sondern deutlich beschleunigt (Banscherus 2007, S. 86). Nach kurzer Zeit schon wurde in den meisten teilnehmenden Staaten das zweistufige Studiensystem eingeführt. Schon auf der Folgekonferenz in Bergen im Jahr 2005 konnten dies 34 der 47 Länder nachweisen. Die überraschende Dynamik der Hochschulreform nach langem Zögern und vielen Widerständen wird auch bei Sieh (2014) untersucht. Sie führt dies u.a. stark auf die Angst vor dem Eingriff der EU in die nationalstaatlichen Interessen zurück. Die Staaten wollten ein eigenes Reformsystem schaffen, an das sich die EU, im Bologna-Prozess nun vertreten durch die EU-Kommission, anpassen muss. Dies hat die Kommission umfassend getan. Sie wurde sogar als einziges nichtstaatliches Vollmitglied zugelassen. Sie unterstützt den BP finanziell und auch ideell, indem sie ihn bei verschiedenen Anlässen (Seminare, Konferenzen, Studien etc.) regelmäßig auf die Tagesordnung setzte und so die Aufmerksamkeit aufrechterhielt. (Sieh 2014, S. 58 f.)

2.3.1.2 Die in der Bologna-Erklärung formulierten Ziele

Die erklärten Ziele beinhalten laut der Bologna-Erklärung folgende Hauptpunkte. (Europäische Bildungsminister 1999a, S. 3 ff.) (Europäische Bildungsminister 1999b) (Fraenkel-Haeberle 2014, S. 329) (Schwarz-Hahn und Rehburg 2004, S. 15 f.) (Futterer et al. 2012, S. 9 f.):

- Internationale Vergleichbarkeit der Studiengänge und -abschlüsse
  Leicht vergleichbare Strukturen zur größeren Transparenz arbeitsmarktrelevanter Qualifikationen, ausgedrückt z.B. durch Diplomzusatz. (*Übergeordnetes Ziel*, s. 2.3.3)
- Gestufte Studienstruktur (zwei Hauptzyklen mit trennbaren Abschlüssen)
  Der erste Zyklus ist die Voraussetzung für die Aufnahme des zweiten, genügt aber auch für einen Eintritt in den Arbeitsmarkt. (*Strukturziel*, s. 2.3.3)
- Leistungspunktesystem nach ECTS-Kriterien
  Vereinheitlichte Bewertungsskala, Verbesserung der Übersichtlichkeit, Planbarkeit und Mobilität; Bemessungsgrundlage ist der Arbeitsaufwand, nicht die Stundenzahl; Punkteerwerb auch außerhalb der Hochschule durch Lebenslanges Lernen möglich. (*Strukturziel)*
- Mobilitätsförderung
  Anerkennung und Anrechnung von Leistungen verschiedener Hochschulen und/oder Länder, verbesserter Zugang zu Studienangeboten, Abbau von Hindernissen für Lehrende, Lernende und Wissenschaftler. (*Übergeordnetes Ziel*)
- Europäische Zusammenarbeit bei der Qualitätssicherung
  Einführung gemeinsamer oder zumindest vergleichbarer Bewertungskriterien und Qualitätsverbesserungsmaßnahmen, dazu gehören vor allem die Akkreditierung und die interne Hochschulevaluation (*Strukturziel*)
- Europäische Dimensionen im Hochschulbereich
  Dazu gehören die gemeinsame Entwicklung von Studiengängen, Kooperationen der Hochschulen, Mobilitätsprojekte, Forschungsprogramme usw. (*Übergeordnetes Ziel*)

Die Ziele beruhen im Kern auf den Zielen für die Reform des Europäischen Wirtschaftsraumes (Arbeitnehmendenfreizügigkeit etc.) Dazu folgen weitere Erläuterungen unter Punkt 2.5.2.

Die Erreichung der Ziele sollte bis zum Jahr 2010 erfolgen. Im Jahr 2004 betrug der Anteil der neu strukturierten Studiengänge in Deutschland bereits 15 Prozent, obwohl Deutschland im Vergleich bei der Umsetzungsgeschwindigkeit zurücklag. Das entsprach 1.800 Bachelor- und Masterstudiengängen

(Schwarz-Hahn und Rehburg 2004, S. 13) Im Wintersemester 2010/2011 waren dann bereits rund 85 Prozent aller Studiengänge an deutschen Hochschulen umgestellt. Dennoch wurde die BE als Absichtserklärung aufgesetzt, sie besitzt keine Rechtsbindung (HRK 2008, S. 13).[12] Überdies gab es nie genaue Vorgaben für ihre Umsetzung (Maeße 2010, S. 22). Allerdings haben sich im Laufe der Folgekonferenzen diese Grundsätze insofern verschoben, dass von anfänglich reinen Empfehlungen zu Handlungsleitlinien und Umsetzungsvorgaben übergegangen wurde. Die stringente Zielsetzung des Abschlusses der Reform bis zum Jahr 2010 konnte dennoch nicht erreicht werden. Im Zuge des Bewusstwerdungsprozesses, dass sich die Reform umfangreicher und langwieriger gestaltete als anfangs geplant, rückten die Akteure dann wieder von der strengen Zielvorgabe ab. Sie griffen stattdessen auf ihre ursprüngliche Herangehensweise zurück und sprachen für den folgenden Reformzeitraum bis 2020 wieder mehr Handlungsempfehlungen als Vorgaben aus. (Brändle 2010, S. 72)

2.3.2 Die Folgekonferenzen

Die Umsetzung der einzelnen formulierten Bologna-Ziele wurde, wie soeben erwähnt, erst auf den Folgekonferenzen näher definiert. Diese Treffen der beteiligten Akteure werden alle zwei Jahre abgehalten. Was der Bologna-Erklärung als bloße Absichtserklärung an konkreten Umsetzungsplänen noch gefehlt hat, wurde bei den Folgekonferenzen gewissermaßen nachgeholt und auch die Umsetzung dieser weitergehenden Pläne wurde begutachtet und überwacht. Dabei wurden bestimmte Herangehensweisen an verschiedene Ziele empfohlen und bei manchen Zielen sogar verbindlich festgelegt. (Brändle 2010, S. 34) Die Berichterstattung im Rahmen der Folgekonferenzen wird in Deutschland von Bund (Bundesministerium für Bildung und Forschung, BMBF) und von den Ländern (Kultusministerkonferenz, KMK) gemeinsam übernommen, da die Bildungspolitik zwar den Ländern obliegt, der Bologna-Prozess insgesamt aber eine internationale Angelegenheit darstellt. (Sieh 2014, S. 19 f.)

Beispielsweise wurde die Verwendung des ECTS-Systems anfangs als Orientierung für ein Leistungspunktesystem herangezogen. Später wurde das ECTS-System dann als verbindliches Leistungspunktesystem eingeführt. Solche und ähnliche Präzisierungen wurden auf den Folgekonferenzen in Prag (2001), Berlin (2003), Bergen (2005), London (2007) Löwen (2009), Budapest/Wien (2010), Bukarest (2012) und Jerewan (2015) festgehalten. Andere Punkte hingegen wurden bewusst offengelassen, wie die inhaltliche Ausgestaltung

12 Zur Rechtsbindung siehe auch Fraenkel-Haeberle 2014, S. 334.

der neuen Strukturen. Dies wurde bereits in Prag thematisiert und es wurde festgehalten, dass die Curricula sich weiterhin inhaltlich unterscheiden sollten, um verschiedensten Bedürfnissen gerecht zu werden. Die Harmonisierung sollte nicht zu einheitlichen Studiengängen führen, was einerseits begrüßenswert ist, andererseits die Vergleichbarkeit und Anrechnung sehr erschwerte. (Brändle 2010, S. 28) Unter anderem wurde in Bergen die Erhöhung der Zahl der Doktorand:innen zugunsten der Wettbewerbsfähigkeit festgelegt und dazu die Weiterentwicklung der Doktorand:innenprogramme anvisiert. Überdies solle der Hochschulzugang stärker nach dem Leistungsprinzip reguliert werden. Es wurde außerdem aufgefordert, die Mobilitätsprogramme intensiver zu nutzen. Dazu sollte die Anerkennung von Leistungen verbessert werden. Dies waren wiederkehrende Schwierigkeiten, die regelmäßig thematisiert wurden. (Brändle 2010, S. 49 f.) Auf der Folgekonferenz in Löwen beispielsweise wurden dann die Internationalisierung der Hochschulen und die Mobilität der Studierenden als eines der Hauptziele deutlicher hervorgehoben. Praktika oder Studienaufenthalte im Ausland werden als Grundvoraussetzung immer bedeutender. (Sieh 2014, S. 54) Auch heute noch finden die Folgekonferenzen aller zwei bis drei Jahre in je einem teilnehmenden Staat statt. Die bis dato aktuellste wurde 2024 in Albanien abgehalten.[13]

Ein weiteres wichtiges Merkmal der Folgekonferenzen ist die jeweilige Aufnahme weiterer Teilnehmerstaaten in den Bologna-Prozess. An den Folgekonferenzen nahmen dann nicht mehr die Bildungsminister exklusiv teil, sondern weitere Akteure wie Vertreter:innen der Studierenden und der Hochschulen. (Brändle 2010, S. 34 f.) Bereits auf der zweiten Folgekonferenz in Berlin hatte sich der Rahmen der beteiligten Akteure fast auf sein Maximum erweitert. Es gehörten ab diesem Zeitpunkt auch verschiedene EU-Instanzen dazu. Später kamen noch Interessengruppen aus Wirtschaft und Politik hinzu. (Brändle 2010, S. 44) Es wurde allerdings eine mangelnde Beteiligung der Studierenden beklagt. (Brändle 2010, S. 47)

Schon auf der dritten Folgekonferenz (Bergen 2005) trat zutage, dass in den verschiedenen Ländern unterschiedliche Umsetzungen der Ziele auftraten (Brändle 2010, S. 46). Dies dürfte bei der grundlegenden Konzeption der Reform allerdings nicht unerwartet gewesen sein, da die Umsetzung, wie erwähnt, von Beginn an den Nationalstaaten selbst überlassen wurde.

---

13 https://www.bmbf.de/bmbf/de/bildung/studium/bologna-prozess/die-entwicklung/die-entwicklung-von-den-anfaengen-bis-heute.html

Es wurden auf den Folgekonferenzen generell sehr viele allgemeine Absichtserklärungen wiederholt oder getätigt (Brändle 2010, S. 51). Vermutlich wurde vieles pauschal wiederholt, was noch nicht oder nicht ausreichend umgesetzt wurde, und wofür noch keine konkreten Pläne vorlagen. Es wurde häufig betont, dass der Bologna-Prozess sich sehr auf die Verwirklichung von Strukturen und Instrumenten konzentrierte und darüber hinaus gehende Wertschöpfungen weitgehend außer Acht gelassen wurden (Brändle 2010, S. 60).

2.3.3 Strukturelle und Übergeordnete Ziele und deren Umsetzung

Die in der Bologna-Erklärung festgeschrieben sechs großen Ziele unterscheiden sich in ihrer Art und daher auch in ihrer Umsetzbarkeit. Drei der Ziele können als strukturelle Pläne eingestuft werden, die durch rein organisatorische Maßnahmen erreicht werden können. Dazu gehören die gestuften Studienabschlüsse Bachelor und Master, das in Modulen strukturierte Studium mit der Bewertung über ECTS-Leistungspunkte sowie das einheitlich ausgerichtete Qualitätssicherungswesen. Diese werden als *Strukturziele* oder *Strukturelle Ziele* bezeichnet. Die übrigen drei Ziele sind eher von weicher Natur, ihre Umsetzung kann nicht allein anhand konkreter Strukturveränderungen erreicht werden. Sie ergeben sich teilweise aus der Umsetzung der Strukturziele, teilweise sind sie kulturell und gesamtpolitisch bedingt. Daher bezeichnen wir sie als *Übergeordnete Ziele.*

Im Folgenden werden daher zuerst Details zu den Strukturzielen erläutert, die als Grundlage für das Verständnis der politischen Vorgänge, der übergeordneten Ziele und der empirischen Studie unverzichtbar sind. Anschließend wird auf die Problematik der übergeordneten Ziele näher eingegangen.

2.3.3.1 Die gestuften Studienabschlüsse: Bachelor und Master

Die neuen Studienabschlüsse sind vermutlich das am deutlichsten wahrnehmbare Merkmal der Bildungsreform. An den deutschen Universitäten wurden Klagen laut über die Abschaffung des wertgeschätzten und international anerkannten Diplomabschlusses. Wer in den Übergangsjahren noch eines erlangen konnte, dem oder der wird es angesichts der anhaltenden Debatte um die neuen Abschlüsse besonders teuer sein. Doch was macht diese neuen Abschlussformen aus?

Erst einmal findet damit die Differenzierung zwischen den deutschen, nationalen Hochschultypen Universität und Fachhochschule nicht mehr inter- sondern intra-institutionell statt. Die Abschlüsse Bachelor of Arts (BA) und Master of Arts (MA) existieren fortan bei beiden Hochschultypen, während der Diplomabschluss vormals den Universitäten vorbehalten war. (Maeße 2010, S. 18)

Der Bachelor-Studiengang ermöglicht dabei eine grundständige Hochschulbildung mit einem ersten berufsqualifizierenden Abschluss innerhalb von drei bis vier Jahren. Dies ist die entscheidendste Veränderung gegenüber dem bisherigen Bildungssystem in Deutschland. Die Zwischenprüfungen auf dem Weg zu früher existierenden Diplom-, Magister- oder ähnlichen Abschlüssen verliehen keinen akademischen Grad. Dieser wurde erst mit dem vollständig absolvierten Studium erreicht. (vgl. Brändle 2010, S. 21)

Der Master-Studiengang bietet eine weiterführende Hochschulbildung, die konsekutiv, d.h. inhaltlich auf einem Bachelor-Studiengang aufbauend sein kann, aber nicht muss. Somit werden ein Fächerwechsel ohne Studienabbruch und der Quereinstieg aus anderen Fachrichtungen ermöglicht. Mit dem Master of Arts wird nach einem bis zwei Jahren ein zweiter berufsqualifizierender Abschluss erreicht. Voraussetzung für den Antritt eines Masterstudiums ist ein Bachelor-Abschluss, der konsekutiv sein kann. Bachelor und Master zusammen sollten nicht länger als fünf bis sechs Jahre Studiendauer voraussetzen. (HRK 2008, S. 11) Die Schwierigkeit für Studierende ist an dieser Stelle, dass sie bestimmte Qualifikationen aus dem Bachelor mitbringen müssen, um für konsekutive Masterstudiengänge zugelassen zu werden. (Brändle 2010, S. 22) Dies stellt allerdings keine grundlegende Veränderung zum vorherigen System dar, da auch die Zwischenprüfungen zum Grundstudium/Vordiplom früher Voraussetzung für die Weiterführung des Studiums waren.

Eine zusätzliche Qualifizierungsmöglichkeit ist ein weiterbildender Master-Studiengang, der unabhängig vom ersten Abschluss angetreten werden kann, und der außerdem eine berufspraktische Erfahrung voraussetzt. (HRK 2008, S. 11)

Unter den reformierten Studiengängen sind in Deutschland etwa die Hälfte der Programme neu entwickelt worden. Die andere Hälfte wurde aus bestehenden Studiengängen heraus geschaffen. Zuerst sollten die neuen Programme testweise laufen und die bisherigen parallel weiterbestehen, bevor sie ausliefen und durch die neuen Programme ersetzt wurden. (Schwarz-Hahn und Rehburg 2004, S. 129 f.)

2.3.3.2 Die Bewertung: Module und Leistungspunkte

Beide Studiengänge sind modular aufgebaut. Ihre Veranstaltungen sind in größere, thematisch gruppierte, in sich geschlossene Einheiten gegliedert, die einzeln abprüfbar sind, die sogenannten Module:

> Module beinhalten abgrenzbare Stoffgebiete, die in einem fachlichen oder thematischen Zusammenhang stehen. Sie umfassen fachlich aufeinander abgestimmte Lehrveranstaltungen unterschiedlicher Art und schließen mit Modulprüfungen ab. Module werden entsprechend ihrem Arbeitsaufwand (Workload) mit Leistungspunkten versehen. (IALT 2014, S. 4)

Module können allerdings auch aus nur einer Lehrveranstaltung bestehen. Dies wird nicht vorgeschrieben und wird von den HS daher sehr unterschiedlich gehandhabt. Dies trägt auf struktureller Ebene nicht zum Ziel der Vergleichbarkeit bei. (Schwarz-Hahn und Rehburg 2004, S. 131)

Die Leistungen und der Umfang werden mittels sogenannter ECTS-Kreditpunkte berechnet (HRK 2008, S. 11). Für die Punktvergabe wird der geleistete Arbeitsaufwand (*Student Workload*) in Punkte umgerechnet. Dazu zählen sowohl Präsenz- als auch Selbststudium sowie auch die Zeit für Prüfungsvorbereitungen und das Ablegen der Prüfungen. Ein Leistungspunkt entspricht 25 bis 30 Arbeitsstunden. (HRK 2008, S. 86) Am IALT entspricht er beispielsweise 30 Zeitstunden. (IALT 2014, S. 5) In einem akademischen Jahr sollte eine Vollzeit studierende Person ungefähr 60 Leistungspunkte akkumulieren. (Brändle 2010, S. 23) Allerdings treten auch bei der Leistungspunktevergabe Abweichungen auf. Viele Hochschulen haben eigene Berechnungssysteme und nicht bei allen wird der Zeitaufwand tatsächlich berücksichtigt. Dies wirkt sich ebenfalls auf die Vergleichbarkeit aus. (Schwarz-Hahn und Rehburg 2004, S. 132) Dies zieht Veränderungen der Studiengangprofile nach sich. Die konzeptionelle Ausgestaltung der neu gestalteten Studiengänge oblag dabei den Hochschulen und deren Fakultäten und Fachbereichen. (HRK 2008, S. 11)

2.3.3.3 Akkreditierung der Hochschulen

Die europäische Zusammenarbeit bei der Qualitätssicherung umfasst mehrere Bereiche. Dabei sollen die Hochschulen eine interne Bewertung einrichten (von Evaluation einzelner LV bis hin zu internen QS-Systemen), sie sollen extern evaluiert werden (Akkreditierungswesen), die Studierenden sollen einbezogen werden (Feedbackabfrage zu den belegten LV) und die Ergebnisse veröffentlicht werden. Zum größten Teilprojekt avanciert dabei die externe Evaluation mit der Einrichtung des Akkreditierungswesens, auf das im Folgenden eingegangen wird. (Sieh 2014, S. 52) Im nächsten Punkt wird dann der zweite große Bereich, die interne Qualitätssicherung, näher erläutert. Sie gehören beide zum selben Reformziel, sind aber so verschieden in der Umsetzung, dass zur Verbesserung der Übersichtlichkeit zwei Unterpunkte dafür eingerichtet wurden.

Im Rahmen der europäischen Zusammenarbeit bei der Qualitätssicherung erfolgt die Zulassung der Studiengänge nach einem Akkreditierungssystem (vgl. HRK 2008, S. 133 ff.). Die erfolgreiche Akkreditierung ist eine Voraussetzung dafür, dass die Hochschulen die Studiengänge Bachelor und Master durchführen und Abschlüsse verleihen dürfen. Dafür absolvieren die Hochschulen eigens konzipierte Begutachtungsverfahren, in deren Verlauf dazu berechtigte Akkreditierungsagenturen prüfen, ob Studiengänge fachlich-inhaltlich und bezüglich ihrer Berufsrelevanz bestimmten Mindestanforderungen genügen. Die Akkreditierungen werden immer für einen begrenzten Zeitraum vergeben und müssen dann erneuert werden. (Universität Würzburg 2023, S. 1) (vgl. HRK 2008, S. 134 f.)

Zur Durchführung der Akkreditierung wurden in den jeweiligen Ländern Akkreditierungsagenturen gegründet. 2008 gab es in Deutschland sechs Akkreditierungsagenturen, zuständig je nach Profil der Studiengänge (HRK 2008, S. 134).

Als Beispiel zur Gegenüberstellung mit dem Verfahren in Deutschland soll die Vorgehensweise in Polen gelten, da der Reformprozess hier schon sehr zeitig und sehr drastisch einsetzte. Die zweistufigen Abschlüsse mit dem Bachelor als ersten Grad wurden bereits nach dem Zusammenbruch der Sowjetunion in den 1990er Jahren eingeführt (Kwiek 2014, S. 147). Nach der Neuerung der Gesetzgebung zum Hochschulwesen wurde im Jahr 2002 mit der PKA (*Państwowa Komisja Akredytacyjna*) die Staatliche Kommission für das Hochschulwesen eingeführt. Sie

- überwacht das gesamte Hochschulwesen.
- prüft mittels Evaluierungsverfahren die Bildungsqualität aller Hochschulen in Polen.
- entscheidet über die Eröffnung und überwacht die Gründung neuer Hochschulen.

Die PKA ist eine unabhängige staatliche Agentur. Der Minister für Wissenschaft und Hochschulwesen beruft ihre Mitglieder. Die Kandidat:innen dafür werden von verschiedenen Hochschul-, Wissenschafts-, Studierenden- und Arbeitgeberinstitutionen vorgeschlagen. (Szymański und Nowosad 2010, S. 208) Wie unabhängig diese Kommission angesichts der damaligen Regierungslage mit der nationalkonservativen PiS-Partei (*Prawo i Sprawiedliwość*, dt. Recht und Gerechtigkeit) als führender Kraft war, steht zur Frage. Ebenso blieb abzuwarten, ob die polnische Regierungssituation Auswirkungen auf die zukünftige Ausgestaltung der Bologna-Reformen haben würde.

Vergleichend kann nun festgestellt werden: Die Akkreditierung in Deutschland wird im Gegensatz zu Polen dezentral geregelt. Es gibt nicht eine, sondern zehn dieser Agenturen. Sie werden von der Stiftung zur Akkreditierung von Studiengängen in Deutschland legitimiert, die wiederum beim Sekretariat der Kultusministerkonferenz sitzt. In der Stiftung arbeiten VertreterInnen der Länder, der Hochschulen, der Studierenden und der Berufspraxis zusammen. (HRK 2008, S. 133) Somit sind stets mehrere Akteure an der Akkreditierung beteiligt. Die Stiftung als oberste Instanz besteht aus dem Akkreditierungsrat, dem Stiftungsrat und dem Vorstand. Der Akkreditierungsrat[14] hat dabei als zulassende Institution der Agenturen die bedeutendste Aufgabe. (Brändle 2010, S. 90)

Grundsätzlich kann diese Struktur aus verschiedenen Gründen als sinnvolles und adäquates Konzept betrachtet werden. Es wirken Vertreter aller Interessengruppen mit, was eine gegenseitige Kontrollfunktion zur Folge haben müsste. Hochschulen sind unabhängig in ihrer Gestaltung, aber nicht zügellos, und es wird eine transparente Gestaltung von Curricula erforderlich. Überdies soll die Akkreditierung die Vergleichbarkeit der Studiengänge verbessern, was wiederum die Mobilität der Studierenden begünstigen sollte. (Brändle 2010, S. 92)

Was die Akkreditierungsvorgänge angeht, so wählt zuvorderst eine Hochschule die gewünschte Agentur selbst aus und fragt bei ihr nach einer Akkreditierung an. Hochschule und Agentur schließen einen Vertrag. Erst dann beginnt das Verfahren. Bei einer Programmakkreditierung, also einer Akkreditierung einzelner Studiengänge, werden, wie bei einem Audit, die Unterlagen geprüft und auch vor Ort werden die Studiengangprozesse begutachtet. Es folgt ein Bericht an die Hochschule mit anschließender Möglichkeit zur Stellungnahme. Zum Schluss erfolgt im besten Falle die Akkreditierung des Studiengangs. Bei der so genannten Systemakkreditierung werden von der Agentur alle Studiengänge als Ganzes abgenommen, indem das Qualitätssicherungssystem der jeweiligen Hochschule geprüft wird, anstatt die einzelnen Studiengänge zu prüfen. Dabei prüft eine Gutachtergruppe das QS-System mit mindestens zwei Begehungen vor Ort, einer Programmstichprobe und einer Merkmalsstichprobe. Die Akkreditierung erfolgt anschließend mittels eines Berichts und einer Empfehlung der Gutachter:innen. Auch hier ist eine Stellungnahme der

14 Zu den Aufgaben und Kompetenzen des Akkreditierungsrates finden sich Details bei Sieh 2014, S. 149.

Hochschule möglich, allerdings keine Akkreditierung unter Auflagen, wie bei der Programmakkreditierung. (Universität Würzburg 2023, S. 3 f.)

Die Akkreditierungsagenturen arbeiten zwar nicht gewinnorientiert, dennoch müssen die Hochschulen die Akkreditierungsverfahren bei den Agenturen bezahlen. Pro Studiengang konnte dies die Hochschule bei einer Programmakkreditierung zu der Zeit bis zu 15.000 € kosten. Dieser nicht zu vernachlässigende Kostenfaktor existierte vor der Bildungsreform für die Hochschulen nicht. Es wurde versucht, diesen Kostendruck durch die Systemakkreditierung zu reduzieren. Der Nachteil besteht darin, dass die Hochschulen ihre Studiengänge zuvor mittels ihres eigenen QS-Systems selbst prüfen müssen. Dies führt zu erheblichem Mehraufwand für die Hochschulen. Die Systemakkreditierung bietet hier allerdings weitere Vorteile, die Kosten und Mühen wieder senken. Die regelmäßig obligatorischen Erneuerungen, auch Reakkreditierungen genannt, sind nicht bereits nach fünf, sondern erst nach acht Jahren fällig. Diese längere Zeit ohne externe Prüfung erhöht über die genannten Vorteile hinaus die verloren gegangene Autonomie wieder ein wenig, vorausgesetzt die Hochschulen investieren in die Bildung eines internen, funktionierenden QS-Systems. (Brändle 2010, S. 91 f.)

Ergänzend kann gesagt werden, dass mit diesem Schritt eine gewisse Kompetenzverschiebung stattfindet, weg von den Kultusminister:innen in der Kultusministerkonferenz KMK, hin zu den Akkreditierungsagenturen. Die KMK gibt zwar weiterhin den Rahmen vor, dennoch agieren die Agenturen darin weitgehend selbstständig. Das Bundesministerium für Wissenschaft und Forschung hat zwar die formale Aufsicht über den Akkreditierungsrat, auch was die Ernennung der Mitglieder durch die KMK angeht, allerdings kann der Akkreditierungsrat nicht ständig alle Agenturen genauestens überwachen und prüfen. Diese verselbstständigen sich folglich in größerem Ausmaß. Der Prüfungsdruck der Agenturen auf die Hochschulen ist wiederum größer als der Druck bei rein staatlich geführter Kontrolle, somit sinkt in der Gesamtheit die Autonomie der Hochschulen. (Brändle 2010, S. 93)

Auf weitere durch diese Vorgehensweise verursachten Schwierigkeiten wird im Weiteren eingegangen, u.a. in den politisch-historischen Abschnitten 2.5.2 und 2.5.4. Die Bewertung der Akkreditierung selbst wurde allerdings nicht ausreichend umgesetzt. Es wurden nur wenige Studien zur Eignung und zur Effizienz der (Programm-)Akkreditierung durchgeführt. Eine erste fand dazu im Jahr 2012 durch die Qualitätssicherungsagentur ZEvA statt. (Futterer et al. 2012, S. 10)

Die Hochschulen wurden, wie bereits erwähnt, angehalten eine interne Bewertung einzurichten (von Evaluation einzelner LV bis hin zu internen

QS-Systemen), die Studierenden einzubeziehen (Feedbackabfrage zu den belegten Lehrveranstaltungen) und die Ergebnisse zu veröffentlichen. Als eher nachrangiges Ziel kam die interne Evaluation allerdings nur schleppend in Gang. Die Evaluationssysteme der Hochschulen im Allgemeinen hatten entwicklungsmäßigen Rückstand und waren nicht einheitlich. Ihre Bedeutung wuchs aber seit dem Beginn des Bologna-Prozesses stetig. (Sieh 2014, S. 154).

2.3.3.4 Die Umsetzungsprobleme der übergeordneten Reformziele

Nach eingehender Erläuterung der strukturellen Ziele wird die Problematik der übergeordneten Ziele an dieser Stelle etwas kürzer gehalten. Dies ist damit zu begründen, dass auf die betreffenden Problemfelder dieser Ziele in den anderen Unterpunkten dieses Kapitels sehr ausführlich eingegangen wird, und unnötige Wiederholungen vermieden werden sollen. Daher folgende Erläuterungen.

Die internationale Vergleichbarkeit der Studiengänge und Abschlüsse (einfachheitshalber meist nur *Vergleichbarkeit* genannt) kann nur erreicht werden, wenn die Strukturen angepasst werden, also die ersten beiden Strukturziele, länderübergreifende zweistufige Studiengangstruktur und einheitliche Bewertung mit ECTS-Punkten im Rahmen von Modulen umgesetzt werden. Dies allein garantiert allerdings noch keine vergleichbaren Studiengänge, da bei ländereigener Umsetzungspolitik trotz einheitlicher Vorgaben grundverschiedene Ergebnisse entstehen können. Ganz abgesehen von der Tatsache, dass nach wie vor die Kontroverse existiert, ob Vergleichbarkeit auch inhaltlich Aspekte einbeziehen soll. Die ursprüngliche Bologna-Erklärung verneint dies ausdrücklich und verweist auf die Wahrung der Eigenständigkeit der Nationalstaaten (Europäische Bildungsminister 1999a, S. 5). Allerdings ist es in manchen Fällen nur schwer möglich, keine inhaltlichen Anpassungen anzustreben. Dies trifft beispielsweise für die binationalen Studiengänge und Doppelabschlüsse zu, die inhaltlich abgestimmt sein müssen, um überhaupt ein zielführendes Studium zu ergeben. Diese neuen Formen der länderübergreifenden Studien spielen eine immer größere Rolle im neuen Bildungssystem Europas und werden auch im Rahmen der vorliegenden Studie thematisiert.

Als weiteres übergeordnetes Ziel kann die Mobilitätsförderung angesehen werden. Sie beruht ebenfalls im Wesentlichen auf den Strukturreformen der Studiengänge, vor allem auf der einfachen Anerkennung und Anrechnung von Leistungen, die nicht an der Heimatuniversität erbracht wurden, im Rahmen der Leistungspunktebewertung. Sie wird aber auch durch finanzielle und ideelle Anreize beeinflusst, gehemmt oder gefördert. Studierenden wird zunehmend nahgelegt, im Ausland zu studieren, auch um die Wertigkeit ihrer persönlichen

Werdegänge im internationalen Wettbewerb zu erhöhen, was wiederum die Chancen auf dem europäischen Arbeitsmarkt verbessern soll. Unabhängig von Charakter und Eignung der Studierenden als Persönlichkeiten werden Auslandsstudien als nötiger Qualifizierungsschritt beworben und von den Studierenden auch so wahrgenommen. Dazu folgenden ebenfalls Ausführungen in der vorliegenden Studie.

Das dritte übergeordnete und alle anderen Reformziele umfassende Ziel sind die angestrebten europäischen Dimensionen im Hochschulbereich. Dies kann nur als Gesamtheit aller Ziele verstanden werden und als immer wieder deklarierte Absicht der Nationalstaaten, bei der Reform eng zusammenzuarbeiten und eine weitreichende Konvergenz zu erzielen.[15]

Zu den Zielen, die über eine rein strukturelle Reform hinausgehen und nicht nur organisatorischen Aufwand, sondern auch ideellen Einsatz bedeuten, kann ergänzend Folgendes gesagt werden: Die den Hochschulen von den staatlichen Akteur:innen vorgeschriebene Reform, die vom Hochschulpersonal nicht umfassend getragen wurde, bot an dieser Stelle Angriffspunkte für das Unterlaufen beziehungsweise die Verweigerung der Reformarbeit. Die Umsetzung der Strukturziele als Dienst nach Vorschrift und die darauffolgende Verschleppung der übrigen Ziele durch Verzögerung und Diskussionen ist an deutschen Universitäten stark aufgefallen. Dies hatte sowohl mit fehlenden Anreizen für eine erfolgreiche Umsetzung zu tun, als auch mit der großen Arbeitsbelastung des Personals und der nicht ausreichenden Finanzierung der Reformanstrengungen, die über das vorgesehene Maß hinausgehen bzw. sich zeitintensiver gestalteten als zuvor angenommen. Dazu äußerte sich ebenfalls der befragte Experte im Interview am IALT, als er betonte, dass beispielsweise Angestellte in Teilzeit es ablehnten, sich um Bologna-Konformität und Verwaltung zu kümmern, da sie es im Rahmen ihrer zu leistenden Arbeitsstunden nicht bewältigen konnten (Interview Experte IALT, 00:24:49).

Dies verdeutlicht ganz simple Probleme, die dem Reformprozess dennoch große Schwierigkeiten bereiteten. Durch die bereits zuvor bestehende Unterfinanzierung der Hochschulen fehlte der nötige finanzielle Spielraum. Dazu kamen schon vor dem Reformprozess häufig überforderte Lehrende und ein Reformstau, da neben dem Bologna-Prozess viele kleine Reformen liefen und noch laufen. (Pasternack 2010, S. 41)

15 Zum Thema Konvergenz im Bologna-Prozess finden sich interessante Ausführungen bei Sieh (Sieh 2014, S. 27 ff.).

2.3.4 Zusammenfassung und Zwischenfazit

Im hiermit endenden Kapitel wurde ein Überblick der historischen Grundlagen gegeben und die wichtigste Terminologie der Bildungsreform eingeführt. Dazu wurde zuerst der Bologna-Prozess selbst als Studienstrukturreform erläutert und seine Entstehung von der *Magna Charta Universitatum* bis hin zur Bologna-Erklärung umrissen. Anschließend wurden die am Reformprozess beteiligten Staaten aufgezählt. Dabei wurden die teilnehmenden EU-Staaten von den Nicht-EU-Staaten unterschieden und auf eventuell vorhandene, unterschiedliche Teilnahmemotive hingewiesen. Auch die Rolle der EU-Institutionen wurde angesprochen.

Im darauffolgenden Unterkapitel wurden die Ziele der Bologna-Reform dargestellt. Diese sind die internationale Vergleichbarkeit der Studiengänge, der Aufbau einer zweistufigen Studiengangstruktur, die Bewertung mittels Leistungspunkten, die Mobilitätsförderung, die Zusammenarbeit bei der Entwicklung und Durchführung der Qualitätssicherung und die Schaffung europäischer Dimensionen im gesamten Hochschulbereich. Die Terminlage bei der Erreichung der Ziele wurde erläutert und anschließend wurden die Folgekonferenzen näher beschrieben. Diese regelmäßigen, wichtigen Zusammentreffen der Bologna-Reformteilnehmer:innen waren und sind das effektivste Instrument bei der Umsetzung der angestrebten Reformen. Im Rahmen dieser Treffen, die jedes Mal an anderen Orten in Europa stattfinden, wird der jeweils aktuelle Umsetzungsstand geprüft und weitere Umsetzungsschritte werden definiert und vorgegeben. Überdies wurden anfangs bei diesen Treffen neue Teilnehmerstaaten aufgenommen, bis der Kreis sich nicht mehr erweiterte. Die Intensität der Vorgaben änderte sich im Laufe der Reform. Anfangs wurden auf den Konferenzen eher Handlungsempfehlungen im Sinne der ursprünglichen Bologna-Erklärung ausgegeben, die sehr viel den Teilnehmerstaaten selbst überließen. Später wandelte sich dies zu einer eher autoritären Verfahrensweise, die auch konkrete Vorschriften und Zielerreichungstermine beinhaltete. Dies führte nur teilweise zum Erfolg. Vor allem bei der Terminerreichung gab es erhebliche Diskrepanzen zwischen den Vorgaben und den tatsächlichen Ausführungen. Daher gingen die Teilnehmer:innen bei den späteren Konferenzen wieder zu allgemeineren, zeitlich großzügigeren Empfehlungen über.

Im weiteren Verlauf des Kapitels folgte eine eingehende Darstellung der einzelnen Reformziele, die teilweise unterschiedlicher Natur sind. Dabei wurden *strukturelle* und *übergeordnete* Reformziele unterschieden. Strukturelle Reformziele, oder auch Strukturziele, sind auf die Einführung, Veränderung oder Umsetzung konkreter Strukturen gerichtet. Sie können also mittels reiner organisatorischer Vorgaben und Vorgehensweisen umgesetzt werden, und sind daher mit weniger Schwierigkeiten verbunden. Dazu zählen die Einführung der zweistufigen Studiengangstruktur, die Bewertung mittels Leistungspunkten und die Zusammenarbeit bei der Entwicklung und Durchführung der Qualitätssicherung. Die Mobilitätsförderung, die internationale Vergleichbarkeit der Studiengänge und die Schaffung europäischer Dimensionen im gesamten Hochschulbereich hingegen sind nicht allein mittels organisatorischer Anstrengungen zu verwirklichen. Sie erfordern ein kompliziertes Zusammenwirken von organisatorischer Arbeit, ideologischer und ideeller Beeinflussung, uneingeschränkter Kooperation verschiedenster Länder und ihrer Universitäten sowie finanzielle Sonderlösungen. Diese übergeordneten, ideellen Ziele sind unserer Meinung nach sehr viel schwerer zu verwirklichen und auch ihre Erreichung ist sehr viel schwerer zu beurteilen. Die Haltbarkeit dieser Behauptung wird im Rahmen der Auswertung wieder aufgegriffen.

2.4 Der Bolognaprozess in weiteren EU-Ländern

Da im Rahmen dieser Forschung die Reformabläufe nicht ausschließlich in Deutschland betrachtet werden, sondern zusätzlich Reformauswirkungen und Reformaktionen an mehreren europäischen Universitäten eine Rolle spielen, an denen die befragten Proband:innen Teile ihrer Studien- und ERASMUS-Aufenthalte verbrachten, soll im Folgenden kurz umrissen werden, wie die Umsetzung der Reformen in den untersuchten Ländern Vereinigtes Königreich, Frankreich und Italien ablief und noch abläuft. Den größeren Rahmen dazu bildet der historische Abriss unter 2.1, an den hier thematisch angeknüpft wird. Dazu erfolgt eine kurze Darstellung der Geschichte und der Ausgangslage zu Beginn der Reform in jedem der genannten Länder. Anschließend werden die wichtigsten Reformaspekte erläutert, die im Rahmen der vorliegenden Untersuchung bekannt sein sollten.

2.4.1 Bologna im Vereinigten Königreich Großbritannien und Nordirland

Das Vereinigte Königreich Großbritannien und Nordirland, im weiteren Text aus Gründen der Kürze auch häufig als Vereinigtes Königreich oder Großbritannien bezeichnet oder alternativ mit seiner internationalen Abkürzung UK betitelt, gilt zusammen mit dem US-amerikanischen System häufig als Vorbild für die neuen Studienstrukturen. Doch ist diese Annahme wirklich zutreffend? Dies zu klären, soll im folgenden Punkt die Absicht sein.

2.4.1.1 Historische Hintergründe – Die pragmatische Nation

Im Lichte der zur frühen Zeit der Bologna-Reform bereits existierenden britischen Abspaltungsbestrebungen von der EU ist die Entwicklung des Bildungsreformprozesses in Großbritannien besonders interessant. Das britische System wendete weit vor der Bologna-Reform die gestuften Abschlüsse an (Pritchard 2010, S. 183). Das Hauptaugenmerk lag dabei auf der Berufsbefähigung, nicht primär auf der tiefgreifenden Bildung. Die Wissenschaftskultur ist eine völlig andere als wir sie aus Deutschland kennen. Es wird sprachlich klarer und anwendungsnäher gelehrt und geforscht (vgl. Wenzel 2015, S. 46 ff.). In den achtziger Jahren begann bereits eine Umstrukturierung des britischen Hochschulsystems nach neoliberalen Marktkriterien unter den Tories. (Pritchard 2010, S. 189) Daher liegt die Vermutung nahe, dass hier die Vorlage für das Bologna-System gefunden wurde.

2.4.1.2 Das Role Model *für die Bildungsreform?*

Großbritanniens Bildungssystem, dabei vor allem das des Vereinigten Königreiches, spielt im Rahmen des Bologna-Prozesses eine spezielle Rolle. Dass es als eine Art Vorbild für die Strukturreform galt, kann als Vor- und Nachteil gesehen werden.

Einige speziell britische Entwicklungen im Rahmen der Bologna-Reformen wurden bereits angesprochen und werden hier noch einmal kurz zusammengefasst: Auffällig sind die Einführung und auch das Bestehen verschiedener Bologna-spezifischer Kriterien bereits einige Zeit vor dem Beginn des Bologna-Prozesses, z.B. die gestufte Studienstruktur oder das Existieren eines Formats ähnlich dem Diplomzusatz[16]. (Pritchard 2010, S. 184) Die ist allerdings nur folgerichtig, da das britische System, wie erwähnt, den mit Bologna angestrebten Strukturen im weitesten Sinne als Vorbild gedient hat.

Die Mobilität der britischen Studierenden war bis dato kaum ausgeprägt und ihre diesbezügliche Motivation war mangelhaft, im Gegensatz zu Deutschland, wo das Verhältnis von einreisenden und ausreisenden Studierenden am ehesten in Balance war. (Pritchard 2010, S. 187 f.)

Generell ist auffällig, dass in Großbritannien die Bologna-Ziele so lange umgesetzt wurden, wie sie einen Vorteil auf nationaler Ebene darstellten. Dies entspricht dem Verhalten des Vereinigten Königreichs im gesamten

---

16 Zum Diploma Supplement sind weitere Ausführungen bei Brändle 2010, S. 20 f. zu finden.

EU-politischen Rahmen, sowohl prä- als auch post-Brexit. Solidarität mit den anderen Mitgliedsländern oder gar europäische Identitätsfindung spielen dabei keine Rolle. Verbesserungsmöglichkeiten durch den Bologna-Prozess wurden von UK vor allem im Bereich Mobilitätsförderung gesehen, da sich die britischen Studierenden im Gegensatz zu den großen Zahlen eintreffender ausländischer Studierender sehr unbeweglich zeigten. (Pritchard 2010, S. 198) Bei der Umsetzung war Großbritannien, wie geschildert, schneller als die meisten EU-Staaten, während Deutschland bei der Umsetzungsgeschwindigkeit auf einem der hintersten Plätze rangierte. Dies lag u.a. an der unterschiedlichen politischen Situation. Während Deutschland nach 1990 noch lange mit der innerdeutschen Vereinigung der Hochschulsysteme, d.h. der Angleichung des DDR-Systems an das westdeutsche System, beschäftigt war, konnte Großbritannien bereits eine liberale Reformbewegung verzeichnen, die den Bologna-Prozess quasi vorwegnahm. In manchen Bereichen kommen Bologna und Großbritannien dennoch nicht überein, beispielsweise bei dem erwähnten britischen Vorstoß, die Studiendauer mit dem Zweijahresabschluss noch stärker zu kürzen. (Pritchard 2010, S. 197)

Die Zugänglichkeit von Hochschulbildung für finanziell schlechter gestellte potentielle Studierende wurde in UK in den letzten Jahrzehnten deutlich verbessert, konnte allerdings mit Deutschland und anderen EU-Ländern nicht mithalten. Auch hier sollte der Bologna-Prozess Unterstützung bieten. Beim Frauenanteil jedoch hatten die anderen Länder Nachholbedarf. Es studierten in UK deutlich mehr Frauen als Männer an renommierten Hochschulen, die meisten Abschlüsse insgesamt und auch die meisten Abschlüsse im sehr guten Bereich gingen zu der Zeit an Frauen. In Deutschland gab es an dieser Stelle im Vergleich keinen Geschlechterunterschied. (Pritchard 2010, S. 195)

Das Vereinigte Königreich baute sein strenges Qualitätssicherungssystem ebenfalls vor dem Beginn des Bologna-Prozesses auf. Dabei kontrollierten externe Stellen die Einhaltung der Standards. Von Studierenden wurde aktive Mitwirkung bei der QS erwartet. (Pritchard 2010, S. 189)

Auf die Beschäftigungsfähigkeit, vor allem im Bereich des Übersetzens, wird im folgenden Unterkapitel 2.5.3.2 noch detailliert eingegangen.

2.4.2 Bologna in Frankreich

Die britische Verfahrensweise vermittelt an manchen Stellen den Eindruck, die Reform sei mit dem Beschluss bereits umgesetzt gewesen, da schon zuvor alle Strukturen adäquat vorhanden gewesen seien. Frankreich hatte keine solche Annahme als Vorwand für irgendwelche Verzögerungen geäußert, und sich anfangs mit großem Elan an die Umsetzung begeben. Diese kam jedoch bald ins Stocken. Woran das gelegen haben könnte, wird im Folgenden erläutert.

2.4.2.1 Historische Hintergründe – Staatsdienst als Bildungszweck

Frankreichs Bildungssystem basiert nicht auf der freiheitlichen humanistischen Bildungsidee, wie sie in Deutschland gewachsen ist. Die Hochschulen wurden seit jeher zentralistisch gelenkt und zusätzlich von kirchlichen Einflüssen geprägt, verfügen also nur über einen geringen eigenen Handlungsspielraum. Geistiger Freiraum wurde als gefährlich für den Staat angesehen und demnach möglichst stark eingeschränkt (Fraenkel-Haeberle 2014, S. 30). Dazu kommt, dass durch die Abschaffung der traditionellen, mittelalterlichen Universitäten nach der Französischen Revolution teilweise die Meinung herrscht, in Frankreich gäbe es heutzutage keine Universitäten im eigentlichen Sinne mehr. Das französische Hochschulsystem wird als uniformes Gebilde mit strengen Regulierungen gesehen, das auf staatliche Funktion ausgerichtet ist. Dies steht im kompletten Gegensatz zum traditionellen deutschen System. (Sieh 2014, S. 65).

Nach der Französischen Revolution wurden im Zuge der laizistischen Neuordnung und des Gleichheitsgedankens die Universitäten und die akademischen Grade zunächst abgeschafft. Wenig später wurde das Hochschulsystem neu geordnet, die Grade wurden wieder eingeführt und alles wurde unter staatliche Aufsicht gestellt. Zusätzlich wurden, verstärkt durch Napoleons Einfluss, die Hochschulen in zwei Lager getrennt. Die hauptsächlich im 19. Jahrhundert als spezialisierte Hochschulen für Verwaltung und Technik gegründeten, späteren Eliteuniversitäten *Grandes Écoles,* zu denen auch die bereits im 18. Jahrhundert unter Napoleon gegründete *École Polytechnique* oder die *École Normale Supérieure* gehörten, sind unseren Fachhochschulen ähnlich. Demgegenüber stehen die regulären staatlichen Universitäten, damals *Université impériale* genannt, die bis heute Probleme mit ihrem Ansehen haben, da sie weder die elitären, technischen Ausbildungen der *Grandes Écoles* gewährleisten, noch Forschungstätigkeiten ausüben. Dafür war die damals durchgeführte, völlige Ausgliederung der Forschung aus den Hochschulen verantwortlich. Bildungs- und Forschungssystem wurden getrennt voneinander verwaltet. Es wurden viele Institutionen, wie das *Collège de France* neu gegründet, um aufwändige Forschungsvorhaben zu bewältigen. Diese Forschungseinrichtungen wurden später unter dem CNRS (*Centre nationale de la recherche scientifique*) zusammengeführt. Die Forschung obliegt somit nicht den Hochschulen, deren Aufgabe im Lehrbereich angesiedelt ist. Dies führte zu einer Trennung von Theorie und Praxis, Forschung und Lehre. (Sieh 2014, S. 15) (Fraenkel-Haeberle 2014, S. 29) (Sieh 2014, S. 66 ff.)

Den konkurrierenden Positionen der verschiedenen Hochschultypen wurde in jüngster Vergangenheit zwar entgegengesteuert, dennoch nehmen die *Grandes Écoles* noch immer eine überragende Sonderstellung im Lande ein. Der externe Forschungsansatz wurde ebenfalls erst in jüngerer Vergangenheit in Frage gestellt und nicht nur die Universitäten, sondern auch die *Grandes Écoles* wurden zur Forschungstätigkeit angehalten.[17] (Sieh 2007, S. 27 f.) (Fraenkel-Haeberle 2014, S. 31 f.)

2.4.2.2 Die Bildungsreform in Frankreich – Anpassung eines bestehenden Systems?

In Frankreich und den frankophonen Ländern wurde das System von BA und MA unter dem Akronym LMD, *Licence-Maîtrise-Doctorat* eingeführt. Das geschah bereits ab 1998. (Charlier et al. 2009a, S. 7) Ergänzend ist es von Bedeutung zu erwähnen, dass mit dem französischen Abitur, dem *Baccalauréat*, bereits der erste akademische Grad erreicht wird. Dies verhindert die Einführung von Zulassungsbeschränkungen für die Universitäten (im Gegensatz zu den *Grandes Écoles*) und dürfte einer der Gründe für die extrem hohen Studierendenzahlen in Frankreich sein (vgl. Sieh 2014, S. 68). Es wird in diesem Zusammenhang unverzüglich darauf hingewiesen, dass die Einführung des gestuften Studiensystems politische Gründe hatte, die aus dem starken Widerstand gegen Bildungsreformen herrührten, wie bereits unter 2.5.1 erläutert. Zur Schaffung eines einheitlich europäischen Bildungssystems (siehe dazu auch Brändle 2010, S. 18) wurde die Sorbonne-Erklärung 1998 unterzeichnet und bot den nötigen Rückenhalt, um in Frankreich die Notwendigkeit der Reformen zu rechtfertigen und den Widerstand zu überwinden. (Tomusk 2014, S. 55) Dazu folgen weitere Ausführungen unter 2.5.1.2. Der erwähnte große Widerstand ist insofern verwunderlich, dass ein mehrstufiges Studiensystem in Frankreich schon vor der Reform existierte.

Die Änderungen an dem vorhandenen System waren daher geringfügig und teilweise änderten sich nur die Bezeichnungen der Abschlüsse. Aus diesem Grund konnte die Stufenstruktur sehr schnell umgesetzt werden. (Sieh 2014, S. 141)

---

17 Zur extrem komplexen und hochinteressanten französischen Hochschulentwicklung sind sowohl die Ausführungen bei Sieh 2014, als auch bei Fraenkel-Haeberle 2014 sehr zu empfehlen.

Möglicherweise richtete sich der Widerstand auch primär gegen andere Bologna-Ziele. Die angegebenen Ziele, wie die Erhöhung des Anteils ausländischer Studierender und die Verkürzung der Studiendauer ähneln sich stark mit den auch in Großbritannien verfolgten Zielen. Interessanterweise deckt sich auch das Fehlen der europäischen Ausrichtung mit Großbritannien. (Sieh 2007, S. 11) Der Staat bekundete von Anfang an einen umfassenden Willen zur Umsetzung aller relevanten Maßnahmen, doch das praktische Bild unterscheidet sich deutlich davon. Während in Frankreich ein Teil der Bologna-Ziele anhand von Gesetzen festgeschrieben wurde, gab es bei der Umsetzung anderer Bologna-Ziele keine gesetzlichen Grundlagen, z. B. bei der Reform der QS, bei der Steigerung der Mobilität und auch bei dem Erreichen europäischer Hochschuldimensionen in verschiedenen Ausprägungen. (Sieh 2007, S. 14)

Überdies wurde die Umsetzung vieler Bologna-Ziele angekündigt, es mangelte allerdings an ihrer zügigen Ausführung. Dies zeigte sich beim Diplomzusatz, dessen Einführung vertagt wurde und der bei eventueller Vergabe nur auf Französisch abgefasst wurde, was dem ursprünglichen Zweck vollkommen zuwiderlief. Dieses Thema wird auch in der Studie aufgegriffen, denn teilweise wussten die Absolvent:innen mit dem Diplomzusatz nichts anzufangen bzw. hatten gar keinen erhalten. Ebenso langsam ging die Umsetzung von ECTS-Punktesystemen und LMD-Studiengängen von statten, die nach der Einführung stagnierte.

Dies machte sich schon bei der Vorbereitung der Erhebung bemerkbar. Es stellte sich als schwierig heraus, geeignete Hochschulen zu finden, die das Bologna-basierte Studiensystem wie erforderlich umsetzten. Es existierten hingegen sehr viele verschiedene Ausprägungen der neu geschaffenen Studiengangs-Strukturen.

Zur Steigerung der Mobilität wurden vor allem finanzielle Anreize geschaffen, was aber nicht die Hauptmotivation für Studierende und Dozent:innen darstellt, tatsächlich einen Auslandaufenthalt anzutreten. Was die Qualitätssicherung angeht, so existierte bis dato kein Bologna-konformes Akkreditierungswesen und die Schaffung eines solchen wurde bewusst verzögert und umgangen. Für die Erreichung weiterer europäischer Dimensionen wie der Verbesserung des Lebenslangen Lernens, der Erhöhung ausländischer Studierender im Land u. ä. gab es bis 2007 keine Anstrengungen. Es wurde wiederholt auf bestehende Strukturen hingewiesen, die angeblich mit dem Bologna-System konform seien, wie z.B. das Habilitierungsverfahren (nicht gleichbedeutend mit dem Konzept in Deutschland, sondern ein Zulassungsverfahren für Studiengänge), die Mitwirkung der Studierenden in Studierendenverbänden etc. (Sieh 2007, S. 16 f.) Die Sonderstellung der *Grandes Écoles*, die eine komplette Ausnahme von der Bildungsreform darstellen, soll hier nur beispielhaft erwähnt werden, da somit weiterhin zwei Hochschulsysteme parallel in Frankreich existierten. (Sieh 2007, S. 20 f.) Insgesamt betrachtet war die Umsetzung der Reformziele im Untersuchungszeitraum folglich unvollständig oder mangelhaft. Ob sich in diesem Bereich Entwicklungen verzeichnen ließen, wird bei der Auswertung betrachtet.

Interessant ist der Aspekt, dass manche Staaten wie UK der Umsetzung sogar noch zuvorkommen wollten und dies auch taten, während Frankreich, das ebenfalls vor der eigentlichen Bologna-Erklärung schon Anstrengungen unternahm und Hauptakteur beim Entstehen der Sorbonne-Erklärung war, danach hinter den Erwartungen zurückblieb. Dies könnte als passiver Widerstand der mit der Umsetzung betrauten Institutionen gedeutet werden. Überdies unternahm Frankreich einige Anstrengungen anderer Natur, die mit den Bologna-Zielen nichts gemein haben, wie z. B. die Verbreiterung des Studienangebotes oder die Erleichterung von Hochschulwechseln. Dies lässt das französische Reformbild noch verwirrender aussehen. (Sieh 2007, S. 22) Frankreich war nicht das einzige Land, in dem sich der Reformprozess seit dem zügigen Beginn sehr verlangsamte. Dies war in vielen der beteiligten Länder der Fall. (Sieh 2007, S. 16) Allerdings ist es erstaunlich, dass nicht allein eine Verzögerung entstand, sondern dass diese den Charakter einer gewissen Verweigerung trug.

Schlussfolgernd ist zu sagen, dass die Einführung der neuen Strukturen und die Umsetzung der Reformen im Gegensatz zu Deutschland sehr zeitig begannen, sich der Prozess jedoch im weiteren Verlauf verlangsamte und Umdeutungen, Umwidmungen und Umgehungen der neuen Strukturen sichtbar wurden. Unter der Oberfläche der Reform wurde oftmals das alte System mit leichten Modifikationen fortgesetzt. (vgl. Sieh 2014, S. 138 ff.) Da dieses alte System dem neuen allerdings schon stark ähnelte, mag diese Reformverzögerung unter Umständen gar nicht augenfällig sein.

2.4.3 Bologna in Italien

Nachdem sich Großbritannien als eine Art Vorbild profilierte und Frankreich sich bemühte, den möglichst großen persönlichen Nutzen aus den Entwicklungen zu ziehen, nahm Italien eine noch weniger klar bestimmbare Position ein. Im Folgenden dennoch der Versuch, diese zu umreißen.

2.4.3.1 Historische Hintergründe – Zwischen den Stühlen

Das italienische Bildungssystem ist traditionell zentralistisch aufgebaut. Die Bildungspolitik ist jedoch heutzutage daran interessiert, die starren Formen abzuschütteln und mehr Leistung und Transparenz möglich zu machen, sowohl in Lehre und Forschung als auch bei der Finanzierung und der Personalstruktur. 2010 gab es eine große Universitätsreform, die dazu beitragen sollte. Doch die Reformwilligkeit verwandelte sich in Italien schnell in Reformwut, bei der letztendlich selbst die Akteure der Überblick verloren. (Fraenkel-Haeberle 2014, S. 7)

Die italienischen Hochschulen stehen historisch betrachtet zwischen der deutschen und der französischen Prägung. Zwar wurde das deutsche Vorbild der Freiheit von Forschung und Lehre angestrebt, dennoch verfügte der Staat über das Monopol bei der Hochschulbildung und war allein zur Verleihung von Titeln berechtigt. Das Hochschulwesen wurde im 19. Jahrhundert in die staatliche Organisation integriert und unterstand der zentralistischen Verwaltung. Eines der Hauptziele war dabei die Berufsvorbereitung, ähnlich wie in Frankreich. Diese Ausrichtung wurde nach dem Ersten Weltkrieg modifiziert und die Ziele wurden neu definiert. Es sollte eine Allgemeinbildung vermittelt werden und die Entwicklung im Forschungsbereich gefördert werden. Das Hauptaugenmerk lag zu dem Zeitpunkt, ähnlich dem deutschen neuhumanistischen System, auf einer grundlegenden Bildungsabsicht, statt auf einer Berufsausbildung. Der damalige liberale Idealismus wurde allerdings kurze Zeit später durch den faschistischen Autoritätsgedanken und die damit erneut einsetzende Kontrolle durch den Staat gebremst. (Fraenkel-Haeberle 2014, S. 32 f.) Giovanni Gentile, Erziehungsminister unter Mussolini, brachte eine nach ihm benannte Reform auf den Weg. Die gesamte Bildungsordnung wurde damit reformiert. Das Bildungssystem sollte den Faschismus stützen. Die Zugangsbestimmungen wurden damals stark eingeschränkt und waren auf Elitebildung fokussiert. Humanistische Fächer erhielten eine Vormachtstellung, technische Fächer waren nachgeordnet. Die Prüfungsanforderungen waren sehr streng.[18] (Fraenkel-Haeberle 2014, S. 89 ff.)

Ende der sechziger Jahre wurden die Zugangsbestimmungen durch ein Gesetz deutlich liberalisiert und die Zahl der Studierenden stieg stark an. Doch erst in den achtziger Jahren kam es zu einer umfassenden Reform der Hochschulorganisation. Dem Bologna-Prozess vorgreifend ist dabei sehr interessant, dass damals schon eine Orientierung am angelsächsischen Abschlussmodell stattfand. Es wurde eine Art Bachelorabschluss nach vier Jahren eingeführt, an

18 Auch an dieser Stelle der Hinweis, dass ausführliche historische Darstellungen bei Fraenkel-Haeberle 2014 nachzulesen sind. Das Kapitel *Die italienische zentralstaatliche Universität auf der Suche nach neuen Wegen* bietet einen sehr guten Überblick (Fraenkel-Haeberle 2014, S. 88 ff.).

den sich ein dreijähriges Doktorat anschließen konnte. Auch das Hochschulpersonal wurde mit neu benannten Funktionsebenen bedacht (*ricercatore, professore associato* und *professore ordinario*), die den in USA gängigen ähnlich waren. Die Bedeutung der Forschung wurde deutlich herausgehoben. Dabei spielte auch erstmals die Auftragsforschung für öffentliche und private Einrichtungen eine Rolle. (Fraenkel-Haeberle 2014, S. 94 ff.)

Die Autonomie der Hochschulen wurde ebenfalls in den achtziger Jahren deutlich gestärkt. Ein weiteres Gesetz verlieh ihnen didaktische, wissenschaftliche, organisatorische, finanzielle, buchhalterische und normative Autonomie. Der Staat fixierte nur noch die Grundsätze und Beschränkungen und die Universitäten konnten sich endlich selbst verwalten. Dies musste den Universitäten allerdings einzeln zuerkannt werden. Der Staat beabsichtigte damit nicht hauptsächlich die Befreiung von Forschung und Lehre, sondern erhoffte sich effizienteres Arbeiten und Leistungssteigerung. (Fraenkel-Haeberle 2014, S. 97 f.)

2.4.3.2 Die Bildungsreform in Italien – Geniestreich oder Chaos?

In den Neunziger Jahren waren die Studierendenzahlen sehr hoch, die Abbruchquoten allerdings ebenfalls. Ende der Neunziger wurden dann Gesetze verabschiedet, die bereits entsprechend der Richtlinien von Sorbonne- und Bologna-Erklärung gestaltet worden waren, und somit auf die Verkürzung der Studiendauer und die Verringerung der Abbruchzahlen abzielten. Weiterhin sollten die Berufsvorbereitungseffekte im Rahmen der allgemeinbildenden Lehre verbessert werden. Die Mobilitätsförderung bildete einen weiteren wichtigen Punkt der Agenda, der die Grundlage für die Strukturreform bildete. Die gestuften Abschlüsse wurden eingeführt und kurze Zeit später, noch während der Erprobung des neuen Systems, bereits wieder reformiert, da die Regierung wechselte. Überdies hatte der Komprimierungseffekt der Studieninhalte, unter dem die Studiengänge in vielen Bologna-Ländern leiden, bereits nachteilige Auswirkungen gezeigt. Die derzeitige gestufte Struktur ist mehrfach untergliedert, es existieren verschiedene Profile und Kombinationsmöglichkeiten, die entweder wissenschaftlich oder eher technisch-fachlich ausgerichtet sein können. Sie alle führen aber nach drei Jahren, wie in Deutschland auch, zu einem ersten Studienabschluss (*laurea*) entsprechend dem Bachelor. Nach weiteren zwei Jahren kann der zweite Abschluss, die *laurea magistrale*, also der Master, erworben werden. Die Absolvent:innen werden alle als *dottori* betitelt (zuerst *dottore* dann *dottore magistrale*), was aber erst beim *dottore dottorale* nach der Promotion einem Doktorgrad entspricht, wie er auch bei uns verstanden wird.

Der Abschluss-Struktur folgte die Einführung der Leistungspunkte, in Italien CFU (*crediti formativi universitari*) genannt. Die Gesamtheit der Reformen zielte darauf ab, die Hochschulstrukturen flexibel zu gestalten und den wirtschaftlichen Bedürfnissen, Stichwort Arbeitsmarktorientierung, anzupassen. (Fraenkel-Haeberle 2014, S. 99 ff.)

Auch die Anforderungen der Akkreditierung wurden berücksichtigt. Mit der verliehenen Autonomie konnten die Hochschulen Selbstevaluierung und Selbstkontrolle einführen, also universitätsinterne Evaluation (Gesetze seit 1989). Dabei wurden aber zuerst verschiedene Gremien geschaffen, die sich schnell wieder veränderten. Es wurde allerdings der grundlegende Bedarf einer Qualitätskontrolle mit unabhängigen Standards erkannt. Dies war ein ganz neuer Schritt, denn zuvor galt es als nicht möglich und unmoralisch, die freie Forschung und Lehre einer Bewertung zu unterziehen. (Fraenkel-Haeberle 2014, S. 102) Es wurden verschiedene Bereiche der Prüfung unterworfen, von der ordnungsgemäßen Verwendung staatlicher Gelder, über die Produktivität der Forschung und Lehre, deren Effizienz und Qualität, bis hin zu Verwaltungsabläufen und der universitären Entwicklung. Es entstanden dabei zwei Ebenen: Einerseits die politische Steuerung des Hochschulsystems über ein Evaluationskomitee des Hochschulministeriums, andererseits interne Kontrollstellen, denen die bereits genannten Prüfungsaufgaben oblagen. Es wurde anschließend allerdings noch eine weitere unabhängige, zentrale Agentur zur Evaluation geschaffen, die ANVUR, deren Arbeit sich stark am Reformprozess und den Bologna-Zielen orientiert. Sie bewertet u.a. die Hochschulen auf nationaler Ebene und erteilt der Regierung Empfehlungen zur Verteilung der Mittel. (Fraenkel-Haeberle 2014, S. 102)

Zusammenfassend kann zu den neuzeitlichen Reformen gesagt werden: In den vergangenen fünfzig Jahren wurden durch die verschiedenen Reformen drei Hochschulmodelle in Italien geschaffen: ein akademisch geprägtes nach Gentile, danach in den 1960 Jahren ein bürokratisch geprägtes Modell mit starker Institutionalisierung und Kontrolle durch die zuständigen Staatsministerien. Seit der Jahrtausendwende wird auch das betriebswirtschaftlich geprägte Modell hinzugezogen, um die Hochschulen für Gesellschaft und Wettbewerb zu öffnen. Dies hat sich bisher allerdings nicht umfassend durchgesetzt. Die letztgenannte Reform wird mit dem erklärten Ziel verfolgt, den europäischen Anschluss an Bologna zu schaffen, die Abbruchquoten zu senken, das Angebot zu verbreitern und die Beschäftigungsfähigkeit der Absolvent:innen zu verbessern. Allerdings fehlten dem italienischen System damals eine einheitliche Linie und ein zielgerichtetes Vorgehen. (Fraenkel-Haeberle 2014, S. 128 f.)

2.4.4 Zusammenfassung zur Reform in den Teilnehmerstaaten

Wir haben im an dieser Stelle endenden Kapitel gesehen, dass sich die Ausgangssituationen vor der Bildungsreform in den beispielhaft erwähnten Ländern stark unterschieden. In allen diesen Ländern haben sich Universitäten und Hochschulen verschiedenster Art im Laufe der Geschichte entwickelt. Zu Anfang verlief diese Entwicklung, wie unter 2.1.1 geschildert, sogar weitgehend einheitlich. Später kamen verschiedene kulturelle und politische Einflüsse hinzu und die Hochschulen entwickelten sich national verschieden. Dabei bestünde Grund zur Annahme, dass Hochschulen im germanisch-sprachigen[19] Kulturkreis, also Großbritannien und Deutschland in diesem Fall, möglicherweise sehr ähnliche Entwicklungslinien genommen hätten. Dies trifft jedoch nicht zu. Während sich in Großbritannien eine eher pragmatische, praxisnahe Bildungskultur mit mathematischen Denkstilen etablierte, wurde in Deutschland mit der philosophisch geprägten, neuhumanistischen Denkweise[20] von Bildung als Selbstzweck gegen das staatstreue Bildungswesen gearbeitet. Am ehesten ähnlich dazu gestaltete sich die Hochschullandschaft in Italien, die sich ebenso im ständigen Widerstreit zwischen dem staatlich gelenkten Ordinariensystem und der angestrebten Freiheit von Forschung und Lehre befand. In Frankreich hingegen als ebenfalls romanisch geprägte Kultur ist der Zentralismus ungebrochen und das Konzept der höheren Bildung als Ausbildung ist heute noch immer vorherrschend.

Genauso verschieden wie die nationalen Entwicklungen vor der Reform gestaltete sich auch die Entwicklung der Hochschulsysteme im Laufe der Reform. Natürlich wurden dabei verschiedene angestrebte Vereinheitlichungen erreicht, allerdings bot der Rahmen der Bestimmungen genügend Spielraum für länderspezifische Eigenheiten. Frankreich beispielsweise setzte die Strukturreform sehr schnell und konsequent um, auch aus dem Grund, dass die neuen Strukturen den alten deutlich ähnelten, nur um im Anschluss die übrigen Ziele stark zu vernachlässigen. Großbritannien musste strukturell kaum Reformanstrengungen unternehmen, da die britischen Studiengänge als Vorbild für das neue Modell gedient hatten. Mit manchen der nicht so einfach definierbaren, Übergeordneten Ziele hatte das Vereinigte Königreich allerdings große Schwierigkeiten, beispielsweise der Mobilisierung seiner Studierenden. In Deutschland hingegen bestand lange Zeit große Skepsis, und die neuen

19 Zu den Sprachfamilien siehe Weikopf und im Detail Kausen 2013, S. 60.

20 Siehe dazu die Ausführungen von Xenia Wenzel zur Analytischen Philosophie im Gegensatz zur Kontinentalphilosophie (Wenzel 2015, S. 45 ff.).

Studiengänge sollten zuerst testweise eingeführt werden. Später hingegen wurden die Reformziele sehr ernst genommen und das System hat sich in den meisten Bereichen etabliert. Italien verzeichnete einen großen Reformwillen, um den Anschluss an die starken europäischen Nationen zu schaffen, verursachte aber durch häufige Änderungen im Laufe der Reform eine gewisse Verwirrung und teilweise unklare Reformzustände.

Betrachten wir die Gesamtentwicklung, so kann festgestellt werden, dass die bereits unter 2.3.3 definierten strukturellen Reformziele in allen genannten Staaten umgesetzt wurden. Dies hat zu einer weitgehend einheitlichen Grundstruktur geführt. Dennoch zeigen sich die länderspezifischen Ausprägungen im Einzelnen als sehr heterogen. Dies führte zu Problemen bei der Verwirklichung der Übergeordneten Reformziele, die zusätzlich stark vom Willen der Akteur:innen, darunter vor allem der Hochschulen und ihrer ausführenden Organe, abhingen.

An dieser Stelle könnte die Schlussfolgerung gezogen werden, dass ein Teil der Reform, die Strukturreform könnte sie genannt werden, geglückt ist. Der zweite Teil steht nun infrage: Gelang es, die ideell beladenen Ziele ebenfalls umzusetzen oder scheitern sie an passivem oder gar aktivem Widerstand? Um diese Fragen zu vertiefen, folgt nun ein Kapitel zu tieferliegenden Motivationen, Hintergründen und Handlungsinteressen der Bologna-Staaten.

2.5 Historische und politische Zusammenhänge

Bisher wurde die Bildungsreform unter Bologna aus verschiedenen, überwiegend historischen Blickwinkeln betrachtet, um einen umfassenden Einblick und Überblick zu gewinnen. Nun ist es für die anstehenden fachlichen, vor allem übersetzungsfachlichen Betrachtungen ebenfalls von Bedeutung, den Reformprozess unter einigen aktuell politischen Gesichtspunkten zu darzustellen. Dabei sollen unterschiedliche politische und wirtschaftliche Aspekte herausgestellt werden, die zu einer differenzierten Sicht auf den Prozess verhelfen können, und das Gesamtverständnis verbessern. Zuvorderst werden die geschichtlichen Hintergründe und die politischen Beweggründe dargelegt, die zur Bologna-Erklärung führten. Anschließend wird eingehend erläutert, wie die in 2.3.1 genannten bildungspolitischen Ziele der Erklärung in den Dienst der Wirtschaft genommen werden oder gar aus wirtschaftlichen Erwägungen entstanden sind. Daran schließt sich die Betrachtung des Teilziels der ebenfalls wirtschaftlich geprägten Beschäftigungsfähigkeit an, auf die vor allem mit dem Abschluss der ersten Stufe (meist der Bachelor) sehr viel Wert gelegt wird. Die Hochschulen sind bei der diesbezüglichen Kooperation mit den Arbeitgebern in einen Rückstand geraten, der beständig bemängelt wird. Insgesamt existieren sowohl politisch als auch chronologisch betrachtet verschiedene Faktoren, die schon im Vorfeld der Reform insgesamt auf ein Scheitern des Reformprozesses hindeuteten. Dies soll im folgenden Absatz dargelegt werden. Es sind weiterhin bereits Misserfolge zu verzeichnen, die an einigen Beispielen in einem weiteren Unterpunkt diskutiert werden. Ein ganz konkretes Beispiel des möglicherweise sogar provozierten, instrumentalisierten Scheiterns bietet dann der letzte Absatz dieses Kapitels. Alles in allem führt dieses politisch geprägte Kapitel mit seinen tiefgreifenden Betrachtungen Stück für Stück zum eigentlichen Kern des Themas hin, das im darauffolgenden Unterkapitel zur Sprache kommen wird: die Reform im Fachbereich der Translatologie.

2.5.1 Politische Hintergründe

Die Bologna-Erklärung, deren Konzept bereits unter 2.3 erläutert wurde, entstand selbstverständlich nicht aus einem bildungspolitischen Vakuum. Sie wurde von gesamteuropäischen Entwicklungen und Absichten vorbereitet und mittels Vorläufervereinbarungen in die gewünschte Richtung gelenkt, bevor sie selbst verfasst und von vielen Staaten unterzeichnet wurde. Diese Entstehung soll im Folgenden dargestellt werden.

2.5.1.1 Die Idee der EU als politisches Handlungsvorbild

Die EU als im Entwicklungsprozess begriffene föderalistische Struktur entstand nach dem Vorbild der viel älteren Idee der Vereinigten Staaten von Europa[21], die oft dem Schriftsteller Victor Hugo zugeschrieben wird, aber deren Entstehen in einem größeren Gesamtzusammenhang stattfand (Große Hüttmann 2013, S. 369). In Folge des 1. Weltkrieges wurde diese Idee forciert, um erneute kriegerische Auseinandersetzungen zwischen den europäischen Staaten ein für alle Mal auszuschließen. (Tomusk 2014, S. 49) Nach dem zweiten Weltkrieg wurde das Bedürfnis nach einer derartigen politischen Allianz noch drängender. Die Öffentlichkeit jedoch war zu diesem Zeitpunkt noch nicht bereit, ein solches Unterfangen zu unterstützen und mitzutragen. Folglich mussten die politischen Mächte versuchen, das System unbemerkt auf Umwegen aufzubauen. Es gab

21 Siehe dazu die Definition im Europalexikon auf der Seite der bpb: „Verallgemeinernd versteht man unter den V. den föderalistischen Zusammenschluss der europ. Länder unter einem supranationalen Dach, ähnlich den Vereinigten Staaten von Amerika." https://www.bpb.de/kurz-knapp/lexika/das-europalexikon/177332/vereinigte-staaten-von-europa/ (Conze 2020).

zwar Befürworter:innen einer offenen und direkten Konfrontation der europäischen Völker mit den Plänen, die jedoch schnell von den Verfechter:innen des unauffälligen Vorgehens überstimmt wurden. Hätten die Bevölkerungen der Länder über die Einführung des neuen Systems entscheiden sollen, kann man über den Ausgang zwar lediglich mutmaßen, doch die Wahrscheinlichkeit für eine Ablehnung des EU-Föderalismus dürfte sehr hoch ausfallen. (Tomusk 2014, S. 51) Nach der Philosophie von Le Bon sind Massenentscheidungen grundlegend bedenklich, vor allem was die Schaffung neuer Strukturen angeht. Die Massen haben ihm zufolge nur zerstörerische Kraft, aufgebaut wird von Eliten. (Le Bon 2014, S. 25) Dies führte als logische Konsequenz von Anfang an zu einer demokratischen Schieflage. Die Bevölkerung kann sich nie als initiative Kraft eines unter Ausschluss der Öffentlichkeit konstruierten Systems verstehen und fühlt sich dementsprechend im überwiegenden Fall indifferent angesichts der geschaffenen Strukturen. (Tomusk 2014, S. 52) Dies war für viele EU-Bürger:innen zu der Zeit spürbar. Die EU wurde gern und häufig kritisiert, doch wie viele Menschen sagten von sich überzeugt: Ich bin EU-Bürger:in? Laut Tomusk war dies auf verborgene politische Weichenstellungen einer verschworenen Elite zurückzuführen (Tomusk 2014, S. 52). Die besagte Elite hätte die Deutung der Vorgänge für die Menschen übernommen und so eine Transformation der Wahrnehmung erzeugt. Was ist die Schaffung der einheitlichen Union: ist es eine kulturelle Revolution, mit der die historisch gewachsenen Eigenheiten der beteiligten Nationen geglättet werden sollen? Oder ist es eine rein wirtschaftlich motivierte Strukturumbildung der Nationen? Diese Deutungshoheit mit der plausiblen Erklärung der Reformen als wirtschaftliche und damit kulturell unbedenkliche Maßnahme transportiert die Problematik auf eine Mikroebene und lässt sie weniger bedrohlich wirken als die Vorstellung, die hochdiversen europäischen Nationalkulturen sollten ausgehöhlt werden. (Tomusk 2014, S. 60)

2.5.1.2 Die Sorbonne-Erklärung als Initialzündung

Ähnlich verhält es sich mit dem Bologna-Prozess selbst, der ursprünglich als kluger Schachzug der französischen Bildungspolitik verstanden werden muss. (Tomusk 2014, S. 55) Frankreich und Deutschland werden dabei als treibende Kräfte der Bildungsreform gesehen, wobei Frankreich noch stärker die Rolle der Aktionistin zukommt, die die Reform vorantrieb. (Sieh 2014, S. 18) Die Notwendigkeit der Reformen war bei den Regierungen der Teilnehmerstaaten schon lange präsent. Verschiedene Probleme beschäftigten die nationalen Hochschulsysteme, von Schwierigkeiten mit der öffentlichen Finanzierung in

Großbritannien, über zu hohe Studierendenzahlen und schlechte Chancen auf dem Arbeitsmarkt in Frankreich bis hin zur Infragestellung des gesamten, als überaltert betrachteten Systems in Deutschland. Da die Regierungen in den Staaten aus verschiedenen Gründen nur einen begrenzten Einfluss auf die Hochschulen hatten, mussten sie sich anders behelfen. Der Bildungsföderalismus in Deutschland ist nur ein Beispiel dafür, wie der Staat sehr stark am Eingreifen gehindert wird. Es musste eine Möglichkeit geschaffen werden, mittels deren Hilfe die Regierungen in eine bessere Position kamen. Man wollte europäische Zwänge als Vorwand verwenden, ohne die EU als Initiatorin vornean zu stellen. (Sieh 2014, S. 59) (siehe dazu auch Fraenkel-Haeberle 2014, S. 326) Dieser kulturelle Umbruch, der normalerweise von den meisten Nationen abgelehnt worden wäre, wurde durch einen politischen Schachzug in Gang gesetzt. (Tomusk 2014, S. 59) In Frankreich gab es Schwierigkeiten, die Bildungsreformen durchzusetzen[22]. Aus diesem Grund setzte sich der französische Bildungsminister im Rahmen einer Jubiläumsfeier der Sorbonne-Universität mit seinen Amtskolleg:innen aus Deutschland, Italien und dem Vereinigten Königreich in Verbindung und brachte ein lang gehegtes Projekt wieder auf den Tisch: Die Schaffung eines einheitlich europäischen Bildungssystems. (siehe dazu auch Brändle 2010, S. 18) Die eher spontane und improvisierte Festveranstaltung (Charlier 2009, S. 28) im Jahr 1998 bot den entsprechenden Rahmen und ermöglichte die Unterzeichnung der Sorbonne-Erklärung (Allègre et al. 1998). Andere Regierungsvertreter:innen und nicht anwesende bildungspolitische Akteur:innen wurden von dieser Initiative geradezu überrascht. (Walter 2006, S. 123) Sie bot letztendlich den nötigen Rückhalt, um in Frankreich die Notwendigkeit der Reformen zu rechtfertigen, ohne den erbitterten Widerstand aus akademischen Kreisen fürchten zu müssen. Die Dringlichkeit kam augenscheinlich von außen, was wollte der Minister dagegen tun? Es ist generell einfacher, bewährte nationale Strukturen anzugreifen und zu verändern, wenn eine internationale Bewegung die Richtung vorgibt und den nationalen Entscheider:innen eine entsprechende Argumentationsgrundlage liefert. (Charlier 2009, S. 38 f.) Die EU hatte schon zuvor versucht, Einfluss auf die Bildungssysteme der Länder zu erhalten, was von den Mitgliedsländern beständig abgelehnt worden war. (Tomusk 2014, S. 55)

22 Details dazu finden sich bei Sieh 2014, S. 60 ff.

2.5.1.3 Interessengruppen in und außerhalb der EU-Institutionen

Die EU-Kommission hatte über Jahre hinweg Schwierigkeiten, bei den Mitgliedsstaaten Gehör für ihre bildungspolitischen Aktionsprogramme zu finden (Fraenkel-Haeberle 2014, S. 326). Nun hatten die Länder in Eigeninitiative gehandelt und boten der EU-Kommission sogar ihre Mitwirkung an. Im Vereinigten Königreich blieb die Unterzeichnung der beiden Erklärungen anfangs sogar fast unbemerkt von der Öffentlichkeit (Pritchard 2010, S. 182). Der angestoßene Reformprozess vereinte damit die wichtigsten und unterschiedlichsten Hochschulsysteme Europas: Das liberal gestaltete Modell in UK mit den bereits gestuften Abschlüssen, das wenig Wert auf die reine Wissenschaftskultur legt, Frankreichs stark auf die Berufsausbildung ausgerichtetes, autoritär geprägtes Modell, und Deutschlands wissenschaftszentriertes, freiheitliches Modell. (Fraenkel-Haeberle 2014, S. 326 f.)

Insgesamt 29 Staaten schlossen sich dem neuen Kurs an. Da die Kampagne außerhalb der offiziellen EU-Verfahren lief, auch wenn sie anfangs nur EU-Länder und Beitrittskandidaten unterzeichneten, so konnte die EU selbst dennoch eine Zuständigkeit von sich weisen. Teilweise wurde dieser Vorgang sogar als Unterwanderung der EU-Absichten selbst betrachtet. Da die Schaffung eines einheitlichen europäischen Hochschulraumes letztendlich auch wieder das Ziel unterstützen sollte, einen einheitlichen europäischen Wirtschaftsraum zu ermöglichen, müsse Bologna, so die Kritiker, auch nach EU-Recht validiert werden. (Tomusk 2014, S. 56)

Der Bologna-Prozess als Teil des bereits beschriebenen, größeren politischen Umwandlungsprozesses, sollte laut Tamás Kozma aus politikwissenschaftlicher Sicht betrachtet werden. Es wurden bereits Fallstudien im Bereich Hochschulbildung in Mittel- und Osteuropa dazu durchgeführt. (Kozma 2014, S. 13) Um den europäischen Wirtschaftsraum erfolgreich voranzubringen sind die Bologna-Reformziele, wie erläutert, mit hauptsächlich wirtschaftlicher Orientierung entwickelt worden. Dabei spielen verschiedene Mitwirkende eine Rolle, von nationalen, inter- oder supranationalen Organisationen, über Institutionen bis hin zu deren verschiedenen Interessengruppen. (Kozma 2014, S. 14)

Die Regierungen der beteiligten Länder gelten dabei als Hauptakteurinnen. Zur Umsetzung des Bologna-Prozesses haben sie Stellvertreterorganisationen gegründet (z. B. *Centrum für Hochschulentwicklung* (CHE) in Deutschland). Dies sind allerdings nur scheinbar die einzig Verantwortlichen für den Verlauf des Bologna-Prozesses. Darüber hinaus beteiligen sich verschiedene Institutionen am Bologna-Prozess, sind allerdings nicht immer als solche erkennbar. Ihr Eingreifen kann die Ziele und Ausrichtungen derart beeinflussen, dass sie den scheinbar bestimmenden Regierungen zuwiderlaufen. Dies können beispielsweise Hochschulrektor:innen sein. Studierende nehmen ebenfalls Einfluss auf den Bologna-Prozess, einerseits durch ihr Engagement in universitären Gremien, andererseits durch ihre Reaktion auf die Angebote im Rahmen des Prozesses. Ihr Mobilitätsverhalten ist beispielsweise ein Indikator für den Erfolg oder Misserfolg von Maßnahmen. Siehe dazu auch der Abschnitt 2.5.5. Die akademischen Mitarbeiter wurden erst in der Umsetzungsphase einbezogen, dabei allerdings zumeist verpflichtet, aktiv an der Ausgestaltung des neuen Systems mitzuwirken. Weiterhin war die Mitwirkung der Arbeitgeber:innen laut Kozma eher marginal, zumindest in Mittel- und Osteuropa. Dies ist schwierig nachzuvollziehen, da er selbst bestätigt, einer der Hauptanstöße für die Einführung des Bachelor-Abschlusses sei die vorgebliche Nachfrage nach Absolvent:innen am Arbeitsmarkt gewesen. (Kozma 2014, S. 15) Demgegenüber steht die Aussage über die starke Mitwirkung der Unternehmerkreise im Vorfeld des Bologna-Prozesses. Siehe dazu auch 2.2: Viele Anstöße und Ideen für die Reform kamen aus Unternehmerkreisen, weniger aus wissenschaftspolitischen Kreisen, in Deutschland anhand der Aussagen des *Centrums für Hochschulentwicklung* (CHE) der Bertelsmann Stiftung nachvollziehbar, die ein wirtschaftlicher, kein wissenschaftlicher Akteur ist. (Bollenbeck/Saadhoff 2007, 7 f.)

Hinter den offiziellen Zielen, grob zusammengefasst im Ziel der Schaffung *Europäischer Dimensionen im Hochschulbereich,* auf die alle Akteure hinarbeiten und die in der Öffentlichkeit verbreitet wurden und werden, stehen weitere Ziele, die der Öffentlichkeit nicht mitgeteilt wurden, und die je nach Land anders aussehen können. In den ehemaligen jugoslawischen Staaten besteht dies beispielsweise in der Einschränkung der Hochschulautonomie. Diese versteckten Bologna-Reformziele können der Öffentlichkeit im Nachhinein als logische Folgen vorgespiegelt werden. Vor allem in den osteuropäischen Ländern wird der Bologna-Prozess für vielgestaltige nationale (bildungs-)politische Ziele instrumentalisiert. (Kozma 2014, S. 20 ff.)

Generell sind die Loslösung der Hochschulen vom kulturell-politischen Hintergrund und die Verschiebung hin zur wirtschaftlichen Struktur ein Effekt des Zeitgeistes der neo-liberalen Systeme und der Ziele verschiedener Interessengruppen, u.a. der Eurokrat:innen. (Hörner 2014, S. 11; vgl.Tomusk 2014) Das daraus resultierende Ziel der bereits erwähnten Wettbewerbsfähigkeit wird im Folgenden näher betrachtet.

2.5.2 *Wettbewerbsfähigkeit* – ein passendes Bildungsziel?

Anknüpfend an die Ausführungen unter 2.3.1 soll nun erläutert werden, wie die genannten bildungspolitischen Ziele in den Dienst der Wirtschaft gestellt wurden. Die Europäische Gemeinschaft selbst verdankt ihre Entstehung nicht nur friedenspolitischen, sondern auch in besonderem Maße wirtschaftspolitischen Interessen. Das Feld Bildung spielte dabei anfänglich keine herausragende Rolle. (Sieh 2014, S. 47) (vgl. Brändle 2010, S. 65) Welchen Einfluss die gemeinsame Bildungspolitik auf die Stabilisierung des Europäischen Wirtschaftsraumes EWR und die Verfügbarkeit europaweit einsetzbarer Arbeitskräfte haben könnte, wurde damals vermutlich noch nicht berücksichtigt.

Erst als die Europäische Gemeinschaft und die spätere EU als Zentrum der Macht in Westeuropa auf ähnliche nationale Probleme in der Bildungspolitik stießen, wurden konkrete Maßnahmen geplant. Für die Studierenden bedeutete das die Zulassung zum Studium an ausländischen Universitäten und die Möglichkeit der Anerkennung von Auslandsstudien. Dies geschah schon in den 1950er Jahren. Das später folgende Diskriminierungsverbot und das Freizügigkeitsgebot sind nur zwei Beispiele der frühen Maßnahmen zur Förderung der Mobilität, die in den 1980er Jahren auf den Weg gebracht wurden. (Sieh 2014, S. 47 f.) Im Bildungsbereich wurde von Seiten der EU zunehmend ein Wettbewerbsvorteil in der wissensgestützten, globalisierten Gesellschaft gesehen. Die Kommission sah darin Möglichkeiten zur Entwicklung der Hochschulen, stieß allerdings auf Widerstand bei den EU-Mitgliedsstaaten, die ihre Hoheit im Bildungsbereich nicht aufgeben mochten. Erst der Bologna-Prozess als außereuropäischer Anstoß konnte diese Abwehr überwinden. Siehe dazu auch die Ausführungen unter 2.5.4 (Sieh 2014, S. 49 f.)

In der Sorbonne-Erklärung wird konstatiert, dass Europa die Wiege der universitären Bildung und der Hochschulen sei. (Charlier 2009, S. 30) Dies geschieht nicht aus dem Unwissen darüber, dass in anderen Kulturkreisen bereits weit vorher Bildungssysteme existierten, die von Universitäten kaum zu unterscheiden waren. Laut Charlier sei dies ein taktisches Vorgehen, um Europa als geschlossenes, sich selbst genügendes intellektuelles System darzustellen. (Charlier 2009, S. 33) Die innereuropäischen Bildungsbarrieren sollten aufgehoben werden, um die Freizügigkeit des Humankapitals im europäischen Raum zu ermöglichen und so eine tatkräftige Konkurrenz zum amerikanischen Wissenschaftssystem aufzubauen. (Charlier 2009, S. 34) Dabei wird der Wettbewerb zwischen den Ländern und ihren Hochschulen als gemeinsamer Nenner aller positiven Effekte dargestellt. Durch ihn werde die Qualität gesteigert und die Konkurrenzfähigkeit der europäischen Wirtschaft gestärkt und nur dadurch werde die europäische Hochschulbildung attraktiv. (Charlier 2009, S. 52; vgl. Charlier et al. 2009b)

Bereits in der Einleitung der Sorbonne-Erklärung als Vorläuferin der Bologna-Erklärung wird mit der gewichtigen Betonung vom „Europa des Wissens“ (Allègre et al. 1998, S. 1) zwar noch die staatenübergreifende Wissensgesellschaft in den Mittelpunkt gestellt (Brändle 2010, S. 18), allerdings wird beim Weiterlesen sofort spürbar, dass die Ziele im Kern auf den Zielen für die Reform des Europäischen Wirtschaftsraumes (Arbeitnehmerfreizügigkeit etc.) beruhen. (vgl. Allègre et al. 1998) Es werden Bildungsaspekte genannt, die von wirtschaftlichen Hintergründen und Zielen durchsetzt sind. Ein Beispiel dafür:

> Wir sehen uns auch einer Zeit grundlegender Veränderungen im Bildungsbereich und am Arbeitsplatz gegenüber, einer Diversifizierung der Berufsausbildung, in der lebenslanges Lernen zu einer ganz klaren Verpflichtung wird. Wir schulden unseren Studenten und unserer Gesellschaft insgesamt ein Hochschulsystem, in dem ihnen die besten Möglichkeiten geboten werden, den Platz zu suchen und zu finden, für den sie am besten geeignet sind. (Allègre et al. 1998, S. 1)

Auf welche Weise hängen die Veränderungen im Bildungsbereich direkt mit den Veränderungen am Arbeitsplatz zusammen? Anscheinend wird das Wissen um diesen Zusammenhang vorausgesetzt, denn es wird nicht näher erläutert. Weiterhin stellt sich die Frage, welche Aufgabe der Bildung zukommt, wenn Studierende den „Platz“ suchen, „für den sie am besten geeignet sind“. Hier wird eine wirtschaftliche Zielstellung von Bildung offensichtlich vorausgesetzt. (ebd. 1998, S. 1) Der abschließende Beteiligungsaufruf an die Hochschulen der Staaten „(…) zum Wohle Europas, seiner Studenten und seiner Bürger allgemein“ (ebd. 1998, S. 2) kann entweder als irreführend betrachtet werden, oder hinter der Nennung des *Europa* verbirgt sich die europäische Wirtschaft. Die somit klar artikulierte ökonomische Dimension der Reform ist bereits als kontrovers dargestellt worden (Hörner 2014, S. 9). Søndergaard bringt im Detail die dabei künstlich erzeugten wirtschaftlichen Zwänge auf den Punkt. Zuvorderst werden die Schulen und Hochschulen unter Zugzwang gesetzt, indem man ihnen die vorgeblich schlechten PISA-Ergebnisse und die angeblich große Konkurrenz auf dem Weltmarkt, an die man sich anzupassen und der man nachzueifern habe, vorhält. Die so verunsicherten Bildungseinrichtungen werden daraufhin dem Eingreifen des Staates ausgeliefert, der die Intervention mit den genannten äußeren Zwängen zu rechtfertigen sucht.

Eines der Hauptprobleme dabei ist die Akkreditierung, die von den Hochschulen bisher ungekannte Nachweise für deren Leistungsfähigkeit fordert. Als Messlatte fungiert unter anderem die Erfolgsquote der Studierenden, die mehr und mehr in eine Kunden- und Verbraucherrolle gedrängt werden.

(Søndergaard 2010, S. 136 f.) Wer selbst ein Studium absolviert hat, im Hochschulsystem arbeitet oder anderweitig damit in Berührung kommt, könnte ahnen oder wissen, dass dies nicht der vollständige Zusammenhang ist. Die Motivation der Studierenden, ihr Erfolg und Misserfolg sind erfahrungsgemäß nicht hauptsächlich Ergebnis der Abläufe an der Hochschule. Ihr Werdegang und ihre Motivation hängen von extrem vielen äußeren Faktoren ab, von persönlichen Zielvorstellungen, Erwartungshaltungen im Umfeld, sozialen Einflüssen und gesundheitlichen Aspekten, ganz abgesehen von den eigenen Fähigkeiten, deren Grenzen oft erst im Laufe des Studiums sichtbar werden, um nur einige Einflussfaktoren zu nennen. Die Erfolgsaussichten für einen Hochschulabschluss kann eine Hochschule natürlich mit durchdachten Angeboten und kompetenter Lehre erhöhen, oder auch durch ungünstig strukturierte Abläufe, unangenehme Rahmenbedingungen (z.B. Überfüllung von Lehrveranstaltungen) und qualitativ mangelhafte Veranstaltungen verringern. Dies kann den Hochschulkonsument:innen im Bologna-konformen Modulsystem allerdings ebenso widerfahren. Ein Vergleich drängt sich hier auf: Auf dem Markt in der freien Wirtschaft treten extrem viele Beschwerden über Produkte auf, tagtäglich sind Kund:innen unzufrieden mit den erworbenen Produkten und Dienstleistungen. Dies liegt teilweise tatsächlich an fehlerhaften Produkten und Leistungen, teilweise allerdings auch an Bedienungsfehlern und Fehleinschätzungen der Kund:innen. Eine Annäherung universitärerer Strukturen an wirtschaftliche Muster bringt folglich nicht automatisch die Erhöhung von Qualität und Erfolg mit sich. Im Gegenteil, es werden viele Beschwerden auftreten, manche zu Recht, manche zu Unrecht.

2.5.3 *Employability* als Kriterium der Abschlussqualität

Ein wesentlicher Bestandteil der ökonomischen Ausrichtung im Reformprozess ist die Erhöhung der Beschäftigungsfähigkeit. Auf den Folgekonferenzen, beispielhaft sei die Folgekonferenz in London 2007 genannt, wurden deutliche Mängel bei der Umsetzung des Bologna-Prozesses festgestellt, u.a. wurde die Steigerung der Beschäftigungsfähigkeit (*Employability)* erneut als wichtiger Schritt herausgestellt, denn der Anklang der neuen Abschlüsse schien bei den Arbeitgebern nach wie vor eher gering zu sein. (Brändle 2010, S. 55 f.). Die Hochschulen wurden aufgefordert, intensivere Kooperationen mit den Arbeitgebern zu betreiben, um die Beschäftigungsfähigkeit zu verbessen. Dies deutet unzweifelhaft darauf hin, dass in dem Bereich ein gravierender Rückstand existierte. (Brändle 2010, S. 60) Aus diesem Grunde sei dem Thema Berufseinstieg und Marktzugang eine eingehendere Betrachtung gewidmet.

2.5.3.1 *Das historisch bedingte Statusproblem des BA-Abschlusses*

Bei Betrachtung des Problems von Seiten der Arbeitgeber:innen, also beispielsweise der Wirtschaftsunternehmen, um den Werdegang der scheinbar erfolgreichen Absolvent:innen bzw. Bildungskonsument:innen zu verfolgen, so bietet sich folgendes Bild: Es ist paradoxerweise vor allem in der Wirtschaft deutlich spürbar, dass Bachelorabsolvent:innen beim Berufseinstieg nicht nur Mängel an reiner Arbeitserfahrung aufweisen. Sie sind ebenso vom fachlichen Bildungsniveau häufig noch nicht als „ausgereifte" Absolvent:innen zu betrachten. (vgl. Hörner 2014, S. 9) Ihre Leistungen im Arbeitsalltag stehen denen von Masterabsolvent:innen deutlich nach. Einerseits konnte die Autorin dies selbst im Arbeitsalltag aus Sicht der Arbeitgeberin in ihrer Position als personalverantwortliche Abteilungsleiterin einer Firma für Übersetzungsdienstleistungen erfahren und im Laufe vieler Arbeitsjahre bestätigen. Andererseits erfuhr sie dieselbe Sichtweise in vielen Gesprächen mit Personen anderer Tätigkeitsfelder, sogar in einem Gespräch, an dem sie nicht selbst beteiligt war, sondern das in einem Café am Nebentisch stattfand. Diese Tatsache ist überdies historisch begründet.

Was nämlich die Entwicklung der Qualität und des Stellenwertes des zweistufigen Abschlusssystems angeht, finden sich bei Kwiek sehr aufschlussreiche Erläuterungen. Der Bachelor of Arts (BA) konnte in vielen europäischen Ländern, und das muss zu seiner Verteidigung gesagt werden, keinen ursprünglichen Stellenwert besitzen, da er zuvor nicht existierte. (Kwiek 2014, S. 153). Die bereits angesprochene kulturelle Kluft zwischen den Ländern, die früher dem humanistischen Bildungsideal nach Humboldt folgten, und jenen, die über stärker berufsorientierte, bereits gestufte Abschlüsse verfügten, führte zu der Umsetzungs- und Akzeptanzproblematik. Bologna-Länder wie UK und Irland, die ähnlich wie überseeische, „angelsächsisch" geprägte Staaten wie Australien oder die USA bereits über eine gewisse zweistufige Tradition verfügten, sahen sich darin weder Schwierigkeiten im Bereich der Arbeitsbefähigung bzw. Vermittelbarkeit auf dem Arbeitsmarkt (*Employability*) noch im Bereich der gesellschaftlichen Akzeptanz gegenüber. Dies sieht in den traditionell humanistisch geprägten Staaten anders aus. Deutschland und Österreich seien als Beispiele genannt. Hier hatte der BA anfangs einen sehr schweren Stand bezüglich seiner grundlegenden Daseinsberechtigung. Allerdings wurde er von Anfang an auf Ebene der staatlichen Hochschulen eingeführt und somit traten nur wenige, gravierende qualitative Mängel in der Bachelorbildung auf. In Polen beispielsweise waren die Schwierigkeiten auf dem Weg zu einem validen BA noch größer, da er mit einem Umweg über private Hochschulen im Bildungssystem ankam. (Kwiek 2014, S. 152) Der Bachelor wurde dort, wie auch bei Szymański und Nowosad erwähnt, bereits nach dem Zusammenbruch der Sowjetunion in den 1990er Jahren eingeführt, genoss aber sowohl gesellschaftlich als auch auf dem Arbeitsmarkt einen schlechten Ruf. Grund dafür waren die geringe Bildungsqualität und die fehlenden akademischen Standards, da der BA meist an privaten Hochschulen verliehen wurde. (Kwiek 2014, S. 147 f.) Diese wiesen anscheinend Defizite in ihrer Bildungsqualität auf, worauf nicht weiter eingegangen wird. Es wird allerdings deutlich betont, dass jeder Abschluss unterhalb des Masters in Polen nicht als vollwertiges Studium wahrgenommen wird, so auch bei Szymański und Nowosad zu lesen. Interessanterweise hat sich das Bild inzwischen gewandelt. Der gesellschaftliche Status des BA-Abschlusses ist zwar nach wie vor gering, allerdings stört diese Tatsache den Arbeitsmarkt immer weniger. Die Wirtschaft akzeptiert immer häufiger BA-Absolvent:innen und beurteilt sie anscheinend als *employable*. Dies hängt unmittelbar mit dem Bologna-Prozess zusammen, der seit 2005 auch die staatlichen Hochschulen in Polen zur Trennung der BA- und MA-Studiengänge und zur Einführung der entsprechenden Abschlüsse gezwungen hat. Dies hat die Qualität des BA-Abschlusses erheblich positiv beeinflusst. (Kwiek 2014, S. 148 f.) An dieser Stelle kann, was die Arbeitsbefähigung der Absolvent:innen angeht, objektiv ein deutlicher Erfolg des Bologna-Prozesses festgestellt werden. (ebd. S. 150.)

2.5.3.2 Erfahrungen mit der Beschäftigungsfähigkeit von BA-Absolvent:innen im Bereich Übersetzen

Die positive Entwicklung der BA-Akzeptanz kann dennoch nicht darüber hinwegtäuschen, dass das Bildungsniveau der Absolvent:innen wiederkehrende Zweifel an der Eignung des Abschlusses an sich weckte. Dies kann empirisch nachgewiesen werden.

Wie bereits im vorigen Abschnitt 2.5.3.1 erwähnt, waren die Mängel der BA-Abschlüsse im Fachbereich Übersetzen konkret in einem Übersetzungs-Dienstleistungsunternehmen, für das die Autorin viele Jahre tätig war, deutlich nachweisbar. Zuletzt in ihrer Position als Produktionsleiterin zuständig für die Auswahl, Einstellung und Beurteilung von Übersetzer:innen mit entsprechendem Hochschulabschluss. Dabei fiel vor allem in den Jahren 2012-2015 auf, dass Bewerber:innen mit Bachelor-Abschluss zwar durchaus in der Lage waren, die an sie gestellten Aufgaben als Mitarbeiter:innen der Korrektur- oder Übersetzungsabteilung zu bewältigen, die Qualität ihrer Arbeit und ihr fachlicher Überblick im Rahmen der gesamten Problemlösungskompetenz waren dabei aber deutlich ausbaufähig. Aufgrund der hohen fachlichen Anforderungen wurde im Unternehmen schließlich, bis auf wenige Ausnahmen, auf die

Einstellung von Bachelorabsolvent:innen verzichtet. Sie erhielten weiterhin die Möglichkeit, Praktika als Zwischenstadium ihres Studiums, z. B. vor Aufnahme des Masterstudiums oder auch studienbegleitend, zu absolvieren. Mit dem parallel erworbenen Masterabschluss konnten die in diesem Zeitraum erworbenen Arbeitserfahrungen wiederum von vielen Absolvent:innen anschließend sehr gut in der Praxis als berufstätige Übersetzer:innen angewendet werden.

Die Besonderheit, dass ein geisteswissenschaftliches Studium gleichzeitig die Ausbildung für ein bestimmtes Berufsfeld ermöglicht, ist im Bereich des Übersetzens durchaus als Sonderfall zu betrachten. Dies wird in anderen Geisteswissenschaften wie Anglistik etc. oder auch in anderen europäischen Ländern nicht vorausgesetzt, z. B. in Großbritannien, wo die eigentliche Ausbildung für die jeweilige Arbeitsstelle eher vor Ort am Arbeitsplatz erfolgt. (Hörner 2014, 10) Mit britischen Absolvent:nnen waren folglich die größten Schwierigkeiten zu verzeichnen, sofern diese sich auf dem deutschen Arbeitsmarkt zu behaupten versuchten. Wenn für britische Abschlüsse die Forderung *employability* gilt, so ist dies keineswegs eine Garantie für fachliche Eignung oder gar eine berufliche Qualifikation. Es besteht lediglich eine Grundbildung, um dann durch eine Art Ausbildung am Arbeitsplatz in den Beruf hineinzuwachsen, beispielsweise über Praktika, die heute häufig als *Traineeship* bezeichnet werden. (Hörner 2010, 102) Interessant ist dabei, dass die Bologna-Reformbewegung sich also scheinbar an einem Ausbildungssystem orientiert hat, das grundsätzlich geringere Qualifikationen ermöglicht als in anderen europäischen Ländern. Wie bereits unter 2.4.1.2 geschildert, war UK an erster Stelle bei der Umsetzung der Reformen (Søndergaard 2010, S. 141), unter anderem weil das dort bestehende System dem neu einzuführenden als Vorbild diente und damit schon sehr nahe an die neuen Strukturen heranreichte. Dabei muss die bereits vorzeitige Umsetzung verschiedener Bologna-Erfordernisse nicht zusätzlich betont werden, wie Pritchard dies tut (Pritchard 2010, S. 184), sie versteht sich im Sinnzusammenhang von selbst. Dennoch schien Großbritannien der Reform noch drastischer zuvorkommen zu wollen, denn es kürzte seine Studienzeiten, die vorher schon knapper bemessen waren als in den meisten anderen europäischen Ländern, im Rahmen der Hochschulreformen noch weiter ein. (Pritchard 2010, S. 184 f.). Manche Verteidiger:innen dieses Systems sind dabei der Meinung, die Abschlüsse wären ebenso valide, da der Fokus auf Ergebnissen (*Output*) statt auf Stoffvermittlung (*Input*) läge. Die Intensität des Studiums und die teilweise längere Dauer der Studienjahre plus der im fachspezifischen A-Level (Hochschulzugangsberechtigung) bereits vermittelten Sachkenntnisse, würden zu einem mindestens gleichwertigen Ergebnis führen. (Pritchard 2010, S. 186)

Diese theoretischen Schlussfolgerungen können, verglichen mit dem reellen Gesamteindruck im Rahmen der persönlichen Erfahrungen, kaum bestätigt werden. Englischsprachige und vor allem muttersprachliche Berufseinsteiger:innen sind in deutschen Unternehmen durchaus gefragt. Leider sind die praktischen Erfahrungen mit diesen Träger:innen eines Bachelor- und oft auch eines Mastertitels ernüchternd. Wäre nicht ihr sprachlicher Hintergrund ein wichtiges Beschäftigungskriterium, hätten nur sehr wenige britische Absolvent:innen zu der Zeit die Chance gehabt, eingestellt oder nach der Praktikums- bzw. Probephase weiterbeschäftigt zu werden. Die Forderung an die Hochschulen, „Experten im Unterricht" auszubilden, hielt an der Stelle keiner praktischen Überprüfung stand (Søndergaard 2010, S. 137). Sehr kompetente Ausnahmen bestätigten dabei diese Regel.

2.5.3.3 Fazit - Zur Bedeutung von Hochschulabschlüssen im Bereich Übersetzen

Dem könnte entgegengesetzt werden, dass der Übersetzungsberuf nicht geschützt ist und für die Ausübung keinerlei Abschluss erforderlich ist. Damit wäre allerdings auch das Bologna-Reformziel hinfällig, einen ersten berufsqualifizierenden Abschluss in kurzer Zeit zu erwerben und somit den Einstieg ins Berufsleben zu erleichtern. Allerdings trifft dies nicht den Kern der praktischen Erfahrung. Natürlich ist es jeder sprachkundigen Person gestattet, sich Übersetzer:in zu nennen und diesen Beruf auch ohne translatologischen Abschluss auszuüben, beispielsweise freiberuflich. Sofern die Person allerdings eine Anstellung in dem Bereich anstrebt, ist ein nachgewiesener Hochschulabschluss sehr oft bzw. üblicherweise erforderlich. Dafür gibt es Beispiele sowohl in der freien Wirtschaft als auch bei staatlichen Stellen, sofern man Stellenanzeigen von Wirtschaftsunternehmen oder Bundesministerien konsultiert. Dass dies allerdings gerade bei der EU nicht der Fall ist, lässt wiederum Zweifel am Rekrutierungsverfahren von EU-Übersetzer:innen aufkommen. Das Eignungsverfahren als Übersetzer:in bei der EU ist offen für jede Person und setzt zwar einen Hochschulabschluss, aber keinen translationsspezifischen Abschluss voraus (EPSO 2023). Bei den EU-eigenen Angestellten haben die Bologna-Reformziele im Bereich Übersetzen folglich wenig Bedeutung. Bei anderen öffentlichen Arbeitgebern bestehen augenscheinlich größere Kompatibilitätsprobleme, denn auch Laufbahnstrukturen im öffentlichen Dienst lassen sich schwer mit den neuen Studienabschlussstrukturen vereinbaren. Dort mangelt es ebenso an der Gewährleistung der Beschäftigungsfähigkeit wie in der freien Wirtschaft. (Brändle 2010, S. 60).

2.5.4 Hinweise auf ein mögliches Scheitern der Bildungsreform

Der Bologna-Prozess im Allgemeinen und die Realisierung seiner Ziele im Besonderen verliefen trotz des einheitlichen Rahmens nicht ohne Störungen und Abweichungen. Unwägbarkeiten ergaben sich, wie bereits dargestellt, vor allem aus den spezifischen Bildungstraditionen der Länder und deren bildungspolitischen Gegebenheiten, die mit den Bologna-Zielen nicht grundsätzlich kompatibel waren. (Szymański und Nowosad 2010, S. 203) Im Speziellen konnte im Hochschulkollegium sowie aus der persönlichen Erfahrung als Studierende heraus häufig festgestellt werden, dass die Modularisierung der Studiengänge zu einer Verschulung führte. Starre Strukturen wurden geschaffen und durch die Pflichtbelegung zu unumstößlichen Eckpfeilern des Studiums. Diese Verschulung wirkte sich auf die Studienzeit aus, auf die Effizienz, Qualität und Effektivität der Studiengänge. (vgl. Kellermann et al. 2009b, S. 7 ff.) Trotz aller Widerworte wurde diese Reform seit Anbeginn ohne zusätzliche Finanzmittel umgesetzt und das mit hoher Geschwindigkeit. Dennoch gibt es verschiedene Faktoren, die eher auf ein Scheitern als auf einen Erfolg des Bologna-Prozesses hindeuten (zur folgenden Auflistung siehe Maeße 2010, S. 19–23).

2.5.4.1 Nachteilige Auswirkungen von Begleitumständen

Fehlende Rechtsverbindlichkeit

Bildung ist erklärte Sache der Nationalstaaten, nicht der EU. Da die Bologna-Erklärung keine Rechtsverbindlichkeit besitzt, beruht die Umsetzung auf weichen Steuerungselementen, nicht auf gesetzlich verankerter Durchsetzung. Dazu gehören die stark betonte Selbstverpflichtung, das Monitoring und die Einbeziehung hochschulnaher Interessengruppen. Auch die Erfolgsinteressen der Hochschulen im vielbesprochenen Wettbewerbsumfeld spielen eine große Rolle. (Sieh 2014, S. 21) Es existieren allerdings keine Sanktionen, sofern ein Staat die Umsetzung nicht fristgerecht vornimmt. (Sieh 2014, S. 58) Möglicherweise spielt bei der Umsetzung daher die Gruppendynamik eine Rolle. Kein Staat möchte außen vor bleiben, aus Angst vor Nachteilen. Es kann von Vorteil sein, sich zu bemühen, da die fortschreitende Vernetzung Nachzügler in eine schlechtere Position bringen könnte.

Generelle Ablehnung von Reformen

Auf die bisherigen Initiativen der Europäischen Kommission (EK) in dieser Richtung reagierten die Nationalstaaten ablehnend, da die Angst vor dem bürokratischen Zwang sehr ausgeprägt war. (vgl. dazu auch Sieh 2014)

Bereits in den neunziger Jahren wurde eine Hochschulreform von allen Bundesländern zur Verkürzung der Studienzeiten, Verringerung der Abbrecherquoten, Verbesserung der Berufsorientierung und Änderung der Finanzmodelle für nötig gehalten, ohne dass es zu einer Ausarbeitung und Umsetzung kam. (Maeße 2010, S. 19 f.)

Vorherige Probleme bei der Einführung zweistufiger Abschlüsse

Die Einführung der BA- und MA-Abschlüsse wurde schon vor dem BP von der Kultusministerkonferenz (KMK) beschlossen, war allerdings für ausländische, nicht für deutsche Studierende angedacht. Zur Stärkung der internationalen Wettbewerbsfähigkeit Deutschlands sollte die angelsächsische Studienstruktur parallel zur deutschen Hochschulstruktur eingeführt werden, um mehr ausländische Studierende, vor allem aus dem asiatisch-pazifischen Raum zu gewinnen. Diese Studierenden absolvierten ihr Auslandsstudium meist im angelsächsisch geprägten Raum, wie z. B. in den USA. (Maeße 2010, S. 20 f.) Siehe dazu auch (Ash 1999b, S. 7 f.) zur Reform des Hochschulrahmengesetzes im Jahr 1998, das nicht nur die Vergabe von BA- oder MA-Abschlüssen vorsah, sondern auch ein Leistungspunktesystem. Diese Vorab-Einführung hatte zu der Zeit keinen Erfolg.

Rechtliche Schwierigkeiten

Die Reform störte durch ihr Akkreditierungswesen die Autonomie der Hochschulen. Dies stellte ein rechtliches Problem nach Art. 5 GG dar. Die externe Akkreditierung der Abschlüsse und des Studienverlaufs griff in bisher hochschuleigene Kompetenzen ein. (Maeße 2010, S. 21 f.)

Dies ist nicht verwunderlich, da der Reformprozess von den Hochschulen selbst umgesetzt wird, die Kontrollmaßnahmen aber von anderen Stellen konzipiert wurden. (Fraenkel-Haeberle 2014, S. 354)

Fehlende Umsetzungsorientierung

Die Umsetzung wurde nicht klar definiert. Weder die Hochschulrektorenkonferenz, noch die Akkreditierungsagenturen, noch die Hochschulen selbst hatten eine genaue Vorstellung entwickelt, wie die Reformen realisiert werden könnten oder sollten. Das lag daran, dass die Bologna-Erklärung dafür keine genauen Vorgaben postuliert. (Maeße 2010, S. 22)

Die Umsetzung basierte auf Empfehlungen und immer wieder erneuerten Absichtserklärungen. Nicht einmal eine übergeordnete Leitung existierte, bis auf eine administrativ kompetente Arbeitsgruppe, die Bologna Follow-up-Gruppe BFUG[23]. (Sieh 2014, S. 58)

---

23 Zusammenfassende Erläuterung dazu auch bei Pritchard 2010, S. 182.

Undurchsichtige Kompetenzverteilung

Die Politikverflechtung erschwerte die Umsetzung zusätzlich. Mit dem Bund, den Ländern, den Hochschulen und Akkreditierungsagenturen als Qualitätssicherungsinstanzen existieren sehr viele zuständige Stellen, deren Kompetenzen im Prozess nicht klar verteilt sind. (Maeße 2010, S. 22 f.)

2.5.4.2 Konzeptuell bedingtes Scheitern

Bekhradnia vom britischen HEPI-Institut gibt in dem Zusammenhang zu bedenken, dass das Vorhaben an seinem Universalitätsanspruch scheitern könne, da es in seiner Gesamtheit und allumfassenden Ausrichtung zu kompliziert werden könne. (Bekhradnia 2004, S. 13) Auf der Ebene der angestrebten Vergleichbarkeit der Systeme im europäischen Hochschulraum wird dieses Problem schnell deutlich: Britische Hochschulen konnten beispielsweise keine Auskunft darüber geben, ob Studierende, die erstklassige Abschlüsse mit Auszeichnung erreicht hatten, im Vergleich untereinander tatsächlich das gleiche Niveau intellektueller Bildung erzielten. Sollte dies schon innerhalb eines einzigen, zentralisierten Systems unmöglich sein, wie soll es als Vergleich zwischen verschiedenen Systemen von über 40 Ländern funktionieren? (Pritchard 2010, S. 191) Was die Qualitätssicherungsziele auf europäischer Ebene angeht, so wurden zwar innerhalb weniger Jahre in den meisten Ländern entsprechende Akkreditierungsagenturen gegründet (vgl. Pritchard 2010, S. 190), diese QS-Instanzen arbeiten allerdings wie geschildert auf nationaler Ebene. Die länderübergreifende Qualitätssicherung wird dadurch erschwert. Dies zeigt sich beispielsweise anhand der Zuständigkeitsproblematik bei der Evaluation von Doppelabschlüssen zweier Hochschulen oder gemeinsamen, hochschulübergreifenden Abschlüssen, die zwischen Deutschland und Frankreich üblich sind. (Sieh 2014, S. 145 f.) Auch die Evaluation der QS-Systeme selbst wurde bis dato nicht genügend in Angriff genommen worden (Futterer et al. 2012, S. 11).

Der Humboldt'sche Gedanke[24] war zusätzlich, wie in Kapitel 2.1.3 geschildert, schon vor dem Bologna-Prozess stark beschädigt, denn die Grundaussage, dass die universitäre Bildung generell eine allseitige Grundlage für die

24 Zu diesem Thema: „Sobald man aufhört, eigentlich Wissenschaft zu suchen oder sich einbildet, sie brauche nicht aus der Tiefe des Geistes heraus geschaffen, sondern könne durch Sammeln extensiv aneinandergereiht werden, so ist alles unwiederbringlich und auf ewig verloren. (…) Denn nur die Wissenschaft, die aus dem Inneren stammt und ins Innere gepflanzt werden kann, bildet auch den Charakter um (…)" (Humboldt 1964 b, 258).

Ausformung des Charakters und der Fähigkeiten bieten sollte, wohingegen die spätere fachliche Ausbildung Spezialwissen vermitteln sollte, die es dem bereits gebildeten Menschen ermöglicht, sich Fertigkeiten zur Ausübung bestimmter Berufe anzueignen, konnte selbst von den zuvor bestehenden Studiengängen kaum erfüllt werden. Dabei sollen staatlich getragene (Hoch)schulen sich nur mit ersterem beschäftigen. Zweiteres solle anschließend in gesonderten Fachschulen erfolgen. Die Vermischung von beidem erzeuge eine unreine Bildung und unvollkommen gebildete Menschen. (Humboldt 1964, S. 23) (Humboldt 1964a, 23) Hochschulen dürften keinen einseitigen Lehrbetrieb verfolgen (Humboldt et al. 1964 // 2002, S. 258) (Humboldt 1964b, 258) und „der Staat muss seine Universitäten weder als Gymnasien noch als Specialschulen behandeln (…)“ (Humboldt et al. 1964 // 2002, S. 260) (Humboldt 1964b, 260). Die Universitäten in Deutschland und Europa sind von einem solchen Anspruch weit entfernt, und das schon lange vor Bologna. Diesen Gedanken bestätigt auch Hörner, indem er zu bedenken gibt, dass sich die Universität vom Humboldtschen „Korrektiv der Gesellschaft“ zu einer Einrichtung der Berufsausbildung wandelt und sich so den (beruflichen) Zwängen anpasst. (Hörner 2010, 107)

2.5.5 Konkrete Problemfälle und Gegenreformen

Die vorangegangenen Betrachtungen bezogen sich auf Szenarien, die möglicherweise zum Misserfolg der Reformen insgesamt hätten führen können. Allerdings gab es ebenso konkrete Erfahrungen im Bereich des Scheiterns bestimmter Studienangebote. An manchen Universitäten wurden Studiengänge wieder in den vorigen Curricula-Status zurückversetzt. Andernorts wurden Erfahrungen gemacht, denen zufolge die Mobilität der Studierenden nicht verbessert, sondern sogar gehemmt wurde. Dafür existieren auch Belege, beispielsweise wurde dies bei Hörner ausgeführt. Als eines der wichtigsten Bologna-Ziele wurde die Mobilitätsförderung der Studierenden (und Lehrkräfte) durch den Bologna-Prozess geradezu behindert und das nicht nur aus finanziellen Gründen (vgl.Kozma 2014, S. 17). Gerade die Unterschiede der Curriculums-Pläne wurden als Grund angeführt. (Hörner 2014, 9) Dies ist ein wesentlicher Aspekt der vorliegenden Untersuchung. Die bloße Spekulation über diesen Punkt wurde bisher auf universitärer Ebene vielfach thematisiert. Nun gilt es auch nachzuweisen und festzuhalten, ob dies Einzelerfahrungen sind, oder ob es als generelle Schwierigkeit des neuen Systems gelten kann. Vieles deutet darauf hin. Hörner führt dazu Entwicklungen im Lehramtsbereich der Universität Leipzig an. Der neu eingeführte *Polyvalente Lehramts-Bachelor* verzeichnete eine Kürzung der fachlichen Inhalte und eine zusätzliche

Aufnahme pädagogischer Module. Dies sollte zu einem schnellen Abschluss einschließlich Master führen, da ein Bachelorabschluss nicht als vollständige Lehrerbildung gilt. Dies beschloss die KMK auf Anraten der Lehrerverbände und es wurde durch die HRK bekräftigt.

Diese Modularisierung führte zu großen Schwierigkeiten. Einerseits führte die neue Auslegung zu einer stärkeren Betonung des Selbststudiums. Andererseits wurden die prüfungsrelevanten Inhalte nach wie vor zwingend festgeschrieben, da Modulprüfungen nicht anfechtbar sein dürfen. Der Lehrkanon gestaltete sich somit sehr strikt und Raum für Eigeninitiative blieb kaum. Durch die drei zu belegenden Fächer im Bereich Lehramt blieb ebenso kaum Raum und Zeit für den normalerweise fest eingeplanten Auslandsaufenthalt. Viele ERASMUS-Plätze wurden daher gar nicht besetzt. Auch fiel es zunehmend schwer, gleichwertige Module an ausländischen Universitäten zu finden, die bei der Rückkehr anerkannt werden konnten, denn die Ausgestaltung der Studiengänge oblag immer noch den Universitäten selbst. Auch die Leistungspunktezuordnung (Anzahl vergebener ECTS-Credits für ein Modul) kann zwischen den Modulen verschiedener Universitäten stark abweichen, was selbst die Vergleichbarkeit im Inland oder sogar im selben Bundesland einschränkt und die Mobilität selbst innerhalb Deutschlands behindert. Hinzu kommen die hohen Studierendenzahlen in diesem Studiengang, was die starke Standardisierung erforderlich macht. Eine Vergleichbarkeit ist zwischen den Universitäten daher weder in Inhalt noch in der Form gegeben, abgesehen von der grundsätzlichen Modulstruktur. (Hörner 2010, 103 ff.) Das geschilderte Problem der Inkompatibilität, sobald es über die basalen Struturen hinausgeht, besteht nicht nur im Bereich Lehramt. Auch im Bereich Translation/Translatologie erfuhren dies Studierende im Rahmen ihrer ERASMUS-Aufenthalte. Dies bildete die Grundannahme für eine der zu untersuchenden Hypothesen (Hypothese 4, siehe 3.2.2).

Hörner selbst schlug als möglichen Lösungsansatz die Schaffung größerer Flexibilität innerhalb des neuen Systems vor (Hörner 2010, 107) Die KMK reagierte zwar bereits im Jahr 2009 auf die Kritik am System, äußerte jedoch nur vage Empfehlungen zur Verbesserung. Man solle die Anerkennung flexibler handhaben und *Gleichwertigkeit* in den Vordergrund stellen, statt nach *Gleichartigkeit* zu suchen. Diese Hinweise stießen auf große Skepsis, da sie keine genauen Ansatzpunkte boten. (Hörner 2010, 107 f.)

2.5.6 Zwischenfazit zum politischen Hintergrund

Wie in den vorangegangenen Abschnitten deutlich wurde, sind sowohl die Entstehungs- als auch die Entwicklungshintergründe des Bologna-Prozesses äußerst komplex. Die Rückführung auf die Entstehungsgründe der EU selbst hat dabei verdeutlicht, dass die Absichten der Reformakteur:innen nur in einem gesamteuropäischen Entwicklungsrahmen zu verstehen und zu sehen sind. Der Bologna-Prozess ist kein vom übrigen Politikfeld losgelöster Prozess, sondern ein Teil des Gesamtprozesses. Obwohl der Reformprozess an sich kein räumlich auf die EU beschränkter Vorgang ist, so ist seine Entwicklung doch immer im Kontext der Schaffung des Europäischen Wirtschaftsraumes (EWR) zu sehen. Je nachdem, wie sich die wirtschafts- und gesamtpolitischen Ziele der EU entwickeln, entwickelt sich auch die Dynamik des Bologna-Prozesses. Dies wurde am Beispiel der Gründung der EU (EG) an sich erläutert, und zeigt sich ebenso im Hinblick auf die Sorbonne- und die Lissabon-Erklärung, die einerseits Wegbereiter, andererseits Hintergrund und europapolitischer Rahmen der Bologna-Erklärung waren und sind.

Bei der Umsetzung der Reform stellen die gesamteuropäisch motivierten, wirtschaftlichen Absichten einen entscheidenden Antrieb dar. Dies wurde in Abschnitt 2.5.2 eingehend erläutert. Diese betonte Wirtschaftlichkeit steht in engem Zusammenhang mit der geforderten Beschäftigungsfähigkeit (*Employability*), die, wie in 2.5.3 dargestellt, durch den neuen Grad des Bachelorabschlusses befördert werden soll. Da dieser Abschluss unter starken Vorbehalten litt und in der Wirtschaft bei den Arbeitgebern nur teilweise akzeptiert und anerkannt wurde, wurden die Vorzüge und Nachteile dieses Titels allgemein und anhand der Bachelorabschlüsse im Bereich Übersetzen erläutert. Dabei waren die mangelnde fachliche Kompetenz und Erfahrung der Berufseinsteiger:innen häufig wahrnehmbar. Die Frage stand im Raum, ob der Bachelorabschluss ausreichende Kompetenzen für den Übergang in die Berufswelt vermittelt, oder letztendlich doch nur ein Etappenziel sein kann. Darauf wird in der empirischen Auswertung unter 4.2.1.5 detailliert eingegangen.

An der gesamteuropäisch forcierten Bildungsreform haben auch die vielerorts geäußerten Vorbehalte gegen den Bologna-Prozess nichts geändert, die in Abschnitt 2.5.4 geschildert wurden. Das Scheitern direkt nach dem Start ist beim Bologna-Prozess bisher keinesfalls eingetreten. Die konkreten Misserfolge in Teilbereichen allerdings, die sich im Rahmen der Umsetzung bereits gezeigt haben, und die unter 2.5.5 beispielhaft angesprochen wurden, könnten Hürden darstellen, an denen der Reformprozess nicht nur verlangsamt wird, sondern letztendlich angehalten und umgekehrt wird. Natürlich kann das reine Wiederherstellen von bereits ersetzten Strukturen niemals wieder zum Ausgangspunkt zurückführen. Das Diplom in der Form vor der Reform und andere Studienstrukturen, an denen tiefgreifende Veränderungen vorgenommen wurden, können nicht in der alten Form wiederhergestellt werden. Es werden bei jeder Restauration der alten Zustände letztendlich wieder neue Ergebnisse entstehen, deren genaue Form und deren Erfolg bisher nicht absehbar sind.

2.6 Betrachtungen zum Bologna-Prozess im Übersetzungsbereich

In diesem Abschnitt werden gegensätzliche Positionen zusammengeführt, von denen die Debatte bestimmt wird: Das Studium an der Massenuniversität als akademischer Weg zur Berufsausbildung einerseits und das Studium im neuhumanistischen Sinne, das sich über Allgemeinbildung und Studium als Selbstzweck definiert. Entsprechend diesen beiden Positionen stehen sich die übersetzungspraktische, berufsorientierte Seite und die übersetzungstheoretische, forschungsbetonte Seite des Übersetzungsstudiums gegenüber.

In den Jahren des eigenen Studiums und in den anschließenden Jahren des Forschens und Lehrens spielte die eben umrissene Fragestellung lange eine Rolle im Hintergrund, ohne dass die Problematik genau eingegrenzt werden konnte. Umso interessanter ist es, sie nun im Rahmen dieser Arbeit zu thematisieren und zu diskutieren. Gibt es im Bereich Übersetzen mehr *Studierende* oder *Student:innen*? Der Unterschied wird im Folgenden definiert. Worauf liegt der Fokus, wo findet sich das Übersetzerstudium wieder? Im Bereich der Sprachwissenschaften, der Linguistik, der Philosophie, also bei den klassisch geisteswissenschaftlichen Disziplinen? Oder eher doch unter den praxis- und marktorientierten Fächern wie Wirtschaft, Medien oder gar Technik und Informatik? Kritiker:innen sind oft der Meinung, dass Letzteres zuträfe und das Übersetzen als akademischer Beruf an die Fachhochschule oder an Sprachschulen gehöre. Doch dabei vernachlässigen sie wichtige Aspekte dieser Disziplin, die weit über das reine Übersetzen selbst hinausgehen. Bemühen wir uns um eine konkretere Beschreibung im Rahmen des Übersetzerstudiums, kann man sagen: „Übersetzen und Dolmetschen sind praktische (…) Tätigkeiten" (Neubert 1997, S. 4), die demzufolge auch eine praxisorientierte Ausbildung erfordern. Demgegenüber steht: „Übersetzungswissenschaftliche Aussagen sind verallgemeinerbare, systematisierende Urteile (Beschreibungen und Erklärungen) über translatorische Prozesse und Produkte." (Neubert 1997,

S. 4) Reiß und Vermeer trennen dies, indem sie die eine Seite als „deskriptive Translationswissenschaft“ bezeichnen und die andere als „angewandte Zweige“ Translationskritik und Translationsdidaktik. (Vermeer und Reiß 1984, S. 139) Doch welche dieser beiden Seiten überwiegt? Existiert überhaupt eine Priorität oder bedingen sie sich gegenseitig und können ohne einander nicht existieren? Die Wahrheit liegt, wie bei jeder nicht eindeutigen Problematik, dazwischen, doch die Personen, die sich im Feld der translatologischen Studiengänge bewegen, seien es Lehrende oder Studierende, scheinen es selbst nicht genau zu wissen. Zum Zweck der Verdeutlichung der Inhalte dieser beiden Felder werden in einem Unterkapitel wichtige Themen der Translationsforschung dargestellt, im darauffolgenden Unterkapitel werden bedeutende Felder der translationspraktischen Didaktik erläutert. Um die vergleichende Debatte auf eine Grundlage zu stellen, erfolgt vorab eine Einführung in die Rollenproblematik. Dies stellt eine Perspektive dar, die weniger nach dem Selbstverständnis des Faches sucht, sondern nach dem Selbstverständnis der Studierenden.

2.6.1 Rollenbilder der Studierenden bei der Bildungsreform

Bereits vor der Durchführung der Interviewstudie trat diese Fragestellung aus dem Bereich der Hochschulpolitik sehr deutlich auf: Die Entwicklung der Rolle der Studierenden im sich ebenfalls wandelnden Bildungssystem. Es kann ein Zusammenhang zwischen dem Verhalten der Studierenden und der neu geschaffenen Studienstruktur hergestellt werden. Der Artikel zum Thema wird in diesem Abschnitt in Auszügen zitiert und ergänzt (Rothe 2020, S. 197–210):

Verschiedene Lehrpersonen und auch Lernende berichteten von Beobachtungen im Rahmen ihres Hochschulalltags, denen zufolge sich Studierende unterschiedlicher Studiengänge im aktuellen deutschen System sehr stark von Studierenden der vor der Reform existierenden deutschen Studiengänge (Diplom, Magister etc.) unterschieden. Sie erschienen in der Mehrzahl sehr fleißig, aufmerksam und leistungsorientiert, arbeiteten intensiv und zielstrebig, zeigten sich dabei gleichzeitig außergewöhnlich zurückhaltend, unkritisch gegenüber Aussagen der Lehrenden, und mäßig interessiert an angeregten fachlichen Diskussionen. Dies sind zwar Eigenschaften, die nach gängigen Vorurteilen und Stereotypen vor allem den Studierenden der Translationsstudiengänge, dabei hauptsächlich den Übersetzer:innen generell zugeschrieben werden, doch die Beobachtungen beziehen sich kaum oder nicht ausschließlich auf Studierende dieses Fachbereiches. Es sind Wahrnehmungen, die bei der Verfasserin in der Lehre sowohl bei Übersetzerstudierenden als auch bei Studierenden anderer geisteswissenschaftlicher Studiengänge (Anglistik, Slawistik, Kulturwissenschaft, Japanologie, Sinologie, Linguistik u. a.) auftraten und von verschiedenen Lehrpersonen unterschiedlicher Fachbereiche (u. a. Lehramtsstudiengänge) bestätigt wurden. Die Beobachtungen erfolgten unabhängig voneinander und die Äußerungen darüber traten spontan und nicht auf Nachfrage auf. Natürlich lieferten diese Aussagen keine empirisch belegte Grundlage, dennoch bestätigten sie die Beobachtungen und motivierten dazu, Nachforschungen zu diesem Phänomen in der Fachliteratur anzustellen. Verhaltensweisen dieser Art können nur dann auffällig sein und als sonderbar wahrgenommen werden, wenn sie zu früheren Studien- oder Lehrzeiten der Beobachter und Beobachterinnen nicht in der geschilderten Form existiert haben. (Rothe 2020, S. 197 f.)

2.6.1.1 Die Verschulung im Rahmen der Institutionen nach Le Bon

Wie im vorigen Abschnitt bereits angedeutet, beförderte die Reform die Entwicklung einer stark verschulten Struktur innerhalb des Bologna-Systems. Dies ist in einigen teilnehmenden Ländern wie z. B. in Frankreich bereits zuvor der Fall gewesen und stellte dort keine tiefgreifende Veränderung dar. (vgl. Fraenkel-Haeberle 2014, S. 30; Sieh 2014, S. 65) Angesichts des traditionell freiheitlichen Studiensystems in Deutschland kam es jedoch zu starken Einschnitten. Die Reform stellt eine Richtungsänderung der Hochschulkonzeption dar, die von Lehrenden und Forschenden häufig kritisch gesehen wurde. (Pasternack 2010, S. 41) Ehemalige Studierende als Proband:innen im Rahmen der aktuellen Untersuchung verwiesen in der durchgeführten Interviewstudie wiederholt auf die geringe Wahlfreiheit bei der Curriculumsgestaltung. Dies wurde allerdings von den Proband:innen nicht zwingend als Einschränkung empfunden, sondern oftmals als Hilfe wahrgenommen. An diesem Punkt der Betrachtung stellte sich die Frage, ob ein kausaler Zusammenhang zwischen den Reformprozessen (Verschulung, Erstarrung des flexiblen Systems) und den Wünschen und Bedürfnissen der Studierenden (Hilfe und Unterstützung bei der Studiengestaltung) besteht. Eine der beiden Entwicklungen müsste chronologisch gesehen zuerst aufgetreten sein und die andere bedingt haben. Erzog die früher bestehende freiheitliche Studienstruktur die Studierenden zu kritischen und selbstständigen Persönlichkeiten? War es normal, dass die Studierenden die Verdienste dieser Struktur erst in der Retrospektive zu würdigen in der Lage waren? Wurde ihnen mit der Reform diese Entwicklungschance genommen? Möglicherweise sind es aber die eher angepassten Studierenden, die nach mehr Orientierung und einer Leitlinie in ihrer Bildung verlangten, was ihnen mit der Bildungsreform erfüllt wurde.

Le Bons Betrachtungen liefern eine theoretische Grundlegung für diese Fragestellung im Rahmen seiner massenpsychologischen Analysen (*psychologie des foules*) (Le Bon 1939, S. 66–69; siehe auch die deutsche Übersetzung Le Bon 2014). Seiner Ansicht nach passen sich die Strukturen an die Ausprägungen der Gesellschaft an, nicht umgekehrt. Einrichtungen, wie in unserem Fall das Bildungssystem, sind laut Le Bon an sich nicht gut oder schlecht. Sie verändern nichts und erschaffen nichts: „*Les institutions et les gouvernements représentent le produit de la race. Loin d'être les créateurs d'une époque, ils sont ses créations.*“ (Le Bon 1939, S. 66) Diese Institutionen seien demnach Schöpfungen ihrer jeweiligen Epoche und verwalteten das aktuell gültige System. Dies sei die Grundlage für die sehr lange Dauer, die Institutionen für Veränderungen benötigten, was im folgenden Absatz erläutert wird. (Le Bon 1939, S. 66) (Rothe 2020, S. 200 f.)

2.6.1.2 Veränderungspotenzial der Institutionen

Aus den eben genannten Gründen sollten Einrichtungen wie im vorliegenden Fall die Hochschulen keinen willkürlichen Veränderungen unterworfen werden, da diese jahrhundertelang entsprechend den Bedürfnissen der Gesellschaften gewachsen sind. Solche Institutionen umzustürzen könne schwerwiegende Folgen haben. (Le Bon 2014, S. 86) Das könnte einerseits bedeuten, die Bildungsreform veränderte die Einrichtungen entgegen der Bedürfnisse der Gesellschaft, was in absehbarer Zeit zu größeren Problemen hätte führen müssen. Proteste und Streikaktionen sind nur zwei der möglichen Reaktionen. Es traten anfangs einige solcher Aktionen auf[25], auch wenn in der konsultierten Fachliteratur Proteste von Studierenden und Hochschulen gegen die Reformen kaum erwähnt werden. Sieh (2014) thematisiert diese kurz und hält fest, dass mit der stärkeren Einbindung der Studierenden und der Anpassung der Reformmaßnahmen darauf reagiert wurde. (Sieh 2014, S. 54) In Deutschland fanden an verschiedenen Hochschulen in den Jahren 2009/2010 starke Proteste gegen die Reform statt[26].

---

25 Die Proteste werden meist am Rande erwähnt, so etwa unter https://www.bachelor-studium.net/bachelor-international von OAK – Online Akademie GmbH & Co. KG 2016.

26 Hier ein Bericht aus der Presse, von Spiegel Online, 17. November 2009; http://www.spiegel.de/unispiegel/studium/bundesweite-protestwelle-studenten-rebellieren-gegen-bildungschaos-a-661732.html. (Leffers 2009) Neben den Bologna-Reformen wird als Protestgrund meist vorrangig auch das Problem der Studiengebühren angeführt. Ob der Protest ohne diesen Streitpunkt ebenso stark gewesen wäre, bleibt fraglich.

(Sieh 2014, S. 133) Im Zuge dessen wurden Anpassungen einiger Details vorgenommen. Allerdings hatten diese keine Auswirkungen auf den generellen Fortgang und die Reform befindet sich inzwischen seit 25 Jahren in der Umsetzung. Die Proteste sind folglich nicht anhaltend und nachdrücklich gewesen und wurden von Minderheiten initiiert, andernfalls hätten sie vermutlich zu größeren Veränderungen geführt.

Daher kann der umgekehrte, nach Le Bon übliche Hergang ebenfalls möglich sein. Wenn das Bedürfnis nach einer stärker strukturierten Bildung mit klaren Regeln von der deutschen Gesellschaft und anderen europäischen Gesellschaften gegeben war, hätten die beteiligten Akteure nicht unverantwortlich gehandelt, sondern lediglich die vorhandenen Bedürfnisse erfüllt. So wäre auch zu erklären, weshalb es zwar viele Stimmen gab, die den Prozess kritisierten, diese aber auf wenig Resonanz stießen. Es wurden umfangreiche, teilweise sehr negativ aufgeladene Schriften gegen die Bildungsreform veröffentlicht[27], Auswirkungen davon sind allerdings kaum spürbar. Dies könnte darauf hindeuten, dass die Bedürfnislage im Grunde erkannt worden ist und die Reform dementsprechend gestaltet wurde. Möglicherweise haben sich in der derzeitig vorherrschenden Leistungsgesellschaft der Gedanke und der Drang nach Erfolg und Anpassung soweit etabliert, dass er sich auch an den Hochschulen durchsetzt (vgl. Hartung 2006, S. 2). Wäre dies nicht der Fall, müssten die Studierenden und auch die Lehrenden in ihrer Mehrheit protestieren, wie es in der Vergangenheit bereits aufgrund wesentlich geringerer Veränderungen der Fall war. Dazu zählt beispielsweise die Änderung des Hochschulrahmengesetzes um die Jahrtausendwende, die den Universitätsbetrieb in vielen Bundesländern für mehrere Wochen zum Erliegen brachte, weil die Länder mit ihren erweiterten Kompetenzen die Einführung von Studiengebühren planten. Diese Proteste verliefen letztendlich ergebnislos, auch wenn sie anfangs sehr intensiv betrieben wurden. Dabei stellte die neue Generation des Typus der angepassten Studierenden damals offensichtlich im deutschen Hochschulsystem bereits die Mehrheit. (Hartung 2006) Auf die Differenzierung dieser studentischen Rollenbilder wird nun im Folgenden näher eingegangen. (Rothe 2020, S. 201 f.)

27 Siehe dazu auch einige Sammelbände zur Hochschulpolitik, die als umfassende Kritik der Hochschulreform ausgelegt sind. Unter anderem Bollenbeck und Wende (2007a); Kellermann et al. (2009b).

2.6.1.3 Die Rollenbilder von Studierenden nach Peer Pasternack

Die Lektüre von Pasternack (2014) gibt Hinweise, die in eine ähnliche Richtung deuten wie die Argumentation von Le Bon. Er konstatierte, dass die Entwicklung tatsächlich auf die geänderte Mentalität der Studierenden zurückzuführen gewesen sei. Mit der Hochschulexpansion habe die Zahl der strukturorientierten Studierenden seit den 1970er Jahren stetig zugenommen. Das umfasste viele Studierende, die nach Sicherheit und Leitlinien suchten. Die Bedürfnisse nach Struktur und Überschaubarkeit im Studium stiegen somit an und wurden mit den neuen Studiengängen bedient. Die Ursachen dafür waren in der Natur der verschiedenen Fächer und den dort überwiegend vertretenen Persönlichkeitstypen der Studierenden zu finden. Diese seien durch ihre jeweilige Fachkultur und den Hochschultyp geprägt worden. (Pasternack 2014, S. 138–139) Studierende in geistes- und sozialwissenschaftlichen sowie künstlerischen Fächern seien demnach oft freiheitlich denkende Persönlichkeiten, die das Studium als Möglichkeit zur Selbstverwirklichung sähen. Sie studierten häufig an Universitäten und seien stark an Allgemeinbildung und Wissenschaft interessiert. (Pasternack 2014, S. 138)

Die zuletzt beschriebenen Studierenden entsprechen der Humboldt'schen Idealvorstellung am ehesten, daher werden sie hier zur Unterscheidung *Studenten* bzw. *Studentinnen* genannt. Es handelt sich hierbei oftmals um Menschen, die ein Studium im klassischen Sinne als Selbstzweck sowie für ihre persönliche Bildung und Entwicklung nutzen. Demgegenüber stehen die *Studierenden*, also die eher angepassten Personen, die im wörtlichen Sinne *studieren*, also Wissen erwerben, um anschließend einem bestimmten Beruf nachgehen zu können. Sie seien laut Pasternack stark praxisorientiert und studierten oft an Fachhochschulen. Auch an Universitäten fänden sich für diese Personengruppe typische Fachbereiche. Generell trete dieser Typus vor allem im Bereich der Naturwissenschaften, Wirtschaftswissenschaften, in Ingenieursstudiengängen und im juristischen Bereich auf. Die *Studierenden* seien angepasster und orientierten sich stärker am Arbeitsmarkt. Idealistische Zielvorstellungen seien für sie nicht ausschlaggebend. (Pasternack 2014, S. 138–139)

Zusammenfassend kann anhand von Pasternacks Darstellung konstatiert werden, dass sich individualistisch geprägte *Studenten* und *Studentinnen* eher in schwach strukturierten Studiengängen wiederfanden, im Gegensatz zu angepassten *Studierenden*, die in stark strukturierten Studiengängen zu finden waren. Im Laufe der Hochschulexpansion erlangte die zweite Gruppe eine zahlenmäßige Überlegenheit, wobei sich im Laufe der Zeit auch ihr Anteil in klassischen, neuhumanistisch orientierten Studiengängen erhöhte. Dies führte zu einem noch größeren Bedarf und einer deutlichen Forderung nach mehr Struktur im Studium. Darunter litten die in ihrer Entfaltung behinderten, individualistisch geprägten *Studenten* und *Studentinnen*. (Pasternack 2014, S. 138) Der Bologna-Prozess mit seiner grundlegenden Ausrichtung auf Verstärkung von Struktur und Ordnung fand dabei jedoch eine ausreichend gesicherte Legitimation. Diese Betrachtungsweise beweist überdies, dass eine Reform von oben, wie viele Stimmen über Bologna behaupten, nicht vorliegt. (Rothe 2020, S. 202 f.)

2.6.1.4 Bedürfnisse der Studierenden nach Biggs' Lerntheorie

John Biggs (Biggs 1999) widmete seine Forschung der bereits angesprochenen Thematik der Bedürfnisse von Studierenden und deren Veränderung im Zuge der Weiterentwicklung der Massenuniversität. Er erläuterte Hintergründe dieser Entwicklungen. Diese bezogen sich zwar auf andere als die hier untersuchten geografischen Gebiete, bewegten sich allerdings hauptsächlich in kulturell nahen Kreisen, wie Australien und Kanada. Zusätzlich wurden auch Betrachtungen zu China inklusive Hongkong berichtet. Die in Biggs Betrachtungen genannten Argumente sind ebenso auf unsere europäische Situation anwendbar.

Die zunehmende Bedeutung des Dienstleistungssektors in den 1990er Jahren beeinflusste laut Biggs das Angebot und die Struktur von Studiengängen stark. Die *Studierenden* der unteren Fachsemester, also heute hauptsächlich Bachelorstudierende, die einen akademischen Berufsabschluss anstrebten, wurden verstärkt von den Universitäten umworben. Sie wurden als interessante Konsument:innen gesehen, die mehr finanzielle Vorteile für die Hochschulen brächten als forschungsorientierte höhere Semester wie Master- oder Promotions*student:innen*. Zusätzlich wurden zahlende ausländische Studierende ebenfalls begehrte Kund:innen. Insgesamt sollte so die gewünschte Steigerung der Studierendenzahlen erreicht werden. Das führte gleichzeitig zum folgerichtigen Absinken des durchschnittlichen Anspruchsniveaus. Wenn Teilnehmerzahlen stiegen, werde das Niveau automatisch negativ beeinflusst, da eine höhere absolute Zahl und somit eine größere Bandbreite an Personen mit unterschiedlichen Voraussetzungen vertreten sei. (Biggs 1999, S. 1–3.).

Vor und im Zuge der Entstehung der Massenuniversität in den 1960er und 1970er Jahren bedeutete das Absolvieren eines Studiums ein Privileg. Entweder stammten Studierende aus besonders begüterten Kreisen, die in der Konsequenz meist bildungsnah waren, oder sie waren aus sich selbst heraus überdurchschnittlich bildungsaffin und begabt. Diese Studierenden hatten mit dem Studium als Alleinstellungsmerkmal gegenüber anderen Vertreter:innen ihrer jeweiligen Altersgruppe häufig eine überdurchschnittlich hohe Motivation, das Studium mit herausragenden Leistungen zu absolvieren. Dazu kam der Faktor, dass ein abgeschlossenes Hochschulstudium als sichere Garantie für einen finanziell lukrativen Arbeitsplatz galt. Nachdem das Recht zu studieren von der breiten Masse der Bevölkerung erstritten worden war, veränderte sich auch der Stellenwert des Studiums an sich. Es gilt in der heutigen Zeit als üblicher Bildungsweg, der für alle Schulabgänger mit Abitur oder ähnlichen Schulabschlüssen in Deutschland zur Wahl steht, neben anderen Bildungswegen wie dualer Ausbildung, Berufsakademien und anderen Einrichtungen. Zudem kann ein erfolgreicher Hochschulabschluss absolut nicht mehr als Arbeitsplatzgarantie gelten. In vielen Studiengängen und vielen europäischen Ländern, dabei seien Spanien und Frankreich als herausstechende negative Beispiele genannt, fanden sich Hochschulabsolvent:innen nach ihrem Abschluss, egal ob mehr oder weniger erfolgreich, in prekären Beschäftigungsverhältnissen oder auch ganz ohne Aussicht auf Beschäftigung wieder. Dies wirkte sich sowohl auf die Motivation als auch auf den Stellenwert des Studiums negativ aus.

Diejenigen Studierenden, deren Ziel eine reine Berufsqualifikation ist, gehen überdies oft den Weg des geringsten Widerstandes. Sie beabsichtigen, ihr Studium mit geringstmöglichem Aufwand in kürzester Zeit zu absolvieren und legen ihr Hauptaugenmerk dabei auf die Erlangung des Abschlusses und weniger auf den Erwerb von Wissen und das Studieren als solches. Dies spiegelt sich in einem von Biggs beschriebenen Studierendentypus wider (Biggs 1999, S. 3), der dem ebenfalls von Pasternack beschriebenen Typ des *Studierenden* entspricht. Da die Ausrichtung der Lehre an den Bedürfnissen der Mehrheit der Studierenden geschehen muss, und die *Studierenden* aktuell die Mehrheit gegenüber den *Student:innen* darstellen, gibt Biggs Hinweise, wie die Lehre an den Hochschulen zu diesem Zweck gestaltet sein sollte.[28] Die Folgen dieser Problematik werden im bereits erwähnten Kapitel 3.1.2 thematisiert.

Im folgenden Abschnitt werden die drei vorgestellten Konzepte in einer Synthese zur Deutung der aktuellen Situation der Hochschulbildung angewendet. (Rothe 2020, S. 204 f.)

28 Die nähere Erläuterung von Biggs' Konzept des *Constructive Alignment* zur Unterrichtsgestaltung kann bei Biggs nachgelesen werden (Biggs 1999; Biggs 2003).

2.6.1.5 *Situationsanalyse im Bereich des Translationsstudiums*

Im Folgenden soll nun betrachtet werden, welche Auswirkungen die Dichotomie dieser beiden Typen *Student:innen/Studierende* im Fachbereich Übersetzen[29] hat. Dort trat der Widerstreit zwischen starker Strukturierung und freiheitlicher Lehre sehr deutlich auf, da das Übersetzungsstudium zwar eine sehr offene Beschäftigung mit den Arbeitssprachen (dies bezeichnet alle Mutter- und Fremdsprachen, die Übersetzer:innen im Studium und bei ihrer Arbeit verwenden) und den übersetzungstheoretischen Hintergründen ermöglicht, gleichzeitig aber eine vorgegebene Berufszielstellung mit sich bringt. Es befindet sich daher an der Grenze des Spannungsfeldes zwischen praxisorientiertem Studieren und allgemeinbildendem, zieloffenem Studieren wieder. Dabei könnte zunächst vermutet werden, dass angehende Übersetzer und Übersetzerinnen eher dem praxisorientierten Typus der *Studierenden* zuzuordnen seien, da sie bewusst einen Studiengang mit klar definierter beruflicher Zielstellung gewählt haben. Diese Motivation existierte bereits vor der Studienreform, da solche konkreten Translationsstudiengänge bereits zu Zeiten der vor der Reform gültigen Abschlüsse angeboten wurden. Die Reform dürfte daher den angehenden Übersetzern und Übersetzerinnen allgemein zum Vorteil gereichen, da sie sowohl ihren Lernbedürfnissen und Grundeinstellungen als auch der Berufsfokussierung entgegenkommt. Die Äußerungen, die in diesem Zusammenhang im Rahmen der Erhebung auftreten, deuteten stark in diese Richtung. Daher nennen wir die Proband:innen Übersetzer*studierende*. Ihre Aussagen zeugten zu einem überwiegenden Teil von allgemeiner Zufriedenheit mit dem System, das sie als Bachelor- und Masterabsolvent:innen nicht anders kennen gelernt hatten. Kritische Äußerungen zu den stark vorbestimmten Stundenplänen und obligatorischen Modulen sind eher Randbemerkungen bzw. treten nur vereinzelt bei den Proband:innen auf. Ob dies allerdings stellvertretend für den Großteil von *Studierenden* des Übersetzens gesagt werden kann, sollte Teil einer weiteren Erhebung sein. Dabei ist auch die Wahl der Arbeitssprachen von Bedeutung, da vor der Reform zwischen den Fachbereichen Unterschiede bei den Lehrangeboten bestanden. Die Aussagen in diesem Zusammenhang sollen daher für die quantitative Überprüfung der Hypothesen herangezogen werden. Auf deren Basis kann später ermittelt werden, wie stark die bejahende Haltung

---

29 Diese Betrachtungen treffen für den Fachbereich Dolmetschen in einigen Punkten möglicherweise ebenfalls zu, es können dabei allerdings keine konkreten Aussagen stattfinden, da in der Untersuchung der Verfasserin ausschließlich der Bereich Übersetzen thematisiert wird.

und die Ausprägung des *Studierenden*typus im Bereich Übersetzen tatsächlich sind. (Rothe 2020, S. 205)

2.6.1.6 Zwischenfazit zu studentischen Rollenbildern

Bisher kann im Rahmen der vorliegenden Literaturrecherche und der ausgewerteten Aussagen konstatiert werden, dass die Ergebnisse der drei Theoriebereiche, die Entwicklungen der Institutionen nach Le Bon, die Herausbildung des *Studenten*- und *Studierendentypus* nach Pasternack und deren Lernbedürfnisse nach Biggs die folgende Theorie untermauern: Die Reform der europäischen Hochschulen hat die Bedürfnisse der heutigen *Studierenden* aufgegriffen und umgesetzt. Weiterhin profitiert die translatologische Ausbildung vom neuen Studiensystem. Die *Studierenden* sehen weitreichende Vorteile, unter anderem eine bessere Berücksichtigung ihrer Auslandsaufenthalte, die in den Curricula der Translatologie eine wichtige Rolle spielen. Die Anerkennung und Anrechnung von im Ausland erbrachten Leistungen erfolgt an den Heimatuniversitäten nach der Reform unkompliziert und meist umfassend. Ein weiteres Beispiel sind Quereinsteiger:innen, die über deutlich bessere Chancen verfügen, durch einen Studiengangwechsel nach dem Bachelorabschluss mit dem Translatologiestudium ein geeignetes Profil zu finden. Sie kommen beispielsweise aus den Philologien, den Lehramtsstudiengängen und auch aus nicht verwandten Studiengängen. (Rothe 2020, S. 205 f.)

2.6.2 Translatologische Forschungsschwerpunkte im Studium

Die Translatologie zählt per definitionem zu den klassischen Geisteswissenschaften. Nicht umsonst sind die *Übersetzungs*- und die *Dolmetschwissenschaft* von diesen ihren klassischen Bezeichnungen abgerückt und haben sich selbst als interdisziplinärem Fach mit einem neuen Namen versehen. (vgl. Snell-Hornby 2003, S. 37 f.; Prunč 2011, S. 15)

Zum besseren Verständnis der folgenden wissenschaftszentrierten Ausführungen werden vorab einige wichtige Begriffe der Translatologie und Translation festgelegt. Anschließend wird beispielhaft erläutert, welche Forschungsbereiche in der Translatologie vorkommen.

2.6.2.1 Begriffsdefinitionen Translatologie

Sobald mit translatologischen Themen gearbeitet wird, ist es von Bedeutung, einige grundlegende Konzepte zu kennen. Dazu gehören im vorliegenden Fall:

Übersetzen, Dolmetschen, Translation, Translatologie.
Die innerhalb des Fachbereiches vermutlich bekanntesten und sehr beliebten Definitionen von Otto Kade lauten folgendermaßen:

Translation

> Wir verstehen unter Translation im weiteren Sinne jenen in einen zweisprachigen Kommunikationsrecht [sic –akt?] (…) eingebetteten Prozess, der mit der Aufnahme eines AS-Textes (…) beginnt und mit der Realisierung eines ZS-Textes (…) endet. Die wichtigste Phase dieses Prozesses ist der Kodierungswechsel AS → ZS, der aufgrund seiner Funktion im Kommunikationsakt bestimmten Bedingungen unterliegt und den wir als Translation im engeren Sinne auffassen können. (Kade 1981, S. 199)

Eine andere, sehr interessante Definition bieten die Funktionalisten, auf die im folgenden Absatz eingegangen wird:

> (2) Trl. = IA_Z (IA_A)
> Translation ist ein Informationsangebot in einer Zielkultur und deren Sprache über ein Informationsangebot aus einer Ausgangskultur und deren Sprache. (Vermeer und Reiß 1984, S. 105)

Dies als Gegensatz zur Verdeutlichung, wie heterogen die Gedanken zum Thema sich innerhalb der Fachkultur gestalten.

Übersetzen und Dolmetschen

> Wir verstehen unter Übersetzen die Translation eines fixierten und demzufolge permanent dargebotenen bzw. beliebig oft wiederholbaren Textes der Ausgangssprache in einen jederzeit kontrollierbaren und wiederholt korrigierbaren Text der Zielsprache. Unter Dolmetschen verstehen wir die Translation eines einmalig (in der Regel mündlich) dargebotenen Textes der Ausgangssprache in einen nur bedingt kontrollierbaren und infolge Zeitmangels kaum korrigierbaren Text der Zielsprache. (Kade 1968, S. 35)

Das *Translat* ist das Ergebnis des Translationsprozesses, „das Produkt der Translation" (Kade 1968, S. 33). Der Ausführende ist der *Translator*, „also das nomen agentis (…), die Person oder das Instrument, die bzw. das den Vorgang ausführt" (Kade 1968, S. 33). Diese Bezeichnungen wurden ebenfalls von Kade eingeführt. (Snell-Hornby 2003, S. 37)

Translatologie /Translationswissenschaft

Die Bezeichnung *Translatologie* wird für die gesamte wissenschaftliche Arbeit am Themenfeld Translation genutzt. Diese wurde von Kade noch nicht verwendet. Er behielt aus verschiedenen Gründen den damals gebräuchlichen Ausdruck *Übersetzungswissenschaft* bei, auch wenn dies nicht eindeutig das

Dolmetschen einbezieht. Seit Ende der achtziger Jahre wurde mit den funktionalistischen Strömungen, die mehr vom Text weg und hin zu außersprachlichen Problemen rückten, zunehmend die Bezeichnung *Translationswissenschaft* verwendet. Die Benennung *Translatologie* trat kurz danach verstärkt bei den Handlungstheoretiker:innen auf, was für die Funktionalist:innen ein Synonym zu *Translationswissenschaft* darstellt. (Snell-Hornby 2003, S. 37 f.) In den zusammenfassenden Beschreibungen neueren Datums von Prunč wird die Übersetzungstheorie durchgängig als *Translationswissenschaft* bezeichnet und es wird ausgeführt, dass *Translatologie* nicht mehr gebräuchlich sei. (Prunč 2011, S. 16). Dieser Meinung wird hier nicht beigepflichtet. Dies hat einerseits historische Gründe, denn das Heimatinstitut der Autorin trägt den Namen IALT, *Institut für Angewandte Linguistik und Translatologie,* nicht Translationswissenschaft. Der im Zuge der Reform neu eingeführte Masterabschluss nennt sich *Master Translatologie*. An diesem Institut, aber auch in anderen kulturellen Kontexten, wird die Bezeichnung *Translatologie* üblicherweise verwendet. Im Französischen beispielsweise existiert das passende Äquivalent *traductologie* (vgl. Neubert 1997, S. 6), nicht *sciences de la traduction* oder ähnliches. Überdies ist der Terminus *Translatologie* als Benennung der vorliegenden wissenschaftlichen Interdisziplin eindeutig, einprägsam und einfach zu behalten. (vgl. Snell-Hornby 2003, S. 38)

2.6.2.2 Historische Zeugnisse der Übersetzung

Die Inhalte der translatologischen Forschung[30] sind sehr breit gefächert. Eines der wichtigsten Felder ist natürlich die Erforschung der Übersetzungsgeschichte. Von den großen römischen Staatsmännern und Dichtern, wie Cicero und Horaz, über theologische Gelehrte wie Hieronymus[31], die Übersetzerschule

---

30 Das bei den meisten Studierenden, Lehrenden und Forschenden des Faches bekannte *Handbuch Translation* bietet auch für Fachfremde eine übersichtliche Einführung zu allen relevanten Themenbereichen (Snell-Hornby et al. 2003).

31 Hieronymus, ein Theologe, Philosoph und Sprachwissenschaftler des 4. Jahrhunderts aus Stridon an der dalmatinisch-pannonischen Grenze (Römisches Reich, heute kroatisches Sdrin), der vor allem in Rom, Antiochia, Konstantinopel und Betlehem wirkte (Gorys 2008, S. 142), ist einer der Urväter der Übersetzung und gilt als Schutzpatron der Übersetzer:innen. Seinem Schaffen ist die Bibelübersetzung vom Hebräischen und Griechischen ins Lateinische, die sogenannte *Vulgata*, zu verdanken. Mehr dazu bei Woodsworth 2003, S. 39 f.

von Toledo[32] bis hin zu Luther[33], weiter zu neuzeitlichen Philosophen, Wissenschaftlern und Dichtern, wie Goethe, den Romantikern, den Aufklärern und Neuhumanisten mit Schleiermacher und Humboldt: Sie alle waren nicht nur Dichter, Philosophen, Theologen, Politiker usw., sie alle waren auch Übersetzer. Und sie fertigten nicht nur Übersetzungen an, von ihnen liegen auch viele übersetzungstheoretische Abhandlungen vor. (vgl. Neubert 1997, S. 4 f.; Kade 1968, S. 11 ff.) Allein der *Sendbrief vom Dolmetschen*[34] (Luther 1968), das berühmteste übersetzungstheoretische Werk von Luther, wird noch heute von Übersetzerstudent:innen untersucht und besteht in seiner andauernden Aktualität neben den modernen Betrachtungen fort. Allerdings sind diese historischen Betrachtungen zur Übersetzung stets von einer bestimmten Herangehensweise geprägt, wie Mounin stellvertretend erläutert:

> Les noms de Cicéron, d'Horace, de Saint Jérôme, de Dante, d'Erasme, d'Etienne Dolet, de Joachim du Bellay, d'Amyot, de Luther, de La Motte-Houdar, de Montesquieu, de Mme Dacier, de Rivarol et de Pope ; ceux de Chateaubriand, de Paul-Louis Courier, de Goethe, de Schlegel et de Schopenhauer, de Humboldt, de Leconte de Lisle et de Mallarmé, puis de Bérard, de Bédier, de Mazon, de Valery Larbaud, de Croce, de Gide, ébauchent à peine la bibliographie des écrivains, qui, presque toujours à propos d'autre chose, ont donné leur opinion sur la traduction. Mais, dans les cas les meilleurs, ils proposent ou codifient des impressions générales, des intuitions personnelles, des inventaires d'expériences, et des recettes artisanales. En rassemblant (...) toute cette matière, on obtient un empirisme de la traduction, jamais négligeable, certes, mais un empirisme. (Mounin 2004, S. 12)

Die Überwindung dieses fachlich unvollkommenen Zustandes fand erst sehr viel später mit dem Aufkommen der Fachübersetzung statt, dazu folgen Ausführungen weiter unten in diesem Abschnitt. Vorab sei ein Phänomen genannt, was die Übersetzer schon im ausgehenden 18. Jahrhundert zu beschäftigen begann.

---

32 Mittelalterliche Übersetzerschule auf dem Gebiet des heutigen Spaniens, deren lateinische Übersetzungen aus dem Arabischen die damalige Wissenskultur und -entwicklung entscheidend prägten. Woodsworth 2003, S. 40 f.

33 Martin Luthers berühmte Bibelübersetzung vom Lateinischen und Griechischen ins Deutsche hat der deutschen Sprache eine entscheidende Standardisierung und Bereicherung verschafft, an der sich u.a. auch die Brüder Grimm maßgeblich orientierten. Er gilt bis heute als einer der einflussreichsten Übersetzer. Dazu Ausführungen bei Woodsworth 2003, S. 41 f.

34 Das 1530 im Sendbrief formulierte, unter den meisten Übersetzer:innen bekannte Plädoyer Luthers für die freie, kulturspezifisch geprägte Übersetzung, wie wir es aus heutiger Sicht bezeichnen würden, ist von verblüffender Aktualität, und entfaltet eine derartige sprachliche Kraft und Wirkung, dass es keine Umschreibung nach heutigem Usus benötigt: „(...) denn man mus nicht die buchstaben inn der

2.6.2.3 Die vermeintliche Unübersetzbarkeit

„*La linguistique contemporaine a mis en cause, indirectement, la légitimité comme la possibilité de toute traduction en détruisant (…) la notion qu'on se faisait traditionnellement du sens.*" (Mounin 2004, S. 41)

Seitdem forschen Übersetzer:innen, Schriftsteller:innen, Sprachwissenschaftler:innen, Theolog:innen und Philosoph:innen am philosophischen Problem der Unübersetzbarkeit. Von Goethe (Goethe 1813) und Humboldt angestoßen über Schleiermacher, Mounin[35], Jakobson[36], Nida[37], Kade[38], Neubert[39], Koller[40] etc. haben sich die Größen der Übersetzungswelt an dieser Fragestellung aufgerieben und sie existiert bis heute ungelöst fort. Als „*afán utópico*", ein „utopisches Beginnen" bezeichnet es beispielsweise José Ortega y Gasset, nicht ohne daraufhin zu erläutern, weshalb es trotzdem gelänge (Ortega y Gasset 1976, S. 6 f.). Im Zuge dieser Diskussion haben sich verschiedene Positionen herausgebildet. Die *universalistisch* eingestellten Forscher gehen davon aus: „Jeder mögliche Inhalt kann in jede

---

Lateinischen Sprachen fragen / wie man sol Deutsch reden / wie diese esel thun / Sondern man mus die mutter ihm hause / die kinder auff der gassen / den gemeinen man auff de marckt drumb fragen / und den selbigen auff das maul sehen / wie sie reden / und darnach dolmetschen / so verstehen sie es denn / und merken / das man Deutsch mit ihn redet" (Luther 1968, S. 31–33).

35 Mounin 2004, S. 41 ff.

36 Jakobson ist anscheinend der Meinung, dass die Unübersetzbarkeit nur vorgeschoben wird, um Übersetzungsprobleme zu umgehen oder ungelöst zu belassen: „Sowohl die Praxis als auch die Theorie des Übersetzens sieht sich gewaltigen Schwierigkeiten gegenüber, und von Zeit zu Zeit wird der Versuch unternommen, den gordischen Knoten durch die Verkündung des Dogmas der Unübersetzbarkeit zu zerschlagen" (Jakobson 1981, S. 192).

37 Nida beschäftigte sich sehr intensiv mit der Übersetzung biblischer Texte. Die dabei dem interkulturellen Verständnis entgegenstehenden Konzepte verschiedener Kulturen bilden einen besonders interessanten Aspekt der Diskussion um die generelle Unübersetzbarkeit. Siehe dazu bspw. Nida 1981, in dem er sich auch zum „Übersetzungsprozess" äußert und damit den Ablauf meint und darstellt. Siehe dazu auch das anschließende Thema: Prozessforschung. Nida 1981, S. 141 ff.

38 Kade widmet dieser Fragestellung mehrere Seiten in seinem Grundlagenwerk *Zufall und Gesetzmäßigkeit der Übersetzung* (Kade 1968, S. 11 ff.).

39 Bei Neubert kreisen die Gedanken zur Unübersetzbarkeit um die Wahrung des außersprachlichen Aspekts beim Übersetzen. Für ihn stellt dieser „pragmatische Aspekt" der Übertragung des Effekts aus der AS in die ZS das zentrale Element der Übersetzbarkeit dar (Neubert 1981, S. 65).

40 Koller widmet diesem Aspekt ein ganzes Kapitel in seinem bekannten Werk *Einführung in die Übersetzungswissenschaft* Koller 2004, S. 159 ff.

mögliche Sprache übersetzt werden" (Siever 2015, S. 42) oder auch in allgemeinerer Form auf Sprache bezogen: „Jede kognitive Erfahrung und ihre Klassifizierung kann in jeder existierenden Sprache ausgedrückt werden." (Jakobson 1981, S. 193) Dies basiert auf einer ganzheitlichen Sprachenbetrachtung, der zufolge alle Sprachen auf gemeinsame Wurzeln zurückgehen. Die gegensätzlich eingestellte Gruppe geht von der prinzipiellen Unübersetzbarkeit aus, da jede Sprache eine einzigartige Einheit darstellt und ihre Sprecher in einem ganz bestimmten Verstehensumfeld leben. Diese *monadische* Position, die Humboldt[41] vertrat, und die später von Whorf[42] erweitert und von Harris[43] relativiert wurde, „beruht auf der Identität von Sprache und Denken" (Siever 2015, S. 42). Letztlich existiert eine vermittelnde Position, der zufolge manches übersetzbar ist und anderes nicht. „Es ist – zumindest fast immer – unmöglich, sich gleichzeitig allen Dimensionen des Originaltextes anzunähern." (Ortega y Gasset 1976, S. 71) Diese Position bezieht sich in großen Teilen auf Inhalt und Form und das Dilemma, dass nicht beides zufriedenstellend übertragen werden kann. Hier spielt vor allem der von Goethe[44] und Schleiermacher[45] formulierte Widerstreit von verfremdender und angleichender Übersetzung eine Rolle. Dies wirkt sich vor allem auf literarische Genres wie die Lyrik aus, bei der die Form mit Metrum, Rhythmus etc. eine vorrangige Rolle

41 Für Humboldt bedeutete jede Übersetzung einen schlechten Kompromiss zwischen der Treue zum Original und der Anpassung an die Zielkultur: „Alles Übersetzen scheint mir schlechterdings ein Versuch zur Auflösung einer unmöglichen Aufgabe. (…)" Kade 1968, S. 13.

42 Benjamin Lee Whorf vertrat hierzu eine sehr extreme Position, die über Humboldts Betrachtungen weit hinaus geht. Seiner Ansicht nach sehen wir die Welt, wie unsere Sprache sie uns sehen lässt. Seine Untersuchungen dazu postulierte er gemeinsam mit Edward Sapir in der sogenannten *Sapir-Whorf-Hypothese*. Ausführungen dazu siehe Mounin 2004, S. 46 oder im ursprünglichen Werk Carroll 1956.

43 Harris erweiterte die Betrachtungen seiner Vorläufer und kam damit zu differenzierteren, wenn auch nicht weniger komplizierten Ergebnissen. Weiterzulesen bei Mounin 2004, S. 53 ff. oder Harris 2015.

44 Es gibt zwei Übersetzungsmaximen: die eine verlangt, daß der Autor einer fremden Nation zu uns herübergebracht werde, dergestalt, daß wir ihn als den Unsrigen ansehen können; die andere hingegen macht an uns die Forderung, daß wir uns zu dem Fremden hinüberbegeben und uns in seine Zustände, seine Sprachweise, seine Eigenheiten finden sollen. Die Vorzüge von beiden sind durch musterhafte Beispiele allen gebildeten Menschen genugsam bekannt (Goethe 1813, S. 6).

45 Dies formuliert Schleiermacher in seinem Vortrag folgendermaßen: „Entweder der Uebersetzer läßt den Schriftseller möglichst in Ruhe und bewegt den Leser ihm entgegen; oder er läßt den Leser möglichst in Ruhe und bewegt den Schriftsteller ihm entgegen." Schleiermacher 1816, S. 152 Dieses Zitat ist in Fachkreisen fast ebenso bekannt wie das von Goethe […] zum gleichen Thema.

spielt. Zusammenfassend kann zu diesem philosophischen Problem gesagt werden, dass die prinzipielle Übersetzbarkeit durch die Praxis bewiesen wird. Diese Praxis existiert seit mehreren tausend Jahren und hat die interkulturelle Kommunikation zwischen Völkern – von der Überlieferung von Wissen und Kunst in andere Kulturkreise bis zum Welthandel – in jeder Epoche ermöglicht, vereinfacht und bereichert. (Siever 2015, S. 42) Dennoch bleibt die Frage, bis zu welchem Grad Übersetzungen in welchen Kommunikationssituationen gelingen und zu welchem Zweck sie benötigt werden. Abschließend dazu soll diese humoristische Zusammenfassung der Problemlage stehen: „Nichts ist leichter, als die Unmöglichkeit des Übersetzens zu beweisen – und sich danach hochbefriedigt wieder an die Arbeit zu machen." (Güttinger 1963, S. 19)

2.6.2.4 Die fachtextbasierten Ansätze der modernen Übersetzungstheorie

Ein wesentlich weniger philosophisches, dafür ebenso bedeutendes Feld der Translationsforschung ist die Untersuchung und Positionierung des Faches, die in der zweiten Hälfte des 20. Jahrhunderts mit dem steigenden Bedarf an Sach- und Fachübersetzungen einsetzte. Die oben genannten historischen Betrachtungen zum Übersetzen waren noch nicht linguistisch basiert, bezogen sich ausschließlich auf literarische Übersetzungen und wiesen entweder eine philosophische oder eine psychologische Ausrichtung auf. (Kade 1968, S. 14) Nun bemühen sich etwa seit den sechziger Jahren die zeitgenössischen Theorieströmungen darum, die Rolle des Übersetzens und der Übersetzer:innen gemäß den sich wandelnden Zeiten zu bestimmen, zu analysieren und vorzuleben.

Eine der Pioniertheorien der übersetzungswissenschaftlich ausgerichteten Sprachwissenschaft stellt die *Stylistique Comparée* dar. Sie markiert eine Art Übergang von der Linguistik zur Interdisziplin Translatologie. Sie entstand aus der modernen Linguistik auf Basis der Theorie zur semantischen Dichotomie von Ferdinand de Saussure[46]. Aufgrund ihrer kontrastiven Arbeitsweise gehört sie der *langue,* dem Sprachsystem an (vgl. Snell-Hornby et al. 2003, 66). Die Theorie basiert auf dem Vergleich der Sprachsysteme unterschiedlicher Sprachen. Diese Abwandlung der Linguistik heißt *Stylistique Externe.* Sie stellt eine Weiterentwicklung der sprachwissenschaftlichen Vergleichung von Elementen innerhalb einer Sprache *(Stylistique Interne)* dar, da die Strukturen zweier oder mehrerer Sprachen verglichen werden. (Malblanc 2007, S. 15) Die

46 Saussure und Bally 2001.

Translatologie arbeitet heutzutage nicht mehr mit den Verfahren der *Stylistique Comparée*, dennoch sind bedeutende theoretische Ansätze auf dieser Grundlage entstanden, hier zu nennen vor allem die der Leipziger Schule. Einige Übersetzungstechniken und -Übersetzungsverfahren, wie die Klassifikation nach Henschelmann, die Theorie der Äquivalenzebenen nach Koller oder die Klassifikation von Übersetzungsverfahren nach Schreiber, haben sich maßgeblich an der *Stylistique Comparée* orientiert.

Die zeitlich darauffolgenden linguistisch und kommunikationswissenschaftlich geprägten Ansätze der sogenannten *Leipziger Schule* (Snell-Hornby et al. 2003, S. 49) mit ihren Vorreitern Otto Kade und Gert Jäger, stützten sich anfangs stark auf linguistische Aspekte der Übersetzung und die neu entwickelte Äquivalenztheorie[47], leiteten später aber auch, vor allem durch Albrecht Neubert, die sogenannte pragmatische Wende[48] ein.

Bedeutende Referenztermini der kommunikationswissenschaftlich geprägten Herangehensweise sind dabei die genaue Betrachtung der einzelnen Aspekte der Kommunikationssituation, vor allem Sender und Empfänger, weiterhin der Bezug auf die Sprache als Kode und auf das Übersetzen als Kodewechsel[49]. (Stolze 2008, S. 50 f.) Dies führt direkt zur Anwendung der sogenannten Laswell-Formel, die später auch für die Textanalysetheorien und -verfahren von Christiane Nord[50] diente.

Was den Äquivalenzbegriff angeht, der seit Ende der sechziger Jahre bis heute eine durchgehend prägende Rolle spielt, so sind die Definitionen nicht immer einheitlich und nachvollziehbar. Koller bezeichnet die *Äquivalenzrelation* als „übersetzungskonstituierende Relation zwischen Zieltext und Ausgangstext" (Koller 2004, S. 189) und klassifiziert nicht weniger als fünf Untergruppen von

---

47 Der aus der Mathematik entliehene Äquivalenzbegriff (Ausführungen dazu bei Stolze 2008, S. 101) trat schon vor Otto Kades Werk auf, etwa bei Nida 1964 (Koller 2004, S. 192), wurde aber mit Kades Klassifizierung (totale, fakultative, approximative, Null-Äquivalenz) zu einem festen Bestandteil der Leipziger Schule (Stolze 2008, S. 53). Er wurde später von Werner Koller erweitert und vertieft (Koller 2004 Kapitel 2, Äquivalenz).

48 Bei dieser Ausrichtung wurde bereits auf den Zweck des Textes stärker eingegangen, weg von kontrastiv-linguistischer Betrachtung, hin zu pragmatisch-textwissenschaftlicher Ausrichtung, womit er Vorarbeit für die späteren, auf textexterne Faktoren fokussierten Ansätze und für die Texttypologie leistete. Weiterführende Informationen dazu finden sich bei Neubert 1981.

49 Einzelheiten zu diesem Ansatz auch bei Stolze 2008, S. 50 ff.

50 *Textanalyse und Übersetzen*, Nord 2009.

Äquivalenz (Koller 2004, S. 216), welche die Äquivalenztypen nach Kade unter anderem beinhalten. (Koller 2004, S. 214 ff.) Zur Herleitung und Notwendigkeit der fünf Typen stellt Koller fest: „Der Begriff Äquivalenz sagt dabei noch nichts über die Art der Beziehung aus: diese muss zusätzlich definiert werden." (Koller 2004, S. 215)

In den achtziger Jahren kamen die Funktionalist:innen und Handlungstheoretiker:innen hinzu, die sich stärker auf außersprachliche Aspekte und die Wahrnehmbarkeit und Rolle der Übersetzer:innen konzentrierten. Die funktionalistisch orientierten Forscher:innen um Hans Vermeer und Katharina Reiß stützten sich hauptsächlich auf die sogenannte *Skopostheorie*, der zufolge sich die Vorgehensweise beim Übersetzen am Zweck und an der Bestimmung des Zieltextes ausrichtet.[51] „Die Dominante aller Translation ist deren Zweck", daher die Wahl der Bezeichnung *skopós* (griech. Zweck, Ziel), die im Ausdruck *Skopostheorie* gern stellvertretend für den gesamten Ansatz verwendet wird. (Vermeer und Reiß 1984, S. 96) Dabei ist das Erreichen des vorbestimmten Ziels von größerer Bedeutung als die Art und Weise des Weges zu diesem Ziel: „Es ist wichtiger, daß ein gegebener Translat(ions)zweck erreicht wird, als daß eine Translation in bestimmter Weise durchgeführt wird". (Vermeer und Reiß 1984, S. 100) In diesem Rahmen spielt weniger die in den linguistisch geprägten Strömungen im Fokus stehende Äquivalenz, sondern mehr die sogenannte *Adäquatheit* eine Rolle. Sie liegt vor, „wenn man die Zeichenwahl in der Zielsprache konsequent dem Zweck der Übersetzung unterordnet". (Vermeer und Reiß 1984, S. 139) Es wird anhand dieser kurzen Erläuterung schon deutlich, dass sich der eben beschriebene Ansatz deutlich von den vorangegangenen distanziert, da sprachliche Erwägungen eine nur unter- oder nachgeordnete Rolle beim Übersetzen spielen sollen. Der Äquivalenz wird hier ein Platz als Teilbereich eingeräumt, und zwar als „Sondersorte von Adäquatheit, nämlich Adäquatheit bei Funktionskonstanz zwischen Ausgangs- und Zieltext". (Vermeer und Reiß 1984, S. 140)

Handlungstheoretische Aspekte wurden bei Reiß und Vermeer zwar bereits angedeutet und in ihre Überlegungen einbezogen, standen aber noch nicht im Vordergrund der Theorie. (vgl. Vermeer und Reiß 1984, S. 95) Mit der im Folgenden entwickelten translatorischen Handlungstheorie wurde dann der Fokus noch etwas weiter vom Text selbst weg, hin zu Übersetzer:innen als

---

51 Siehe dazu das Hauptwerk *Grundlegung einer allgemeinen Translationstheorie* von Katharina Reiß und Hans J. Vermeer (Vermeer und Reiß 1984).

translatorisch Handelnde gelenkt.[52] Translatorisches Handeln wird dabei als „eine Tätigkeit mit dem Zweck beschrieben, Botschaftsträger, speziell Texte, mit Expertenkompetenz zu produzieren, die bei transkulturellem Botschaftstransfer mit Erfolg eingesetzt werden können". (Holz-Mänttäri 1984, S. 84) Angesichts dieser Definition wird bereits deutlich, dass sich die Theorie sehr stark vom Medium Text als gemeinsamem Nenner des Übersetzens entfernt und bewusst davon distanziert. Dementsprechend entwickelt Justa Holz-Mänttäri ein *Handlungskonzept* (vgl. Holz-Mänttäri 1984: 352 f.), das als Rahmen für die Faktoren fungieren soll, durch die Translation zum Expertenhandeln wird. Dabei wird das Hauptaugenmerk auf Professionalität der Abläufe vor, während und nach dem eigentlichen Translationsvorgang gelegt. Ein Bewertungsmaßstab für einen professionell produzierten Text spielt dabei keine Rolle (Stolze 2008, S. 183). Weiterhin gibt es Vorschläge für eine professionelle Umorientierung der Berufsprofile, um den Praxisanforderungen besser gerecht zu werden. Dazu soll die Trennung von wissenschaftlich orientierter Ausbildung (*Translatologe*) und praktisch angelegter Ausbildung (*Translator*) akzentuiert werden. (Stolze 2008, S. 185)

Das Ziel dieses Ansatzes ist die Schaffung eines theoretischen Rahmens für die Professionalisierung der übersetzenden Person. Die Aufgabe „Übersetzung" an sich ist dabei eine unter vielen, wenn nicht gar eine untergeordnete. Der Ansatz erhebt durchaus den Anspruch, didaktisch und pragmatisch angewendet werden zu können. Bedauerlicherweise gibt es dazu kaum Anhaltspunkte im eigenen Studienverlauf. Die Erkenntnisse spielten unter den anderen funktionalistischen Thesen nur eine untergeordnete Rolle und galten (unter den Studierenden) allenfalls als praxisferne Kuriosität. Möglicherweise gestaltet sich dies bei der Lehre an den Instituten, die den Ursprung der jeweiligen Strömung bilden, in dem Fall Heidelberg, anders. Allerdings sind Holz-Mänttäris nur mühsam verständliche Diktion und ihre sehr abstrakt erscheinenden Darstellungen nicht dazu angelegt, konkrete Probleme sprachlicher oder kultureller Art, die beim Übersetzen selbst auftreten, besser besprechen oder lösen zu können. So bleibt diese Theorie nicht nur dem Namen nach im rein theoretischen Raum. Ähnliche Wahrnehmungen sind bei anderen translatologischen Autor:innen nachzulesen (vgl. Stolze 2008, Prunc 2011).

52 Dies wird in Justa Holz-Mänttäris Werk *Translatorisches Handeln: Theorie u. Methode* dargestellt (Holz-Mänttäri 1984), auf das Reiß und Vermeer bereits vor Erscheinen verweisen (Vermeer und Reiß 1984, S. 218).

Dies sind natürlich nur einige Beispiele der bedeutenden modernen Untersuchungsansätze. Es gibt deren viele weitere. Je nachdem ob die Betrachtungen auf Ebene des Sprachsystems, der Textlinguistik, auf die Translator:innen oder auf den Prozess gerichtet sind, existieren unterschiedlichste Theorieansätze, von den deskriptiven Theorien, über die Polysystemtheorie bis hin zu postmodernen[53] Strömungen.[54] Einen Teilbereich wollen wir dennoch exemplarisch herausgreifen, da er neueste Untersuchungsmethoden erfordert und sich von den rein theoretischen Betrachtungen deutlich unterscheidet, die translatologische Prozessforschung.

2.6.2.5 Naturwissenschaftliche Einflüsse in der Prozessforschung

Die moderne Translatologie ist äußerst aktiv auf dem Gebiet der Prozessforschung. Was in den Köpfen der Übersetzer vorgeht, das konnte Krings[55] in den achtziger Jahren mit seiner ersten Untersuchung der *Blackbox* noch nicht abschließend beantworten, aber er bereitete den Weg für weitreichende Forschungsarbeit. Er arbeitete mit dem sogenannten Lauten Denken, den *Think-Aloud-Protocols* (Göpferich 2008, S. 22), untersuchte also die introspektive

53 „Unglücklicherweise ist „postmodern" heute ein Passepartoutbegriff, mit dem man fast alles machen kann. (…) Ich glaube indessen, dass „postmodern" keine zeitlich begrenzbare Strömung ist, sondern eine Geisteshaltung (…)" (Eco und Kroeber 1987, S. 77).

54 Einen umfassenden Überblick über die existierenden Übersetzungstheorien und ihre Hintergründen bietet das gleichnamige Werk *Übersetzungstheorien, Eine Einführung* von Radegundis Stolze (Stolze 2008).

55 Krings wandte sich von der Untersuchung des Translationsergebnisses ab und der Untersuchung und Beschreibung des Prozesses zu. Zwar hatten zuvor schon die genannten Wissenschaftler, z. B. Kade und auch Jäger in ihren Definitionen und Darstellungen den Transferprozess als Arbeitsschritt berücksichtigt, jedoch blieb der Prozess an sich bei eingehenden Untersuchungen außen vor. Krings wird häufig für seine Herangehensweise kritisiert, da er bei seinen Studien nicht mit Übersetzerstudent:innen oder gar professionellen Übersetzer:innen arbeitete (Göpferich 2008, S. 3), sondern mit Student:innen des Studienfaches Französisch (hauptsächliches Ziel Lehramt) und dies auch nicht fachlich begründet (Krings 1986, S. 102 ff.). Er ebnete allerdings den Weg für die gesamte Translationsprozessforschung. Siehe dazu sein Hauptwerk (Krings 1986) und seine Begründung für die Notwendigkeit dieser Erforschung zur vollständigen und systematischen Beschreibung des Gegenstandbereichs, zur Ermöglichung effektiven Lernens von Übersetzungskompetenz und zur Festigung des Berufsbildes und des sozialen Ansehens der professionellen Übersetzer:innen im Absatz 5 des Aufsatzes (Krings 2005).

Selbstkommentierung von Übersetzer:innen im Arbeitsprozess. Parallel zu seiner vielbeachteten Dissertation entstanden weitere prozessorientierte Arbeiten, da zu diesem Zeitpunkt erst die methodischen und auch die technischen Voraussetzungen ausreichend weit entwickelt worden waren, um solche Untersuchungen durchzuführen. (Göpferich 2008, S. 3 f.) Bis heute stehen technisch und psycholinguistisch versierte Translatolog:innen vor diesem kognitiven Phänomen und arbeiten an seiner Entschlüsselung[56]. Dieser kognitionswissenschaftlich, psychologisch und neurologisch ausgerichtete Forschungsbereich hat einerseits beschreibende Schwerpunkte, bietet allerdings auch Potenzial für die Translationsdidaktik im Sinne von Objektivierung und Optimierung. (Göpferich 2008, S. 253 f.) Sofern Studierende ihre eigenen kognitiven Prozesse kennen und reflektieren lernen, schaffen sie sich ein „größeres metakognitives Bewusstsein". (Göpferich 2008, XIV)

2.6.2.6 Die Bedeutung der Translatologie für die Übersetzer:innenausbildung

> *„Oder auch wenn es jetzt meinen Übersetzeralltag an sich nicht so beeinflusst, aber mich mit der Wissenschaft auseinanderzusetzen ist ja ein zentrales Element für mich an der Universität." (Nina, Zeile 754–756)*

Die zuvor beschriebenen sind nur einige der bekanntesten Aufgaben der Translationsforschung, in deren Rahmen ein wissenschaftliches Feld beschrieben und untersucht wird, das sich traditionell der eingehenden, endgültigen Eingrenzung entzieht.

Was den Bezug zwischen Übersetzungstheorie und Praxis angeht, so wird dieser, besonders unter dem Aspekt der vermeintlich mangelnden Kooperationsbereitschaft beider Seiten, in vielen übersetzungstheoretischen Werken thematisiert. Die Funktionalist:innen äußern sich insofern dazu, dass eine Theorie ein eigenes Feld gegenüber der Praxis darstelle und einen eigenen Gegenstand aufweise, da eine Theorie „Beobachtungsdaten" aufarbeite, interpretiere und verknüpfe. Daher könne man von einer Theorie nicht grundsätzlich eine

---

56 Im Jahr 2008 veröffentlichte Susanne Göpferich ein neues, umfangreiches Werk zu diesem Thema (Göpferich 2008). Im April 2016 fand unter dem Titel TRA&CO (*Translation & Cognition)* eine Konferenz zur Prozessforschung am FTSK Germersheim statt. Sie bildete den Rahmen für ein neues Labor, in dem neurolinguistische Methoden (EEG) verwendet und mit der Eyetracking-Forschung kombiniert werden. Diese Methode soll zu Erkenntnissen über die Translationsdidaktik und Übersetzungskompetenz führen (Johannes-Gutenberg-Universität Mainz 2016).

Hilfestellung für das praktische Arbeiten erwarten. (Vermeer und Reiß 1984, VII) Henschelmann hingegen beklagt, dass die theoretische Modellbildung hinter den praktisch erarbeiteten Übersetzungsverfahren zurückbliebe (Henschelmann 1993, S. 8)[57].

Unabhängig davon, welcher Gestalt die Theorie-Praxis-Beziehung der Translation sei, auch Neubert bestätigt, dass die Bedeutung der theoretischen Vorbildung für das eigentliche Übersetzen von Studierenden mit verlässlicher Regelmäßigkeit unterschätzt wird. Niemand würde vermuten, dass eine angehende Ärztin mit der Behandlung von Patient:innen begänne oder dass ein Chirurg eine Operation durchführen dürfte, bevor sie nicht fünf Jahre Anatomie, Physiologie und ähnlich wichtige Theoriestudien betrieben haben. Was die Medizin angeht, wird der wechselseitige Bezug der Lehre und der Wissenschaft keineswegs geringgeschätzt. „Keiner nimmt Anstoß an dem gegenseitigen Angewiesensein" (Neubert 1997, S. 3) Doch Übersetzer:innen erkennen oft nicht, oder sehr spät, dass die Umsetzung ihrer praktischen Tätigkeit nicht nur Gegenstand wissenschaftlicher Untersuchungen ist, sondern auch der wissenschaftlichen Bearbeitung und der entsprechenden gedanklichen Durchdringung bedarf. (Neubert 1997, S. 13) Der Unterschied und die Ursache dieser fahrlässigen Unterlassung ist der zu erwartende Schaden. Für den Großteil der Medizinstudierenden würde es sicherlich ein moralisches Hindernis darstellen, mangelhaft gebildet und ausgebildet eine Behandlung vorzunehmen, selbst wenn es erlaubt wäre. Zu Zeiten, als weder der Hippokratische Eid noch das Genfer Ärztegelöbnis[58] existierten, war dies gängig und legitim. Der zu erwartende und oftmals sicher auch eingetretene Schaden ist vorstellbar. Beim Übersetzen allerdings wird der zu erwartende Schaden oft unterschätzt. Wozu Theoriekenntnisse anhäufen, wenn die Übersetzung dennoch gelingt? Die Einschätzung von „gelingen" ist hierbei höchst subjektiv. Fertige Texte mit ordentlichem Layout sind keine Garantie für das Gelingen und die erfolgreiche interkulturelle Kommunikation. Schäden zeigen sich in der Praxis an Versicherungsfällen, die bis in Millionenhöhe gehen können. Fehlerhafte, gedruckte Bücher oder Broschüren sind nur ein Beispiel dafür. Probleme mit Ausfuhren und Zoll sind im Beschwerdemanagement des Praxisalltags zwar selten, aber

57 Zur Diskussion der mangelnden Synchronisierung zwischen Übersetzungstheorie und Übersetzungsverfahren bzw. übersetzerischer Praxis siehe Henschelmann 1993, S. 6–9.

58 http://flexikon.doccheck.com/de/Genfer_%C3%84rztegel%C3%B6bnis: neuer Eid, der den Hippokratischen Eid ersetzt.

umso kostenintensiver und zudem äußerst schädlich fürs Image. Andere Fälle dieser Art treten beispielsweise bei fehlerhafter Wiedergabe eines medizinischen Berichtes auf, der zur Weiterbehandlung eines am Urlaubsort vorgefallenen Unfalls durch den Hausarzt dienen soll. Bei rechtlich nicht einwandfreier Wiedergabe eines Gerichtsurteils, das einen Scheidungsfall von Ehepartnern verschiedener Nationalitäten regelt. Oder, weniger dramatisch zwar, aber im Einzelfall dennoch schicksalhaft, bei der unverständlichen oder fehlenden Umrechnung der Noten auf der beglaubigten Übersetzung eines Abiturzeugnisses, das zur Bewerbung auf Arbeitsplätze im Ausland dienen soll. Beispiele aus der Praxis dafür existieren in großer Zahl und es geschieht nicht selten, dass Absolvent:innen, die zuvor der Translationstheorie wenig Würdigung erwiesen, plötzlich in der Retrospektive das Gegenteil äußern, und die erlernten Theorieinhalte loben. Dazu folgen später Details im Zuge der Auswertung.

2.6.3 Akademische Berufsausbildung – Fokus auf Praxis und marktrelevante Aspekte

Im Bereich der Lehre werden die praktischen Fertigkeiten zum Übersetzen vorbereitet, vermittelt und vor allem geübt.[59] Neubert sagt es äußerst einleuchtend in der Einleitung zum zitierten didaktischen Kompendium: „Viele Übersetzungswissenschaftler (…) gehen von der (…) Vorstellung aus, daß sie die Studenten ebenfalls zu Übersetzungswissenschaftlern auszubilden haben." (Neubert 1997, S. 12) Dieser Trugschluss führt bei Lernenden und den Lehrenden oftmals zu frustrierenden Erlebnissen, denn vielmehr sollte es darum gehen, „(…) die Lehre übersetzungswissenschaftlich solide zu gestalten." (Neubert 1997, S. 12) Dies könnte bedeuten, dass nicht nur die translatologische Lehre didaktisch gut aufbereitet werden muss, sondern auch, dass genau abgewogen werden muss, was den Lernenden vermittelt werden muss. Dabei müssten Lernziele klar definiert werden, denn diese bestimmen die Prüfungsinhalte, die Lerninhalte und die Vorgehensweise[60]. Sofern das Grobziel die Befähigung ist, als berufstätige Übersetzer:innen zu arbeiten, kann sorgfältig ausgewählt werden, welche translatologischen Inhalte den Studierenden damit

59 Hierzu existiert ein wesentliches Sammelwerk aus den 1990er Jahren, *Translationsdidaktik*, das einen umfassenden Überblick über didaktische Aspekte und Fragestellungen bietet (Fleischmann 1997).

60 Hierzu siehe auch das Thema Lernzielstruktur – *Constructive Alignment* – das diese einzelnen Aspekte genau definiert und aufeinander abstimmt, im Detail erläutert bei Biggs 1999, S. 25 ff.

auf ihrem Weg weiterhelfen, und welche besser denjenigen vorbehalten bleiben sollten, die sich später auch mit der translatologischen Forschung beschäftigen. Berücksichtigten dies die Lehrenden und die Personen, die Studienordnungen und Lehrinhalte planen, kann das zu durchdringende translatologische Wissen für die Lernenden viel weniger furchteinflößend sein und viel besser nutzbar gemacht werden. Im Folgenden wird nun erläutert, was zur Zeit der Untersuchung zu einer praktisch orientierten Übersetzungsausbildung gehörte, am Beispiel der Universität Leipzig. (vgl. IALT 2015a, 2014, 2015b)

2.6.3.1 Sprachpraxis und Kulturkompetenz

Es wird zuvorderst Sprachpraxis in entsprechenden Kursen für mündliche, schriftliche und sprachsystemische Kompetenz trainiert. Es ist zu bedauern, dass diese wichtige Stütze und Grundlage einer jeden Übersetzungstätigkeit durch die Bildungsreform beispielsweise an der Universität Leipzig sehr stark gekürzt und ins Selbststudium verlagert wurde. Die Sprachpraxis nimmt heutzutage einen wesentlich kleineren Teil der Veranstaltungen ein als zu Zeiten des Diploms. Dazu äußert sich auch der Experte vom IALT detailliert, der im Interview die Kürzung der sprachpraktischen Inhalte bedauert, dies aber als notwendigen Schritt bei der Umsetzung der Reformziele verteidigt. Es wird daher in den neuen Studiengängen vorausgesetzt, dass die Studierenden bereits mit den entsprechenden Kenntnissen zum Studium antreten oder die Lücken im Laufe des Studiums selbst schließen. Ob dies tatsächlich geschieht, könnte das Ziel einer anderen Untersuchung sein.

Die interkulturelle Kompetenz[61] von Übersetzer: innen, eine der ebenso wichtigen Stützen des Berufes, wird in kultur- und literaturwissenschaftlichen Veranstaltungen ausgebaut. Die sogenannte Landeskunde, später auch kulturwissenschaftliche Auslandsstudien (Witte 2000, S. 12), bereitet nicht nur auf den Auslandsaufenthalt vor, sie legt auch den Grundstein für ein tiefgreifendes Verständnis von Texten des entsprechenden Kultur- und Sprachkreises. Erst wer sich einmal in ein Land und seine Sprecher:innen gewissermaßen hineinversetzt hat, kann verschiedene Konzepte und entscheidende Nuancen in Ausgangstexten erkennen, verstehen und korrekt wiedergeben. (vgl. IALT 2015a, S. 13–18)

---

61 Zur Definition von Kultur im Rahmen der Translation und zur erforderlichen Kulturkompetenz von Translator:innen existiert das umfassende Werk *Die Kulturkompetenz des Translators* von Heidrun Witte (Witte 2000).

2.6.3.2 *Technische Hilfsmittel und Informationstechnologie*

Weiterhin wurden im Übersetzungsstudium technische Fertigkeiten geschult. Dies geschah mittels allgemeinen Computerkursen und Kursen für die korrekte Verwendung von Übersetzungshilfsprogrammen, den sogenannten CAT-Tools[62]. Die technische Entwicklung verlief im Übersetzungsbereich in den vergangenen Jahrzehnten ebenso rasant wie in anderen Wirtschaftszweigen. Übersetzer:innen sind heutzutage wahre Nischenexpert:innen im PC-Bereich, was sowohl Software als auch Hardware angeht. Der Verschleiß an Geräten ist groß, es müssen ständig moderne Programmversionen angeschafft werden und auch die reine Wörterbuch- und Recherche-Entwicklung über das Internet ist ein komplett eigenständiges und kompliziertes Thema. Wer Schwierigkeiten im Umgang mit diesen Medien hat, sollte eine gute IT-Abteilung zur Verfügung haben, was bei größeren Firmen normalerweise selbstverständlich ist. Einzelkämpfer:innen, die freiberuflich arbeiten, nutzen im Idealfall ihr Netzwerk und sollten auf gute IT-Spezialist:innen zurückgreifen können. Den Grad der Technisierung überblicken viele Studienanfänger:innen bei Studienbeginn ebenfalls noch nicht, auch wenn die erfahrenen Dozent:innen oftmals darauf hinweisen. Weiterhin ist es von Bedeutung, den Umgang mit den teilweise komplizierten CAT-Tools rechtzeitig und unter fachlicher Aufsicht zu üben, da Anwendungsdefizite, die nicht primär mit der Sprachkompetenz zusammenhängen, dennoch zu defekten Texten führen können.[63]

2.6.3.3 *Übersetzungsübungen, Fachgebiete und Methodenlehre*

Der wichtigste Bereich im Studium, und für die meisten angehenden Übersetzer:innen sicher auch der spannendste, stellen die Übersetzungsübungen selbst dar. In vielen hunderten Arbeitsstunden üben die Studierenden das Handwerk.

---

62 *Computer Aided Translation Tools.* Diese sind verschieden von Maschinenübersetzungsprogrammen. Sie basieren auf der Speicherung und Wiedergabe bereits übersetzter Texteinheiten. Der Markt bot zu der Zeit etwa zwanzig verschiedene Programme an, wobei nur etwa die Hälfte davon so ausgereift war, dass sie im großen Umfang verwendet werden konnten. Die Marktführer waren hierbei SDL mit Trados Studio und Kilgray mit MemoQ. Große Firmen verwendeten häufig auch eigene CAT-Tools, wie z. B. IBM oder auch die Übersetzungsdienste der EU-Institutionen. Zu diesen technischen Aspekten äußerte sich Schmitt (in Schmitt 2003) und Hanna Risku erläutert eingehend die Arbeit in Übersetzungsbüros mit den Tools in ihrer Arbeit *Translationsmanagement* (Risku 2009).

63 Siehe dazu auch Ausführungen von Schmitt 1999, S. 385 ff.

Die zu Hause – idealerweise elektronisch – angefertigten Übersetzungen werden vorgeführt und unter verschiedenen Eignungsaspekten diskutiert. Dies beinhaltet einen hohen Aufwand im Selbststudium, da für jede Veranstaltung meist jede Woche ein neuer Text vorbereitet werden musste. Hier sollte den Studierenden die Bildungsreform zugutekommen, denn mit den Leistungspunkten wird auch das Selbststudium besser gewürdigt und einkalkuliert. Ob dies auch im Universitätsalltag zum Tragen kommt, wird bei der Auswertung der empirischen Untersuchung diskutiert. Was den Aufbau der Übungen angeht, so wird im Bachelorstudiengang üblicherweise mit mehr allgemeinsprachlich ausgerichteten Texten gearbeitet, während im Mastercurriculum der Fokus auf den Fachtexten liegt. Was Außenstehenden vielleicht weniger klar ist, ist für Übersetzer:innen selbstverständlich: Übersetzer:in sein bedeutet heutzutage normalerweise, Fachübersetzer:in zu sein. Fast jede(r) Übersetzer:in legt sich früher oder später eine Spezialisierung auf bestimmte Fachgebiete zu, in dem oder denen er oder sie einen gewissen Expert:innenstatus erlangt. Dies bezieht sich sowohl auf das fachliche Thema, als auch auf die formalen Aspekte der bearbeiteten Texte. Großen Bedarf gab es beispielsweise viele Jahre im Bereich juristische Übersetzungen, der sehr breit gefächert war und vom Scheidungsurteil über den Arbeitsvertrag bis hin zum Abiturzeugnis reichte. Auch technische Übersetzungen konnten für jede übersetzende Person ein wichtiges Standbein sein. Dabei sah es ebenfalls entsprechend heterogen aus. Die Automobilbranche war und ist ein großer Auftraggeber, aber auch das Bauwesen mit seinen umfänglichen, europaweiten Ausschreibungen und natürlich die oftmals belächelten, aber nicht zu unterschätzenden Bedienungsanleitungen sind nur ein paar Beispiele für Tätigkeitsbereiche. Generalist:innen sind unter den Übersetzer:innen eher die Ausnahme, und so beginnt bereits im Studium die erste Orientierung mittels Fachtextübungen und Exkursen in andere Fachbereiche. Dies gestaltet sich ganz unterschiedlich. Nach der Bildungsreform wird dies meist über die neu geschaffenen Schlüsselqualifikationen gelöst. Dabei werden semesterweise Veranstaltungen anderer Studienfächer besucht, wie zum Beispiel Jura, Medizin oder technische Fächer. Zuvor geschah dies im Rahmen des Diploms als Ergänzungsfach. Das heißt, man belegte mehrere Semester lang ein fremdes Fach als eine Art Nebenfach und schloss dies mit einer Abschlussprüfung ab. Die dabei erlangten Kenntnisse waren umfangreicher als sie heute durch einzelne Schlüsselqualifikationen geleistet werden können. Dies ist eine weitere Folge der Verknappung der Studieninhalte durch die Bologna-Reform.

Ergänzend zu den Übersetzungsübungen werden im Bereich Translatologie entsprechende Übersetzungsverfahren vermittelt. Dies stellt den größten Überschneidungsbereich von Forschung und Lehre dar, da hier im theoretischen

Bereich Methoden[64] entwickelt werden, die dann praktisch Anwendung finden. Daher ist es schwer, die Methodenlehre zu verorten. Sie vereint Anteile beider Bereiche, wenn auch der praktische Aspekt überwiegt. Die Methoden dienen dabei nicht nur zur korrekten Ausführung der Übersetzung, sondern auch umgekehrt zur Beschreibung der Ergebnisse[65]. Dies geschah beispielsweise in Hausarbeiten, Hausübersetzungen und kommentierten Übersetzungen. Im übersetzungswissenschaftlichen Unterricht wurden dazu neben den gängigen Übersetzungstheorien die detaillierten Verfahren[66] beim Übersetzungsvorgang besprochen. Diese sind größtenteils aus den kontrastiv-linguistisch orientierten Ansätzen hervorgegangen. Es gibt dabei Rückbezüge bis hin zur *Stylistique Comparée*, die wie oben bereits beschrieben, als erste translatologische Strömung konkrete Handlungsvorgaben anbot. (Henschelmann 1993, S. 5) Als Übersetzungsverfahren werden gemeinhin „verallgemeinerbare, auf alle Text- und Kommunikationsbereiche beziehbare, qualitativ und/oder quantitativ, formal und/oder inhaltlich bestimmbare Operationen (...) der Ersetzung, der Vertauschung, der Hinzufügung, der Weglassung oder auch der Wiederholung, die auf die Herstellung von Übersetzungsäquivalenz (...) auf der *parole*-Ebene, ausgerichtet sind", verstanden. (Henschelmann 1993, S. 22)

Auch die Textanalyse[67], in deren Zuge Texttypen und Textsorten untersucht und beschrieben werden, fällt in diesen Bereich. Dieses große Feld wird der eigentlichen Übersetzung vorangestellt. Es dient einerseits zur Beschreibung der verschiedenen, beim Übersetzen auftretenden Texte, andererseits zur Klassifikation eines zur Übersetzung vorliegenden Textes im konkreten Arbeits- oder Studienfall und, anknüpfend daran, zum Finden und Einsetzen der korrekten Übersetzungsmethode[68].

64 Dies hat beispielsweise Michael Schreiber sehr intensiv getan. Ein kurzer Abriss dazu findet sich im Handbuch Translation. (Schreiber 2003) Weitere Ausführungen dazu in Schreiber 1997.

65 Dazu auch Henschelmann 1993, S. 10.

66 Neben Schreiber hat hier Henschelmann bedeutende Beiträge geliefert, die vor allem im Bereich Französisch vielfach Anwendung finden. Siehe dazu die Kategorien der Übersetzungsverfahren in Henschelmann 1993.

67 Zum Thema Textanalyse existieren mehrere Standardwerke, unter anderem von Katharina Reiß (Reiß et al. 1995) und Christiane Nord (Nord 2009).

68 Zum Thema Übersetzungsmethode siehe im Detail Reiß 1981.

2.6.4 Zwischenfazit: Transfer zwischen Theorie und Praxis

Nachdem nun die Rollenfrage in Bezug auf Studierende und Studenten eingeführt, und auch die translatologische Theorie und Praxis mit ihren jeweiligen Feldern Geschichte, Philosophie, analytischen Theorieansätzen und Prozessforschung auf der einen, sowie Sprachlehre, Kulturstudien, Übersetzungspraxis und -methoden, Technik und IT auf der anderen Seite, betrachtet wurden, können einige Schlüsse gezogen werden.

Es schließen sich die forschungs- und die lehrbetonte Seite der Übersetzer:innen(aus)bildung nicht gegenseitig aus, im Gegenteil. Sie sollten sich fachlich ergänzen, auch wenn sie sich im Realbetrieb durchaus gegenseitig behindern.[69] Wie festgestellt, ist die eigehende Kenntnis der Übersetzungstheorie für die angehenden Übersetzer:innen unverzichtbar, dies wird von ihnen allerdings häufig verkannt. Nun stellt sich die Frage, ob ihnen diese Bedeutung stärker verdeutlicht werden sollte. Traditionell-fachlich betrachtet wäre dies nicht notwendig. Die erforderlichen Inhalte sind vorhanden und es genügt, wenn die Studierenden den Nutzen retrospektiv begreifen. Zu Beginn würden sie diese Aspekte weder verstehen, noch einsehen können, da ihnen der fachliche Überblick und die Erfahrung verständlicherweise fehlen. Allerdings könnte eine Beeinflussung der fraglichen Inhalte von Seite der Studierenden möglich sein und das Fortbestehen dieser Inhalte damit sogar gefährden.

Die Frage nämlich, ob einer der beiden Aspekte, Theorie oder Praxis, in Zukunft die Überhand gewinnt, wird vermutlich längerfristig von den Bedürfnissen derjenigen bestimmt und beeinflusst werden, die wir Studierende oder Student:innen nennen. Hier macht sich der Ansatz der Bologna-Reform schon bemerkbar, auch wenn die konkreten Auswirkungen zum Zeitpunkt der Betrachtung noch nicht absehbar waren. Die Reform sieht eine verstärkte Mitwirkung der eingeschriebenen Personen bei der Qualitätssicherung vor. Dies äußert sich bisher in der schrittweisen Einführung von Beurteilungsinstrumenten. Anfangs wurden meist schriftliche Bewertungen der belegten Lehrveranstaltungen eingeholt. Mittlerweile wird das beispielsweise an der Universität Leipzig online durchgeführt. Wenn nun die Lernenden ein größeres Mitspracherecht an den Veranstaltungen erhalten, werden diese sich vermutlich längerfristig wandeln und sich ebenfalls an ihre Bedürfnisse anpassen. Doch was wünschen sich die Lernenden? Mehr Einbeziehung in Wissenschaft und

69 Siehe hierzu auch die Hintergründe dieser Reibungspunkte, die nicht nur fachlich, sondern teilweise auch historisch bedingt sind, und von Neubert beschrieben werden. Neubert 1997, S. 6 f.

Forschung? Rein subjektiv, vom eigenen Eindruck und aus privaten Gesprächen entnommen eher das Gegenteil: mehr Praxisbezug, weniger Theorie. Die stärkere Strukturierung wird oftmals begrüßt. Dies kann mit persönlichen Erfahrungen in Gesprächen mit Kommilitoninnen als Studentin begründet werden und auch in den Interviews taucht dieser Aspekt immer wieder auf, wenn auch am Rande. Dies müsste natürlich weitreichender untersucht werden und kann auf Basis dieser Untersuchung nicht als erwiesen angenommen werden. Was sich allerdings im Rahmen der Diskussion über Studieninhalte stetig wiederholt und von den meisten Lernenden beklagt werden dürfte, ist der fehlende Anknüpfungspunkt zwischen Theorie und Praxis. Der Transfer der wissenschaftlichen Wissensinhalte in den Bereich des praktischen Übersetzens findet, so der Eindruck, oft nicht oder nur ungenügend statt. Der daraus entstehende Effekt ist aus studentischer Sicht oftmals die Ablehnung der theoretischen Wissensinhalte in ihrer Gänze, da ihre Relevanz für die Praxis nicht verstanden wird. Dies wurde bereits im vorhergehenden Punkt kurz angedeutet: Die Theorie wird als notwendiges Übel betrachtet, Inhalte werden auswendig gelernt, in Prüfungen wiedergegeben und geraten anschließend größtenteils in Vergessenheit. Es wird nicht diskutiert, hinterfragt, die Lehrenden werden nicht gefordert oder gar herausgefordert. Trifft das wirklich zu? Ist der Transfer schlecht? Ist er überhaupt nötig oder hat die Wissenschaft beim Übersetzen das Recht, unangetastet als zweite Säule neben der Praxis zu stehen? Neuweg verfolgt diesbezüglich einen interessanten Ansatz. Seiner Meinung nach benötigt der Aufbau von Wissen eine Kultur der Distanz, die Entfaltung von Können (siehe dazu auch weitere Ausführungen unter 3.1.3), also die Praxis, eine Kultur des Einlassens. Theorie und Praxis dürfen daher seiner Meinung nach Distanz haben. (Neuweg 2015, S. 39 f.) „Die Pointe am Wissen ist ja oft gerade die, dass es erfrischend unpraktisch sein *soll*." (Neuweg 2015, S. 40) Die unterschiedlichen Meinungen in dieser Frage lassen unschwer erkennen, dass diese ebenso schwer zu untersuchen wie zu beantworten ist. Dennoch gibt die vorliegende Untersuchung auch dazu interessante Anhaltspunkte, die beforscht werden können.

Ist das Übersetzungsstudium auf dem Weg in eine akademisierte Berufsausbildung oder wird dies unnötig dramatisch dargestellt? Werden die wissenschaftlichen Inhalte über kurz oder lang marginalisiert und getilgt, weil Studierende sie nicht mehr zu würdigen wissen? Oder müssen ihnen mittels sinnvollen Transfers bessere Verstehensvoraussetzungen verschafft werden?

2.7 Zusammenfassung und Schlussfolgerungen zur Historie

Mit dem an dieser Stelle endenden Kapitel wurde der Gesamtüberblick zur historischen Entwicklung bis zum Jahr 2016 abgeschlossen. Am Anfang stand das historische Kapitel 2.1. Ausgehend von dem im Mittelalter existierenden europäischen Hochschulraum, der viele Anforderungen der heutigen Reformbewegung erfüllt hätte, wurde anschließend über die Entstehung des neuhumanistischen Bildungskonzeptes im 19. Jahrhundert berichtet, das die Freiheit und Einheit von Forschung und Lehre anstrebte und die Bildung des Individuums über und vor die Berufsbildung stellte. Anschließend wurden die modernen Entwicklungen im 19. und 20. Jahrhundert umrissen, die sukzessive zum Erstarken einer Massenuniversität, zur Spezialisierung der Studiengänge und zur universitären Berufsausbildung führten. Dieser Trend setzt sich auch in den heutigen Reformen fort und wird dadurch intensiviert, dass der Staat Kompetenzen, vor allem im Finanzierungsbereich, an die Privatwirtschaft abgibt. Das bisher vorherrschende, egalitäre Hochschulmodell, das eine einheitliche Bildungsqualität der Hochschulen im Land gewährleistete, wandelt sich langsam zugunsten eines Systems, das stärkere Finanzierung für Spitzeninstitute und Spitzenforschung vorsieht.

Im Unterkapitel 2.2 wurde der aktuelle Stand der Reform überblicksartig dargestellt, sowie einzelne, spezielle Aspekte der Reform herausgegriffen. Dabei spielen Schlagworte wie Effizienz, Globalisierung und Wettbewerb eine entscheidende Rolle. Der Widerstreit zwischen Massenuniversität und Exzellenzgedanken, die Ursache für die ungleiche Spitzenförderung, wurde eingehend erläutert. Weiterhin wurde die Vergesellschaftung der Wissenschaft angesprochen und die damit einhergehende, vermutete Bedrohung der Hochschulen durch wirtschaftliche Interessen thematisiert. Die ungünstige Position der Geisteswissenschaften, denen in der aktuellen Entwicklungsphase nicht die verdiente Würdigung widerfährt, sondern die im Zuge der Effizienzsteigerung in eine schwierige Rechtfertigungslage gebracht werden, wurde ebenfalls detailliert beleuchtet.

Daran anknüpfend findet sich ein terminologisch und konzeptuell geprägtes Kapitel, 2.3, dass den Bologna-Prozess strukturell darstellt. Zuerst wurden die Erklärung selbst umrissen und die Teilnehmerstaaten genannt, die nur zu etwa der Hälfte aus EU-Mitgliedsländern bestehen. Als wichtige Etappenziele und Motivationsplattform für die Umsetzung und Weiterführung der Reformen wurden die Folgekonferenzen geschildert. Im größten Abschnitt des Unterkapitels werden schließlich die deklarierten Bologna-Ziele beschrieben, die anschließend intensiv erläutert und nach übergeordneten und strukturellen Kategorien klassifiziert wurden. Letztlich wurden die Schwierigkeiten bei der Umsetzung der übergeordneten Reformziele erläutert, die nicht mit strukturell-organisatorischen Anstrengungen allein realisiert werden können, sondern ideelle und überaus kooperative Maßnahmen aller Teilnehmerstaaten und deren Akteur:innen voraussetzen.

Im vierten Unterkapitel 2.4 wurden weitere historische Details geschildert, und zwar zu drei Teilnehmerstaaten, die neben Deutschland eine vorrangige Rolle in der Interviewstudie spielen. Damit wird einerseits gewährleistet, dass der Blick sich innerhalb der Untersuchung nicht einseitig auf deutsche Entwicklungen richtet, andererseits wird die Verstehensgrundlage für die Aussagen in den Interviews erweitert. Zu diesem Zwecke werden die hochschulhistorischen Entwicklungen der Länder Vereinigtes Königreich (UK), Frankreich und Italien kurz angerissen. Anschließend wurden die Reformvorgänge im Rahmen von Bologna länderspezifisch geschildert. Da jede dieser Nationen eine eigene, typische Hochschulausprägung und -Zielrichtung besitzt, sind auch die Reformergebnisse sehr verschieden. Das Vereinigte Königreich hat mit seinen liberal geprägten, pragmatischen und berufsorientierten Strukturen insofern profitiert, dass es als Vorbild für die neuen Strukturen gilt und somit wenig Änderungsdruck verspürte. Dies hat allerdings zu einiger Reformindifferenz in Bereichen geführt, die eigentlich reformbedürftig sind, so etwa die Mobilitätsproblematik. Frankreich als traditionell zentralistisch ausgelegtes Hochschulsystem, das ebenfalls sehr viel Wert auf Berufsperspektiven legt, die mangels Stellenangeboten leider oft im Prekariat enden, hat sich anfangs sehr schnell und stark im Reformprozess engagiert, nur um dann in eine Politik des zähen Widerstandes und der umgedeuteten Einzelheiten zu verfallen. Deutschland hingegen, das mit der föderalistisch und humanistisch geprägten Struktur möglichst großer universitärer Freiheit ein immenses Startproblem bei der Reform hatte, setzt diese mittlerweile weitgehend konsequent um. Italien hingegen hat sich in seiner Mittelposition zwischen strukturellem Zentralismus und inhaltlichem Freiheitsstreben sehr stark für die Umsetzung engagiert, schon allein, um den Anschluss an die großen Mitstreiter zu schaffen. Die Umsetzung zeugt dabei allerdings von wechselndem Erfolg.

Unter 2.5 wird deutlich gemacht, dass die politischen Entstehungs- und auch die Entwicklungshintergründe des Bologna-Prozesses äußerst komplex sind. Sie fanden ihren Ursprung und entnehmen ihre Dynamik der parallel verlaufenden Erschaffung des Europäischen Wirtschaftsraumes. Einfluss nahmen dabei mehrere Etappen und Verträge, von der Sorbonne-Erklärung im Jahr 1998 bis zur Lissabon-Erklärung 2007.

Im Rahmen dieser wirtschaftspolitischen Hintergründe stellen alle gesamteuropäisch motivierten, wirtschaftlichen Absichten einen entscheidenden Antrieb dar, was sich unter anderem im bedeutenden Faktor der *Employability* widerspiegelt. Der neue Abschlussgrad des Bachelors soll diese befördern, doch er hat bei Arbeitgeber:innen und Gesellschaft bisher historisch und inhaltlich begründete Anerkennungsschwierigkeiten. Dieses Thema wird anhand von Bachelorabsolvent:innen, die im Übersetzungsbereich tätig werden, und anhand der Diskussion über die Abschlüsse beim Übersetzungsstudium vertieft. Das im Vorfeld prophezeite Scheitern des Reformprozesses ist bisher nicht eingetreten, auch wenn bei bestimmten Zielsetzungen größere Probleme auftreten und in manchen Studiengängen eine Restauration der vormaligen Abschlüsse in Erwägung gezogen oder durchgeführt wurde.

Im letzten Unterkapitel 2.6 des theoretischen Teils wird konkret auf das Übersetzungsstudium und die Translatologie Bezug genommen. Dabei wird festgestellt, dass verschiedene bildungspolitische Aspekte sich gruppieren und sich antagonistisch gegenüberstehen. Dies ist auf der einen Seite die im Rahmen der Bildungsreform gestärkte und häufig kritisierte universitäre Berufsausbildung, die für eine übersetzungspraktische Schulung in diesem Studiengang unverzichtbar ist. Dazu gehören im Übersetzerstudium vor allem die Übersetzungsübungen mit der Lehre und Anwendung der entsprechenden Verfahren, die Vertiefung der Sprachpraxis, der Erwerb von interkultureller Kompetenz durch Literaturstudium und Landeskunde, sowie der Kompetenzerwerb beim Umgang mit technischen Hilfsmitteln wie Wörterbüchern, Office-Programmen und Übersetzungstools. Auf diese Seite gehören ebenfalls die entsprechenden berufsorientierten Studierenden, für die der Ausbildungscharakter ihres Studiums oberste Priorität hat, und die sich in einem gelenkten Curriculum positiv geleitet wiederfinden. Ihnen hat die Bildungsreform einen großen Dienst erwiesen, denn ihr Hauptaugenmerk richtet sich auf das Studienziel eines schnellen und sicheren Berufseinstiegs. Inwiefern dies gelingt, wird im Rahmen der Auswertung thematisiert.

Die andere Seite steht für das freie Studium im Dienste der individuellen Bildung und Persönlichkeitsentwicklung, deren inhaltliche Entsprechung im Übersetzungsstudium der Bereich Translatologie, also die beschreibende und forschende Wissenschaft vom Übersetzen und Dolmetschen, ist. Die Themenbereiche beinhalten unter anderem die Geschichte der Translation mit dem Schwerpunkt auf der wissenschaftlichen Betrachtung des literarischen Übersetzens, weiterhin philosophische Grundfragen wie die allgemeine Un-Übersetzbarkeit, sowie die modernen deskriptiven und methodischen Theorien, die bis hin zur neurologisch basierten Übersetzungsprozess-

Forschung gehen. Sie zieht mit Personen, die das Studium als Möglichkeit zur Selbstverwirklichung und Forschung sehen und erst an zweiter Stelle als Voraussetzung für die Ausübung einer beruflichen Tätigkeit, den allgemeinbildend-philosophischen Student:innentypus an.

Letztendlich drängt sich die Schlussfolgerung auf, dass diese beiden Lager nicht ohneeinander existieren können, sondern sich gegenseitig bedingen und befruchten, wie in anderen wissenschaftlichen Disziplinen auch, beispielsweise in der Medizin. Allerdings ist der Stellenwert des Transfers von der Theorie zur Praxis nach wie vor umstritten. Manche halten ihn schlichtweg für unnötig und möchten die beiden Bereiche gleichrangig nebeneinander existieren lassen, ohne dass sie sich gegenseitig behindern. Andere wünschen sich hingegen eine gekonnte, besser sichtbare und nachvollziehbare Übertragung theoretischer Erkenntnisse in den Bereich des praktischen Übersetzens, um sowohl die Ausbildung als auch die Berufstätigkeit stärker zu fördern und zu professionalisieren. Wie dies aus Studierendensicht gelingt, wird im Zuge in der empirischen Untersuchung gezeigt.

Abschließend kann die Schlussfolgerung aus den eingehend erläuterten historischen, politischen und philosophischen Aspekten gezogen werden, dass von einer Konvergenz der europäischen Studiensysteme zum Zeitpunkt der Betrachtung nicht zu sprechen war. Die Unterschiede in der Studienorganisation und Studienkonzeption waren wie dargestellt immer noch sehr bedeutend, beispielsweise bei der Jahresablaufstruktur (Semester, *Terms*, Blöcke etc.), die jedes Land wie bisher beibehält. Auch innerhalb und unterhalb der Strukturebene existieren gravierende Unterschiede zwischen den Studiensystemen der einzelnen Staaten. Es fehlt ein europäisches Leitmodell für eine echte Vereinheitlichung. (Banscherus 2007, 85 f.) In diesem Zusammenhang werden in Zukunft die Debatten zur inhaltlichen Vergleichbarkeit vermutlich zunehmen. Aufgrund der schwer umsetzbaren Strukturen wurde der Umfang vieler Lehrveranstaltungen stark gekürzt und Inhalte wurden komprimiert bzw. ins Selbststudium ausgelagert. Die Aufteilung in Module trug zu diesen Schwierigkeiten bei. Dabei wurde auch der Raum für translatologische Lehrveranstaltungen verändert und reduziert. Zu dieser Diskussion soll hiermit ein Beitrag geleistet werden, denn organisatorische Schwierigkeiten haben immer Auswirkungen auf Lehrinhalte.

3 Empirische Untersuchung

Die zur Untermauerung und Differenzierung der theoretischen Untersuchung anhängige empirische Studie wird im einführenden Kapitel 3.1 von verschiedenen didaktischen und lerntheoretischen Konzepten sowie einer relevanten Studie aus demselben Themenbereich gestützt. Im Anschluss folgt die Forschungskonzeption mit Forschungsziel, Forschungsdesign und Hypothesenbildung unter Punkt 3.2. Das Kapitel 3.3 begleitet die Umsetzung des Forschungsvorhabens mit einer Korpusuntersuchung und der Durchführung der Erhebung.

3.1 Theoretische Grundlagen der empirischen Untersuchung

Nach kurzer Einführung in die theoretischen Grundlagen mit Fokus auf die Unterscheidung qualitativer und quantitativer Forschung unter 3.1.1, wird verstärkt auf didaktische Aspekte der vorliegenden Forschung eingegangen. Dabei liegen die Ursachen im Bereich der veränderten Anforderungen im Bildungssystem, bedingt durch die Massenuniversität und den daran anhängigen Bologna-Prozess, siehe 3.1.2.1. Daran knüpfen unter Punkt 3.1.2.2 Vertiefungen zu angepassten didaktischen Strategien an und es erfolgt ein Überblick zu lerntheoretischen Aspekten unter 3.1.3. Zuletzt wird unter Punkt 3.1.4 eine verwandte Studie als Einführung ins Thema der Untersuchung dargestellt, an welche die vorliegende Forschung anknüpft.

3.1.1 Die Verbindung zwischen Qualitativer und Quantitativer Forschung

Zur Verbindung der vorliegenden qualitativen und einer optionalen quantitativen Forschung dient in der vorliegenden Arbeit das Verallgemeinerungsmodell nach Mayring. (Mayring 2001, S. 8)

Zur Zusammenführung von Quantitativer mit Qualitativer Forschung generell stellte Mayring ein Schema mit Kombinationsmöglichkeiten auf fünf verschiedenen Ebenen dar: technische Ebene, Datenebene, Personenebene, Designebene und Forschungslogik. Auf der technischen Ebene gibt es Programme, die computergestützte qualitative Analysen durchführen und somit verschiedene Kombinationsmöglichkeiten schaffen. Auf der Personenebene können eine Typisierung und eine induktive Fallverallgemeinerungen dabei helfen, vom Einzelfallmaterial zu quantitativen Generalisierungen zu kommen.

Im Bereich der Datenanalyse existiert die Möglichkeit mit Kategorien zu arbeiten, um z.B. mittels qualitativer Inhaltanalyse eine qualitative und quantitative Verarbeitung zu erreichen. (Mayring 2001, S. 4 f.)

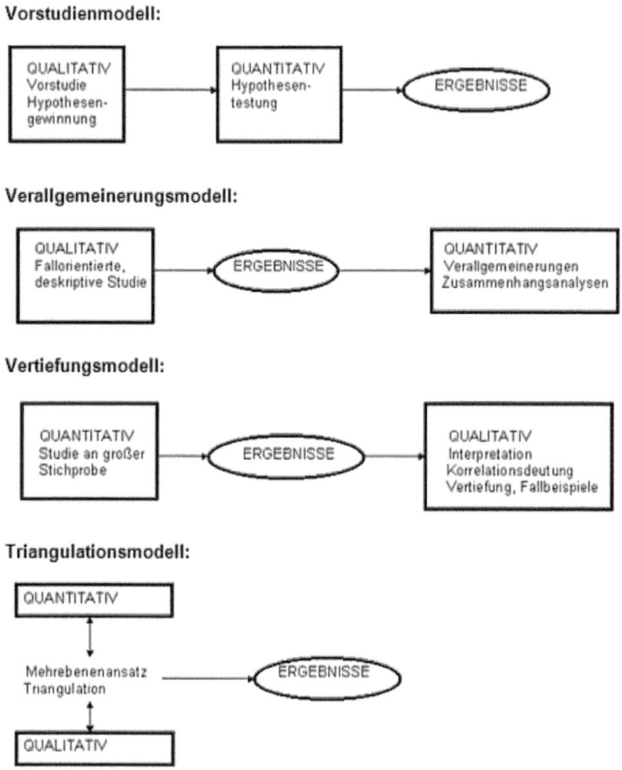

Abbildung 1: Integration Qualitativer und Quantitativer Forschung

Beim vorliegenden Forschungsvorgehen wird die Verknüpfung zwischen der Quantitativen und der Qualitativen Forschung auf der Ebene des Forschungsdesigns sowie auf der Ebene der Forschungslogik möglich. Einerseits existiert zu diesem Zweck das *Vorstudienmodell*, das quantitativ orientiert ist und in dem Bereich ein typisches Vorgehen darstellt, bei dem die qualitativen Analyseschritte auf die Phase der Hypothesengewinnung mittels einer Vorstudie beschränkt sind. Diese Hypothesen werden in der darauffolgenden Phase bereits quantitativ überprüft. Beim *Verallgemeinerungsmodell* jedoch wird den qualitativen Anteilen ein wesentlich größeres Gewicht beigemessen. Zunächst wird die qualitative Studie vollständig durchgeführt und ausgewertet, und im folgenden Schritt wird diese mittels eines quantitativen Vorgehens verallgemeinert und abgesichert. (Mayring 2001, S. 8) Aus diesem Grund wurde für die vorliegende Forschung das *Verallgemeinerungsmodell* gewählt. Die qualitative Forschung steht in dieser Untersuchung allein, es wird jedoch die Grundlage für eine anschließende quantitative Forschung gelegt, deren Forschungskonzeption im Schlussteil unter 5.2 umrissen wird.

3.1.2 Didaktische Aspekte der vorliegenden Studie

Da in Kapitel 4 die Auswertung über reine Schlussfolgerungen von bildungspolitischer Natur hinausgeht, und eine Ausweitung auf didaktische Aspekte erfolgt, wird hier vorab kurz umrissen, welche theoretischen Grundlagen dafür gelten. Das hauptsächliche Thema der vorliegenden Didaktik-Kritik sind sinnvolle Unterrichtsmethoden für die Vermittlung von translatologischen Inhalten. Daher soll die Lernzielorientierung hierfür kurz erläutert werden.

3.1.2.1 Veränderungen im Bildungssystem – Neue Anforderungen an Hochschullehre

In diesem Abschnitt wird die aktuelle Situation in der Hochschulbildung umrissen, die sich mit Bezug auf Kapitel 2.6.1 folgendermaßen gestaltet: Früher war der Anteil der Bevölkerung, dem eine Hochschulbildung ermöglicht wurde, sehr gering, wobei Frauen prinzipiell aufgrund ihrer eingeschränkten Rechte nicht zugelassen waren (vgl. Taylor Allen 1999, S. 219). Bis 1909 waren Frauen noch in einzelnen deutschen Bundesländern vom Studium, bis 1918 von der Beschäftigung an Hochschulen ausgeschlossen (Taylor Allen 1999, S. 220). Die männlichen Studenten verfügten über einen Sonderstatus, waren auserlesen, zumeist überdurchschnittlich intelligent oder stammten aus bildungsnahen Kreisen. Sie verfügten über eine hohe Vorbildung, einen stark ausgeprägten Lernwillen und waren fähig und auch bereit, sich viele Inhalte selbst zu erschließen. Für die damaligen Studenten genügte die klassische, minimalistisch angelegte Unterrichtsform der Vorlesung, wie sie an Universitäten seit ihrer Entstehungszeit gängig war[70], womöglich noch gekoppelt mit

---

70 Hier wird nicht explizit auf die Entstehung der verschiedenen Unterrichtsformen Bezug genommen, da dies ein weiteres Themenfeld darstellt. Zur Vorlesung sei jedoch gesagt, dass sie damals eine unumgängliche Unterrichtsform darstellte, da anfangs der Buchdruck noch nicht existierte, und später gedruckte Werke noch

einem Tutorium, einer Übung oder einem Seminar, je nach Fach und Fachbereich. Diese Studenten erzielten mit dem geschilderten Unterrichtsangebot gute Ergebnisse, da sie den Lernaufwand größtenteils autonom und eigenverantwortlich erledigten. (Biggs 1999, S. 1 ff.)

Heute arbeitet die Gesellschaft mit der Massenuniversität, der künstlichen Steigerung der Studierendenzahlen und der berufsorientierten Hochschulbildung. Dies alles zieht neben den klassischen, eigenverantwortlichen, überdurchschnittlich intelligenten Studentinnen und Studenten auch Teilnehmer:innen an, die über weniger eigene Ressourcen verfügen. Sie kommen an die Universität, um einen Beruf zu erlernen, die Prüfungen mit dem geringstmöglichen Aufwand zu bewältigen, und in die Arbeitswelt überzugehen. Sie haben wenig oder keine Forschungsinteressen und sind praktisch orientiert. Oftmals sind sie, folgt man Biggs' Argumentation, auch weniger intelligent, schlechter vorgebildet und haben einen weniger förderlichen kulturellen Hintergrund, als ihre klassisch orientierten Kommiliton:innen. Angesichts dieser Hindernisse zu argumentieren, die geschilderten Personen wären kein passendes Hochschulklientel, ist allerdings wenig zielführend. Erst einmal sind diese Studierenden schon seit mehreren Jahrzehnten eindeutig an den Hochschulen vertreten, andererseits werden sie auch gezielt angeworben. Dazu siehe auch Kapitel 2.6.1. Diese Voraussetzungen erschweren die Arbeit der Lehrenden, da sie größere Gruppen betreuen, und dabei wesentlich heterogenere Persönlichkeitsstrukturen antreffen als früher. Die berufsorientierten, weniger gebildete Studierenden benötigen mehr externe Motivation und intensivere Hilfestellungen als ihre Kommiliton:innen. (Biggs 1999, S. 2 ff.)

Um dieser Situation zu begegnen, sind die Lehrenden gezwungen, größeren und differenzierteren didaktischen Aufwand zu betreiben, wenn sie die

---

nicht für jedermann erschwinglich waren. Daher war die beste Möglichkeit, theoretisch festgeschriebenes Wissen vorzulesen, um damit eine größtmögliche Hörerzahl zu erreichen. Die vorgelesenen Inhalte konnten anschließend vom Professor und den Studenten diskutiert werden. Dies führte zur Entstehung des klassischen Bildes von Vorlesungen und anhängigen Fachgesprächen, wie wir es noch heute kennen. Auch die Verwandlung von reinen Verlesungen mit anhängigen Diskussionen hin zu in sich geschlossenen Fachvorträgen gehörte bereits zur Reform des Universitätswesens im 18. Jahrhundert. (Schelsky 1963, S. 28) Die preisgünstige Verbreitung von Fachwissen in Büchern und neuen Medien müsste die klassische Vorlesung heute längst obsolet gemacht haben. Allerdings wird nach wie vor stark an dieser Form festgehalten, deren Ausgestaltung allerdings ebenfalls einem Wandel unterliegt, und die interaktiver geworden ist.

erwähnte Zielgruppe motivieren und abholen möchten. Sie benötigen dafür neue Lehrmethoden und ein neues Verständnis ihrer eigenen Lehre. (Biggs 1999, S. 3 f.) Natürlich existiert auch die Strategie, die veränderten Rahmenbedingungen zu ignorieren und nach gewohnter Weise zu verfahren. Dies kommt bei aufmerksamer Beobachtung im universitären Lehrkontext häufig vor. Es kann vermutet werden, dass diese Strategie von Lehrenden mit langer Arbeitserfahrung angewandt wird. Nicht jeder ist willens und auch fähig, nach Jahrzehnten der Lehre seine eigenen Unterrichtskonzepte in Frage zu stellen und neu zu organisieren, vor allem wenn dafür zuerst neue Fertigkeiten erworben werden müssen. Siehe dazu auch Biggs Argumentation (Biggs 1999, S. 5) Zudem ist es leicht möglich, dass den Lehrenden der Wandel der Studierendenpopulation selbst nicht in dem Maße bewusst ist oder, sofern er bewusst gemacht wurde, dass die Ursachen, Hintergründe und die daraus folgenden notwendigen Schritte nicht erkannt wurden. Dies kann ebenso auf jüngere Lehrende mit weniger Arbeitserfahrung zutreffen. Sie reproduzieren dann häufig die bei ihren eigenen Dozent:innen über Jahre abgeschauten Lehrmethoden und Vorgehensweisen, ohne diese in Frage zu stellen oder ihre Eignung für die derzeitigen Studierenden zu überprüfen.

3.1.2.2 Aktuelle didaktische Strategien und Hintergründe

Heutzutage, und dies ist je nach Sichtweise und Einstellung der Lehrenden nicht unwesentlich dem Bolognaprozess geschuldet bzw. zu verdanken, befinden wir uns in einem Paradigmenwechsel mit dem Slogan *Shift from teaching to learning* (dt. Weg vom Lehren, hin zum Lernen[71]) (Biggs 1999, S. 18 f.) Damit ist die Ausrichtung des Unterrichts gemeint, die sich mehr auf die Lernenden, statt ausschließlich auf den zu vermittelnden Stoff beziehen soll. Zu diesem Konzept gehört das Modell des ***Constructive Alignment***[72], mit gezielt festgelegten Lernergebnissen, auf denen der Unterricht aufbaut. Dieses Konzept umfasst die drei Basisaxiome *Intended Learning Outcomes* (Was sollen die Studierenden können?), *Assessment Regime* (Wie kann ich das prüfen?) und *Teaching & Learning Activities* (Was machen wir dafür?). (Biggs 2003, S. 2 f.) (Biggs 1999, S. 27)

---

71 „Lernen ist eine andauernde Verhaltensänderung durch Übung oder Erfahrung. Es ist nicht direkt beobachtbar, kann jedoch nur durch Beobachtung untersucht werden." Ausführlicher dazu Mednick et al. 1975, S. 29 f.

72 „A good teaching system aligns teaching method and assessment to the learning activities stated in the objectives, so that all aspects of this system are in accord in supporting appropriate student learning" (Biggs 1999, S. 11).

Aus dieser Struktur, bei der eine sinnvolle Strukturierung und Portionierung des Stoffs im Hinblick auf die dafür zu absolvierende Prüfung im Vordergrund steht, ergibt sich die Notwendigkeit der Lernzielfestlegung. Zuerst werden ein oder mehrere Grobziele festgelegt, wobei die Formulierung immer lernerzentriert erfolgt.

Mit diesem Grobziel vor Augen können nun Feinziele für einzelne Lehrveranstaltungen definiert werden. Dabei ist immer zu beachten: Es ist nicht ausschlaggebend, was die Lehrenden den Lernenden vermitteln möchten, sondern welche Fertigkeiten und Bewusstseinsinhalte die Lernenden am Ende erworben haben sollen. (Bloom et al. 1976, S. 26) Dabei existieren verschiedene Bewusstseinsebenen, deren Komplexität ansteigend ist: wissen, verstehen, anwenden, analysieren, synthetisieren und bewerten. (Bloom et al. 1976, S. 31) Die komplexeren Verhaltensweisen beinhalten dabei die weniger komplexen. (Bloom et al. 1976, S. 29)

Erst nachdem für die einzelne Lehrveranstaltung mindestens ein solches Lernziel formuliert wurde, kann mit der Zuordnung passender Methoden begonnen werden. Es determiniert also immer das Lernziel die Methode.

Nicht selten geschieht es, dass die in den hier untersuchten und im Interview besprochenen translatologischen Lehrveranstaltungen Methoden und Ziele nicht zusammenpassen. Dann schlägt die Umsetzung der Unterrichtskonzeption fehl.

3.1.3 Lerntheoretische Aspekte der vorliegenden Studie

Bereits im Rahmen der Befragung bei Rothe (2010) wurde die Verwendung von Fachwissen im Übersetzeralltag thematisiert. Dies explizit zu beschreiben, stellte sich als schwierig heraus. Die dabei geäußerten Informationen der Proband:innen konnten nur näherungsweise und wenig deutlich dargestellt werden. Diese unklare Forschungslage wurde im vorliegenden Rahmen aufgegriffen. Es handelte sich dabei um die Frage, ob und wie die Anwendung von übersetzungstheoretischem Wissen im Berufsalltag stattfindet. Dies wurde zur Zeit der vorigen Untersuchung zwar eindeutig bejaht, konnte aber nur mit Mühe eingehender beschrieben werden. (Rothe 2010 Fragen 5.1 und 5.3) Um den Sachverhalt gründlicher zu untersuchen, und womöglich didaktisch nutzbar zu machen, wurde eine solche Fragestellung in der vorliegenden Untersuchung erneut einbezogen. Im aktuellen Leitfaden wurde die Frage zusammengefasst und allgemeiner formuliert: „Wie wirkt sich der übersetzungstheoretische Teil Ihres Studiums auf Ihre heutige Tätigkeit aus“. Aufgrund der Ergebnisse der

Befragung bei Rothe 2010, in deren Rahmen 97 Prozent der Teilnehmer:innen angaben, dass bewusst oder unbewusste Auswirkungen vorhanden seien (Rothe 2010, 78, 81 f.), konnte von vornherein davon ausgegangen werden, dass es Einflüsse auf die Arbeitstätigkeit gibt. Die Zielstellung diesmal war, den großen Anteil der „unbewussten" genauer und greifbarer zu beschreiben. Dies wird in der Auswertung unter 4.2.2.1 dargestellt. Hier erfolgt die theoretische Einführung zur Problematik, in deren Rahmen die Themen Lernen, implizites Wissen, Können versus Wissen, Könnerschaft, und das vermeintliche Unbewusste bei der Ausübung der Könnerschaft angesprochen werden.

3.1.3.1 Voraussetzung für Können – das Lernen

Bevor erworbenes Wissen in Können umgesetzt wird, muss zuerst Lernen stattgefunden haben. Bei der Definition von Lernen ist es schnell möglich, auf ähnliche Probleme zu stoßen, wie sie bei der Beschreibung von Wissen und Können auftreten, denn Lernen selbst ist nicht sichtbar, im Gegensatz zum Ergebnis des ausgeführten Lernens, der Leistung. (Mednick et al. 1975, S. 29 f.) Daher verfahren Mednick, Pollio und Loftus nach einer Art Ausschlussverfahren, sie legen zuerst fest, was Lernen nicht ist: Instinkte, Prägungen und Reflexverhalten sind kein Lernen bzw. ihnen liegt kein Lernen zugrunde. (Mednick et al. 1975, S. 26–29). Im Folgenden wird dann Lernen selbst durch entsprechende Umschreibungen definiert:

> 1. Lernen kann in einer Verhaltensänderung zum Ausdruck kommen. (...)
> 2. Lernen ist das Ergebnis von Übung oder Erfahrung. (...)
> 3. Lernen bedeutet eine relativ andauernde Änderung des Verhaltens. (...)
> 4. Lernen ist nicht direkt beobachtbar. Darin liegt der entscheidende Unterschied zwischen Lernen und Leistung, denn nur letztere ist sichtbar. (...) Trotz der Unterschiede zwischen Lernen und Leistung ist die Beobachtung von Verhalten die einzige Möglichkeit, um Lernvorgänge zu untersuchen. (...)
>
> (Mednick et al. 1975, S. 29–30)

Es ist also festzuhalten, dass Lernen eine andauernde Verhaltensänderung durch Übung oder Erfahrung darstellt, die nicht direkt beobachtbar ist, allerdings durch Beobachtung untersucht werden kann. Ein Lernprozess ist demnach immer etwas, das der Leistung vorausgeht, ähnlich wie das implizite Wissen der Könnerschaft vorausgeht. Die Konsequenz des Lernens, die Leistung und ihre Ergebnisse sind sichtbar, genau wie die Konsequenz des impliziten Wissens, das ausgeübte Können und dessen Ergebnisse. Dazu im folgenden Abschnitt die Einführung zur Könnerschaft.

3.1.3.2 Problemdarstellung zu implizitem Wissen und Könnerschaft

Die Konsultation von Literatur zum Thema implizites Wissen und Könnerschaft, hier hauptsächlich im Rahmen von Neuwegs Forschungen (Neuweg 2015), unterstützt von Polanyi 1985 (urspr. 1966) und Ryle 2015 (urspr. 1969), bestätigt, dass die explizite Beschreibung dieser Vorgänge noch immer untersucht wird und zwar möglich, aber grundlegend schwierig ist. Um eine fundierte Beurteilung der Problemlage vornehmen zu können, ist es nötig sich vorab mit dem Phänomen der Könnerschaft zu beschäftigen, das genau diesen schwer darstellbaren Bereich sichtbar und greifbar zu machen versucht. Um sich mit dem Konzept des Könnens auseinanderzusetzen, ist zuerst eine Definition des Begriffs nötig. Ryle, der sich in seinem gleichnamigen Werk mit dem Begriff des Geistes ganz allgemein und mit dem Zusammenhang von Wissen und Können im Einzelnen auseinandersetzt, erläutert es folgendermaßen: Wenn wir von jemandem behaupten, er oder sie könne etwas gut, dann bedeutet das: „(…), wenn er diesen Beschäftigungen nachgeht, dann führt er sie meistens gut aus, d.h. also richtig oder tüchtig oder erfolgreich. Seine Verrichtungen erreichen ein gewisses Niveau, oder sie genügen gewissen Kriterien." Dabei ist es ausschlaggebend, dass es sich um eine verantwortliche Person handelt, die ihre Tätigkeitsergebnisse auch kritisch hinterfragen, beeinflussen und verbessern oder wiederholt gut ausüben kann. (Ryle 2015, S. 31)

Die Diskussion der Problematik im Detail stellt sich der Frage, wie es dazu kommt, dass Könnerschaft ausgeübt wird, ohne sich dabei ständig das Wissen wieder aktiv ins Gedächtnis rufen zu müssen. Könner:innen handeln nachgewiesenermaßen intuitiv und hochflexibel. Sie verwenden nicht nur ihr erworbenes Fachwissen, sondern passen sich dabei an die jeweilige Situation an, in der sie arbeiten. (Neuweg 2015, S. 26, 2015, S. 30) Dies trifft nicht nur auf Lehrer:innen zu, mit denen Neuweg hauptsächlich arbeitet, sondern auch auf Übersetzer:innen, denn ein Text und dessen Kommunikationssituation gleichen niemals dem anderen. Ryle hat dies bereits ebenso geäußert, wenn auch mit anderen Worten. Er beschreibt den Einfluss des Fachwissens auf die Ausübung folgendermaßen: „(…) solche Gründe oder Maximen sind ja notwendigerweise allgemein. Sie können unmöglich so spezifisch sein, dass sie auf jedes Detail der gegenwärtigen Lage abgestimmt sind." (Ryle 2015, S. 35) Neben diesen Aspekten spielt die Art des Zugriffs auf das Wissen ebenfalls eine entscheidende Rolle. Dabei kommt ein Konzept zum Tragen, dass aufgrund seiner sehr stark in der Allgemeinsprache verwendeten Bezeichnung häufig missverstanden wird: das Unbewusste.

3.1.3.3 Ausüben und Nachdenken – Die Bedeutung des vermeintlichen Unbewussten

Sich der Frage zu nähern, auf welchem Wege das Wissen um die korrekte Ausführung schlussendlich in die Praxis umgesetzt wird, ist eine hochkomplexe Angelegenheit. Dabei beugt Neuweg gleich zu Beginn Trugschlüssen vor, denn es geht nicht darum, „(…) unbewusste Wissensbestände und Regulationsvorgänge „im Kopf" zu unterstellen." (Neuweg 2015, S. 8) Zuerst sind Können und Wissen voneinander zu trennen, insofern dass Können nicht als sklavische Folge oder niedrigere Stufe des Wissens zu verstehen ist. Es geht um Können UND implizites Wissen. (Neuweg 2015, S. 9) Dabei scheint es eine Grundsatzfrage zu sein, ob die Betrachtung über den Umweg des Bewussten oder des Unbewussten erfolgt. Da die befragten Übersetzer:innen keine konkreten, benennbaren Handlungsleitlinien und Wissensinhalte abrufen konnten, neigte auch die Verfasserin dazu, der Ausführung des Übersetzens als Form des Könnens eine unbewusste Dimension zu unterstellen (Rothe 2010, S. 81 ff.). Der Begriff des Unbewussten[73] bzw. des Unterbewusstseins (Bibliographisches Institut 2020, S. 1179) ist hier im Rahmen des allgemeinen Sprachgebrauchs zu verstehen, also etwas Unterschwelliges, Automatisches oder auch Gewohnheitsmäßiges[74], im Gegensatz zum Bewusstsein (Bibliographisches Institut 2020, S. 276), das wach und abrufbar ist und ein deutliches Wissen von etwas darstellt[75]. Im Sinne der Freud'schen Definition[76] würde sich das hier verstandene *Unbewusste* mit

73 *unbewusst*: nicht ins Bewusstsein gedrungen, nicht im Bewusstsein vorhanden, unterschwellig, unwillkürlich, Bibliographisches Institut 2018, S. 1006.

74 *Unterbewusstsein*: die seelisch-geistigen Vorgänge unter der Schwelle des Bewusstseins, Bibliographisches Institut 2018, S. 1020.

75 *Bewusstsein*: Zustand, in dem man sich einer Sache, der Dinge, Vorgänge bewusst ist; das Wissen um etwas, Bibliographisches Institut 2018, S. 224.

76 Das korrekte Verständnis von *bewusst* und *unbewusst* ist notwendig, um nachzuvollziehen, mit welchem Konzept hier operiert wird, und diesbezügliche Missverständnisse zu vermeiden. Freud erläutert die Konzepte folgendermaßen: „Bewußt sein ist zunächst ein rein deskriptiver Terminus, der sich auf die unmittelbarste und sicherste Wahrnehmung beruft." (Freud 2014, S. 835) „Die Erfahrung zeigt uns dann, daß ein psychisches Element (…) gewöhnlich nicht dauernd bewußt ist. (…); die jetzt bewußte Vorstellung ist es im nächsten Moment nicht mehr, allein sie kann es unter gewissen leicht hergestellten Bedingungen wieder werden. Inzwischen war sie (…) wir können sagen, sie sei *latent* gewesen, und meinen dabei, daß sie jederzeit *bewußtseinsfähig* war. Auch wenn wir sagen, sie sei *unbewußt* gewesen, haben wir eine korrekte Beschreibung gegeben. Dieses Unbewußt fällt dann mit latent-bewußtseinsfähig zusammen." (Freud 2014, S. 835) „Unseren Begriff des

dem Begriff des *Vorbewussten* decken, das eine Seite des Unterbewusstseins darstellt, und in einem Moment latent im Gedächtnis eines Menschen vorhanden ist, aber leicht wieder abgerufen, also bewusst gemacht werden kann. Mit dem verdrängten Unbewussten, auf das eine Person kaum jemals zugreifen kann, und wenn, dann nur mit beträchtlichem Aufwand, beziehen sich die hier dargestellten Prozesse nicht. Das Unbewusste in unserem Verständnis spielt eine wichtige Rolle im Hintergrund, denn Ryle zufolge können wir nicht etwas mit Könnerschaft tun und gleichzeitig darüber nachdenken, wie wir es ausüben, da wir für die Ausübung allein unsere ganze Aufmerksamkeit benötigen. (Ryle 2015, S. 35 f.) Dies genügt natürlich nicht als Erklärung des Vorgangs bei dem Wissen angewendet und Können ausgeübt wird. Überdies scheint es eine trügerische Wahrnehmung zu sein, denn Ryle sagt ebenso: „Erfolgreiche Praxis geht ihrer eigenen Theorie voraus." (Ryle 2015, S. 33) Das bedeutet, es wäre erst das Können vorhanden, was anschließend zur Theorie und Anweisung erhoben werden könnte. Vor einer solchen Pauschalisierung warnt allerdings Bourdieu. Es besteht ihm zufolge die Gefahr der Praxisirritation und Praxisdeformation durch die Kodifizierung. (Bourdieu 1992, S. 103) Das bedeutet, wenn für eine gängige Praxis eine Regel aufgestellt wird (z.B. Arbeitsanweisung), kann es passieren, dass die Umsetzung durch die Lernenden, die sie lesen und anwenden, anders aussieht als beabsichtigt. Das ist in der selbst erlebten unternehmerischen Praxis schon häufig aufgefallen, z. B. werden Rund-E-Mails mit Anweisungen im Firmenkontext anders verstanden, als sie gemeint waren, oder Arbeitsanweisungen, die vermeintlich klar und eindeutig festgeschrieben sind, werden anders ausgeführt, sodass die Praxis nicht der ursprünglichen Ausführung vor der Kodifizierung entspricht. Neuweg legt an dieser Stelle vier mögliche Szenarien fest, wie Regeln (Wissen) und Anwendung (Können) miteinander in Wechselwirkung treten, und welche Folgen daraus resultieren können. (Neuweg 2015, S. 28 ff.) Ryle hatte diese Gedanken bereits in ähnlicher Art

Unbewußten gewinnen wir also aus der Lehre von der Verdrängung. Das Verdrängte ist uns das Vorbild des Unbewußten. Wir sehen aber, daß wir zweierlei Unbewußtes haben, das latente, doch bewußtseinsfähige, und das Verdrängte, an sich ohne weiteres nicht bewußtseinsfähige. (…) Wir heißen das Latente, das nur deskriptiv unbewußt ist, nicht im dynamischen Sinne, *vorbewußt*; den Namen *unbewußt* beschränken wir auf das dynamisch unbewußte Verdrängte, so daß wir jetzt drei Termini haben, bewußt (*bw*), vorbewußt (*vbw*) und unbewußt (*ubw*), deren Sinn nicht mehr nur rein deskriptiv ist. Das *Vbw*, nehmen wir an, steht dem *Bw* viel näher als das *Ubw* (…)." Freud 2014, S. 836.

und Weise dargelegt, lediglich weniger übersichtlich (Ryle 2015, S. 33 ff.) und bei Neuweg etwas einfacher nachvollziehbar strukturiert.

Um dies zu einem zielführenden Abschluss zu bringen, wird nun erläutert, wie die Könnerschaft im Rahmen der vorliegenden Untersuchung beschrieben und somit nutzbar gemacht werden kann.

3.1.3.4 Beschreibung der Könnerschaft in der vorliegenden Untersuchung

Nachdem Neuweg die Schwierigkeiten bei der Darstellung der Zusammenhänge zwischen Können und Wissen detailliert angibt, hat er einige Empfehlungen, wie sie gelöst werden können. Zuerst einmal muss festgehalten werden, dass Könner:innen, in unserem Fall die Expert:innen des Faches Übersetzen, bei der Ausübung des Könnens weniger denken, als man annehmen könnte. Zwar haben sie natürlich große Mengen komplexes Fachwissen erworben und verinnerlicht, dass naturgemäß in irgendeiner Form seinen Niederschlag im Tun finden muss. Sonst wäre es unnütz erworben und hätte keinen Zusammenhang mit dem Können. Wann aber wird dieses Wissen explizit eine Rolle spielen, wenn nicht in dem Moment der Ausübung des Könnens? Wir haben oben festgestellt, dass im Moment der Ausübung die geistigen Kapazitäten vollständig belegt sind, sodass normalerweise in dem Moment kein oder nur ein sehr eingeschränkter aktiver Zugriff auf die Wissensinhalte möglich sein dürfte. Dies könnte nun zu Zweifeln an der tatsächlichen Anwendung des Wissens führen, denn die logische Schlussfolgerung wäre, dass Wissen, auf das nicht zugegriffen werden kann, auch nicht anwendbar sein dürfte. Es gibt allerdings eine beruhigende Erklärung: Wir müssen unterscheiden zwischen handlungssteuernden Inhalten und handlungsvorbereitenden Inhalten. Die Könner:innen greifen VOR der eigentlichen Aktion normalerweise auf handlungsvorbereitendes, die Handlung rechtfertigendes Wissen zu. Daher ist das bereits erwähnte intuitiv-improvisierende Handeln dennoch eingebettet in übergreifende Pläne, erfordert eine reflektierte Handlungsvorbereitung und unterliegt einer Begründungsverpflichtung. (Neuweg 2015, S. 38 f.)

Im konkreten Fall bedeutet das, die Übersetzerin tut, was sie tut, nachdem sie vorher den begründeten Beschluss dazu gefasst hat. Ihre aktuelle Handlung in der Situation wurde durch den Zugriff auf das Wissen vorbereitet und kann, wenn nötig, auch nachträglich damit begründet werden. In dem Moment selbst erfolgen der Zugriff und dessen Begründung natürlich nicht explizit, sondern auf der Basis der Erfahrungswerte und der eingeübten Routinen, sofern welche vorliegen. Daher arbeiten Anfänger:innen nicht unbedingt schlechter, sie müssen sich nur häufiger die Abläufe und Handlungsvorbereitungen bewusst machen, bevor sie routiniert und automatisiert werden. Zu diesen Handlungen zählt beispielsweise die Entscheidung für eine bestimmte Übersetzungsmethode nach erster Ansicht des Textes. Dafür muss ein Text nicht einmal komplett gelesen werden. Schon bei Feststellung der Textsorte, z. B. einer Werbepräsentation für ein Produkt, eines Lizenzvertrages oder einer Kurzgeschichte für Kinder, fällt die erste Entscheidung für eine bestimmte Übersetzungsmethode. Sollten sich die Umstände im Laufe der Übersetzungsarbeit ändern, weil der Text vielleicht mehrere Teile enthält, in denen an anderer Stelle andere Funktionen in den Vordergrund gestellt werden, oder Anhänge existieren, die gesondert behandelt werden müssen, so passt die Übersetzerin ihre Arbeitsmethode entsprechend an. Dies geschieht wieder auf die eben beschriebene Art und Weise und bezeichnet die von Neuweg beschriebene flexible Anpassung an die jeweilige Situation, in der das Können ausgeübt wird. Die Wissensinhalte, also die Theorien und Technologien, Übersetzungsmaxime, Übersetzungsmethoden und einzelne Übersetzungsverfahren werden also nicht konkret für die Handlungssteuerung, sondern für die Handlungsvorbereitung benötigt. (Neuweg 2015, S. 38 f.)

3.1.4. Vergleich mit der Studie von Hagemann (2005)

Der Forschungsstand bis 2016 ergibt eine ähnliche Studie in diesem Themenfeld.

Susanne Hagemann hat im Jahr 2005 eine Grundsatzuntersuchung zu diesem Thema mit dem Titel *Translationswissenschaft und der Bologna-Prozess* vorgelegt. Sie bildet eine wichtige Grundlage für die vorliegende Forschung und soll im Folgenden kurz vorgestellt werden. (Hagemann 2005)

In der Untersuchung von Hagemann wird der Translationsgehalt der Studiengänge insgesamt betrachtet. Sie stellt dar, wie sich der Anteil der Fächer gestaltet, die mit Translation zu tun haben. (Hagemann 2005, S. 50) Ausgehend von Betrachtungen des Translationsgehaltes allgemein auf Basis von Hagemanns Herangehensweise werden wir hier den Gehalt an *Translatologie* untersuchen. Der Untersuchungsgegenstand sind demnach Inhalt und Stellenwert der translatologischen Lehrveranstaltungen in den Bachelor- und Master-Studiengängen für Übersetzen. Es werden die diesbezüglichen Ausprägungen und Entwicklungen an verschiedenen Übersetzungsinstituten betrachtet.

Der vollständige Titel der Veröffentlichung lautet *Translationswissenschaft und der Bologna-Prozess, BA/MA Studiengänge für Übersetzen und Dolmetschen im internationalen Vergleich* und umreißt zuerst einige der Ziele des BP (Hagemann 2005, 17). Auf vier der sechs Ziele geht sie näher ein, dies sind vergleichbare Abschlüsse, Hauptzyklen, Leistungspunkte und Mobilität. Auf die Ziele europäische Zusammenarbeit bei der QS und auf europäische Dimensionen im HS-Bereich geht sie nicht näher ein. Hagemann behandelt die Umsetzung auf disziplinärer Ebene in Translations-Studiengängen verschiedenster Universitäten Europas, bleibt dabei allgemein und allumfassend, indem sie von der Gesamtzahl der Hochschulen ausgeht, die den Bologna-Prozess umsetzen. Dabei filtert sie willkürlich, je nachdem von welchen Hochschulen die Informationen überhaupt erhältlich waren. Der damit erzeugte Gesamtüberblick soll hier vertieft werden. Da die Untersuchung im Jahr 2004 durchgeführt wurde, waren die Ergebnisse von 2005 zur Zeit der eigenen Studie nicht mehr als aktueller Stand zu betrachten, unter anderem da sich der Bologna-Prozess zu dieser Zeit noch nicht umfassend in der Umsetzung befunden hatte.

Weiterhin wird in der vorliegenden Studie die formale Umsetzung explizit untersucht. Die Konzentration wird stärker auf der inhaltlichen Ausgestaltung in translatologischer Hinsicht liegen. Die gemeinsame Absicht besteht in der internationalen Analyse des Bologna-Prozesses mit dem Ziel, grundlegende Schlussfolgerungen über Probleme und Perspektiven desselben zu gewinnen. Der inhaltliche Unterschied der Betrachtung liegt in der umfassenden Einbeziehung der translatologischen Lehre im Rahmen der neuen Abschlüsse, so geschehen bei der Studie Hagemanns, nicht der Translationswissenschaft als solcher. Hagemann versteht die Translationswissenschaft als Lehre des Übersetzens und Dolmetschens insgesamt, nicht nur in wissenschaftlicher Hinsicht. Wir unterscheiden hier allerdings zwischen praktischer Übersetzungslehre und Translatologie als Wissenschaft.

Weiterführend beschreibt die Studie die Tätigkeiten von Übersetzer:innen und Dolmetscher:innen. Dies soll hier nicht thematisiert werden, da es vorausgesetzt wird und nicht den engeren Themenkreis der Arbeit berührt.

3.1.5 Zusammenfassung der theoretischen Forschungsgrundlagen

Die vorliegende Forschung stützt sich auf die kombinierte Anwendung qualitativer und quantitativer Forschungsmethoden, erläutert in 3.1.1, die sich wechselseitig ergänzen. Dies geschieht hauptsächlich anhand der Qualitativen Inhaltsanalyse nach Mayring, die in eine Vorbereitung für eine quantitative Überprüfung in der Zukunft mündet. Im zweiten Unterkapitel 3.1.2 wird auf die didaktische Situation eingegangen, da sich die Zielgruppen der Hochschullehre in den letzten Jahrzehnten sehr stark gewandelt haben. Dies spielt bei der Beurteilung der Forschungsergebnisse und bei der Konzeption passender Lehrmethoden eine wichtige Rolle. Zu diesem Zweck wird das *Constructive*

Alignment als neue Planungsmethode erläutert und bei der Auswertung der Forschungsergebnisse angewendet. Das dritte Unterkapitel zum Thema Lerntheorie, 3.1.3, legt die Grundlage für eine wissenschaftlich fundierte Auswertung der Fragen zum Nutzen der Translatologie, der immer wieder mit dem Begriff des Unbewussten in Verbindung gebracht wird. Zum Abschluss wird unter 3.1.4 auf eine vorausgegangene Studie aus dem Jahr 2005 Bezug genommen, die mit der Untersuchung der strukturellen Voraussetzungen in Übersetzungsstudiengängen eine wichtige Grundlage für die vorliegende Untersuchung bildet.

3.2 Forschungskonzeption

Im vorliegenden Kapitel werden die Konzeption und die Darstellung der vorgelegten Studie erläutert. Es erfolgt dabei auch die Darstellung des gewählten Forschungsdesigns. Die empirische Untersuchung bildet als messbare Grundlage einerseits die Basis für die vorangegangene theoretische Untersuchung des Themas. Andererseits ist sie auch deren Ergänzung, also die praktische Prüfung der theoretischen Überlegungen. Ausgehend von der vorangegangenen Einführung in den aktuellen Forschungsstand sollen nun die genaue Festlegung der Forschungsabsicht und die Beschreibung der Konzeption stattfinden. Für die Konzipierung der Vorgehensweise dient weitgehend das Werk *Empirische Sozialforschung* von Andreas Diekmann (Diekmann 2013). Es ist eine von vielen Abhandlungen zu diesem Thema, Diekmanns Darstellungen sind dabei leicht verständlich und auch für Nicht-Sozialwissenschaftler:innen ohne umfangreiche Vorarbeit anwendbar.

3.2.1 Forschungsziel und Operationalisierung

Der Arbeitsschritt, dem dieses Unterkapitel gewidmet ist, nennt sich Operationalisierung. Die Operationalisierung des Materials dient zur Verknüpfung theoretischer Aussagen, und der darin enthaltenen Begriffe, mit empirisch beobachtbaren Aussagen. Die Begriffe werden folglich insofern operationalisiert, dass sie einer empirischen Analyse zugänglich sind. (Weischer 2007, S. 141 f.)

> Dieser Prozess wird als Operationalisierung bezeichnet. Er umfasst grundsätzlich alle Entscheidungen, die zwischen der Spezifizierung einer Forschungsfrage oder Hypothese und der eigentlichen Datenerhebung getroffen werden müssen; es sind Fragen des Forschungsdesigns, der Erhebungsmethoden, der Auswahlverfahren und insbesondere die Entwicklung spezifischer Erhebungsinstrumente. (Weischer 2007, S. 141)

Neben dem Formulieren der Hypothesen sind Definitionen der in der Untersuchung verwendeten Begriffe von großer Bedeutung. Sie sollten zweckmäßig und präzise formuliert werden, um Missverständnisse zu vermeiden und die Einheitlichkeit der verwendeten Bezeichnungen zu gewährleisten. Sie sind in ihrer Funktion wichtig für den Inhaltsgehalt der aufgestellten Hypothesen, da sie die Operationalisierung der Begriffe ermöglichen, d.h. die Begriffe messbar machen. (vgl. ebd.: 168) Die in diesem Rahmen benötigten Definitionen sind in Kapitel 2.3 (Bologna-Prozess) und 2.6.2 (Translatologie) zu finden.

3.2.1.1 Forschungsproblem

Das Forschungsproblem ergibt sich aus den zuvor geschilderten Problemen des Bologna-Prozesses, den belegten und begründeten Zweifeln an der Erreichung der einzelnen, grundlegenden Reformziele:

- **Internationale Vergleichbarkeit der Studiengänge und -abschlüsse**
  - ➢ Dieses Ziel wird durch die rein strukturelle Vereinheitlichung verfehlt. Die Studiengänge und -abschlüsse sind formal ähnlich, aber keineswegs harmonisiert (siehe z. B. 2.1, 2.5.4, 2.7).
  - ➢ Die mit der Vergleichbarkeit angestrebte Wettbewerbsfähigkeit wird ebenso verfehlt, da die messbaren Kriterien im Grunde nebensächlichen/ergänzenden Charakter zur eigentlichen Forschung und Lehre haben. Da die Berufsvorbereitung vor allem im Rahmen des BA unzureichend ausfällt, kann die Wettbewerbsfähigkeit nicht erreicht werden. Die Wettbewerbsfähigkeit der Hochschulen untereinander soll zur Verbesserung der Qualität führen, was allerdings ebenso angezweifelt wird (siehe 2.1 und 2.5.2).
  - ➢ siehe Hypothese 1+2
- **Zwei Hauptzyklen mit trennbaren Abschlüssen**
  - ➢ Beim Lehramtsstudium beispielsweise gilt der Abschluss nur als vollwertig und berufsbefähigend, wenn BA und MA erreicht wurden. (siehe 2.5.5) Dies trifft auf viele der konsekutiven Studiengänge zu.
  - ➢ In der wirtschaftlichen Praxis werden BA-AbsolventInnen der TranslatologieStudiengänge häufig als nicht ausreichend qualifiziert eingestuft. Der angestrebte schnelle Einstieg ins Berufsleben wird dadurch nicht erreicht (siehe 2.5.3).
  - ➢ siehe Hypothese 1+2
- **Leistungspunktesystem (ECTS)**
  - ➢ Das Leistungspunktesystem zeigt je nach Hochschule ganz verschiedene Punkteverteilungen und ist dadurch ebenfalls kaum vergleichbar.

Fraglich ist dabei, ob es die damit angestrebte Mobilität ermöglicht oder eher behindert (siehe 2.3.3.4).

➢ Siehe Hypothese 2+4

- **Mobilitätsförderung**

➢ Dieses Ziel wird verfehlt aufgrund der nicht anrechenbaren Module und einzelnen Lehrveranstaltungen im Heimatland. Zudem erschweren verschulte, zeitlich knapp geplante Curricula die Planung und Durchführung der eigentlichen Aufenthalte, obwohl oft genügend Fördermittel zur Verfügung stehen. Auch die schwierige Verrechnung der ECTS-Punkte zwischen verschiedenen Hochschulen und Ländern kann zur Beeinträchtigung der Mobilität führen (siehe 2.3.3.4).

➢ Siehe Hypothese 2

- **Europäische Zusammenarbeit bei der Qualitätssicherung**

➢ Die Akkreditierung als grundlegendes QS-Instrument ist ein verwirrendes Konstrukt, teilweise unter der Führung von Wirtschaftsvertretern, das in jedem europäischen Land anders aussehen kann und dies auch tut. Evaluation wird oft als Mittel zur Durchsetzung und Legitimation politisch angestrebter Veränderungen betrachtet (Fraenkel-Haeberle 2014, S. 354). Die QS-Stellen der einzelnen EU-Länder führen zu nationalen Evaluationen, nicht zu europaweiten. Die Wettbewerbsfähigkeit der Hochschulen untereinander soll ebenso zur Verbesserung der Qualität führen, was angezweifelt wird (siehe 2.5.2)

➢ Siehe Hypothese 3

- **Europäische Dimensionen im Hochschulbereich**

➢ Alle vorangegangenen Punkte sprechen gegen das Erreichen europäischer Dimensionen im Hochschulbereich. Beschrieben u.a. in Punkt 2.3.3 nach Maeße (2010), Bekhradnia (2004) und Pritchard (2010).

➢ Siehe Hypothese 4

3.2.1.2 Forschungsdesign

Zur Klassifizierung der Untersuchungsarten im Hinblick auf die durchgeführte Untersuchung kann Folgendes gesagt werden: Es liegt eine *Hypothesenüberprüfung* im weitesten Sinne vor. Die *Prüfung von Hypothesen und Theorien* ist eine der Hauptaufgaben der sozialwissenschaftlichen Forschung. Bei dieser Untersuchungsart sollen vermutete Zusammenhänge von Merkmalen und Variablen im sozialen Gefüge geprüft werden. (Diekmann 2013, S. 37) Diese

Einordnung ergibt sich aus der Situation, dass bisher eine Vielzahl an Arbeiten zu den zu untersuchenden Fragen existiert, die allerdings sehr subjektiv geprägt sind. Die meisten Arbeiten, die sich mit der Entwicklung nach dem Bologna-Prozess beschäftigen weisen eine negative Grundhaltung auf. Sie zielen entweder darauf ab, die Nachteile des Bologna-Prozesses herauszuarbeiten oder dessen Scheitern in verschiedensten Bereichen nachzuweisen. Daher soll zunächst eine Hypothesenüberprüfung durchgeführt werden, die in diesem speziellen Fall eine möglichst objektive Einschätzung des aktuellen Standes gewährleistet. Die ermittelten Ergebnisse dienen dann zur Vorbereitung der weiterführenden Quantitativen Forschung.

Diekmann selbst unterstreicht diesbezüglich neben dem Prinzip der Plantreue auch die Bedeutung der Kreativität und der Anpassung der Forschungskonzeption an das Forschungsproblem und nicht umgekehrt (Diekmann 2013, S. 195 ff.). Der Erkenntnisgewinn steigt, wenn empirische Untersuchungen auf theoretischen Vorüberlegungen fußen (Diekmann 2013, S. 533). Diese Einstellung folgt den Auffassungen Kants, der postulierte: Wenn man forscht, muss man Annahmen vorausschicken und daran die (Natur-)Gesetze überprüfen. Die Erkenntnisse treten nicht von allein zu Tage. Man muss die Natur dazu nötigen, sie preiszugeben. Dies kann u.a. mit selbst gewählten Vergleichsparametern (Gewichte etc.) geschehen. Dabei ist es nötig, Hypothesen geleitete Fragen zu stellen und durch eigenes Denken zu beantworten. (Søndergaard 2010, S. 151 f.) Auf Grundlage dieser Argumentation wird in diesem Projekt die Hypothesenprüfung in einem qualitativ geprägten Forschungsdesign gewählt. Die Sozialwissenschaft ist sich uneinig, ob qualitative Methoden, die eine Subjektperspektive in den Fokus rücken, zur Prüfung von Hypothesen geeignet seien, oder ob dies allein in den Aufgabenbereich der quantitativen Sozialforschung fiele. Die qualitative Forschung ist davon überzeugt, dass sie dies ebenso leisten kann, dass sie sogar Vorteile bietet, die je nach Forschungssituation ausschlaggebend sein können. Die kleinen Stichprobenumfänge ermöglichen tiefergehende Informationsgewinnung und eine intensivere Auswertung. Die offene Gestaltung, die halb oder unstrukturiert sein kann, ermöglicht eine lebensnahe Interviewsituation, die einen größeren Vertrauensgewinn ermöglicht. Die so gewonnenen Informationen zeichnen sich durch eine gesteigerte Validität aus. (Diekmann 2013, S. 531 f.) In einem ausführlichen, persönlichen Interview ist es eher unwahrscheinlich, dass Proband:innen flüchtig, unüberlegt oder gar unwahr antworten.

Der qualitativ angelegten empirischen Personenbefragung geht eine Korpusstudie voraus, die fachliche Grundlagen zur Darstellung der Ausgangslage legen soll, siehe 3.3.1.

3.2.2 Hypothesenbildung

Nachdem das Forschungsziel festgelegt und die damit zusammenhängenden Präzisierungen vorgenommen wurden, wird nun als zweiter großer Schritt der ersten Phase das zu untersuchende *Forschungsproblem* so konkret und genau wie möglich definiert. Dies geschieht durch die Bildung von Hypothesen. Das Forschungsproblem ist dabei kein starres Gebilde, sondern kann im Laufe der Studien, wenn nötig, umformuliert, eingegrenzt oder erweitert werden. (Diekmann 2013, S. 187 f.) Bei der Bildung von Hypothesen und Theorien sind erwartete oder vermutete Zusammenhänge und Häufigkeiten zu formulieren.

Entsprechend der Konzeption der Untersuchung sollen unter diesem Punkt einige Hypothesen aufgestellt werden. Kurz zusammengefasst wird unter einer Hypothese „eine Vermutung über einen bestehenden Sachverhalt" verstanden (Diekmann 2013 124). Die Hypothesen verstehen sich im Kontext des Forschungsproblems „Die Translatologie als Teil des Übersetzungsstudiums im reformierten europäischen Studiensystem". Grundlegend stellt sich dabei nicht nur die Frage nach der strukturellen Gliederung der Lehrinhalte, sondern auch nach der Wahrnehmung der übersetzungswissenschaftlichen Lehre bei den Studierenden und den Lehrenden selbst. Beim hier gewählten Leitfadeninterview wird vorab die von den Befragten erlebte Situation analysiert und die wesentlichen Merkmale herausgearbeitet. (Diekmann 2013, S. 537) Auf Basis der erarbeiteten Szenarien werden im Folgenden die zu prüfenden Hypothesen erstellt. Natürlich ist die offene Gestaltung der Interviews dazu geeignet, spontane weitere Ansatzpunkte einzubeziehen, die womöglich im Vorfeld nicht bedacht wurden und die später zur Bildung zusätzlicher Hypothesen herangezogen werden können (Diekmann 2013, S. 537).

Im Folgenden die Formulierung der Hypothesen:

Hypothese 1: Im Bereich Translatologie wird nur ein Teil der Bologna-Reformziele erreicht, hauptsächlich die Strukturziele (siehe 2.3.3). Dies ist nachzuweisen anhand des Aufbaus und der Inhalte in den beschriebenen Studiengängen in diesem Bereich. Die gestufte, modulare Struktur und die ECTS-Bewertung werden weitgehend umgesetzt.

Hypothese 2: Die strukturelle Gliederung der LV im Rahmen der Module sagt wenig über die inhaltliche Ausgestaltung der translatologischen LV aus. Die Struktur kann ähnlich sein (Ermittlung auf Basis der Vorlesungsverzeichnisse), die inhaltliche Ausgestaltung sehr heterogen. Dies wurde zwar im Rahmen der Bologna-Ziele berücksichtigt, die Vergleichbarkeit fußt allerdings ebenso auf der Anrechenbarkeit der (inhaltlich verschiedenen) Module an verschiedenen Universitäten mittels der ECTS-Punkte. Die

Erreichung der Vergleichbarkeit wird durch die Erfahrungen bei Auslandsaufenthalten bezüglich der Mobilität und nach selbigen bezüglich der Anrechenbarkeit ermittelt. Es werden aufgrund der Vorstudien Probleme bei der Motivation zur Mobilität im Vorfeld und bei der nachträglichen Anrechnung erwartet. Die Studiengänge sind daher nicht vergleichbar.

Hypothese 3: Die Qualitätssicherung wird hauptsächlich im Rahmen der externen Akkreditierung vorgenommen. Es fanden an den Hochschulen zu der Zeit kaum interne Bewertungen statt.

Hypothese 4: Das Erreichen europäischer Dimensionen im Hochschulbereich kann erst dann konstatiert werden, wenn die Gesamtheit der Bologna-Ziele umgesetzt wird oder sich auf einem nachweisbaren Weg dahin befindet. Sofern bei der Untersuchung festgestellt wird, dass hauptsächlich die strukturellen Kriterien (Studienstruktur) gut umgesetzt werden, die Übergeordneten Kriterien (Motivation, Mitwirkung und Unterstützung der Studierenden) allerdings vernachlässigt werden, muss das Erreichen europäischer Dimensionen im Hochschulbereich verneint werden.

Zusammenfassung der einzelnen Hypothesen: Im Bereich Translatologie wird bis 2016 nur ein Teil der Bologna-Reformziele erreicht. Dies genügt nicht, um das Erreichen europäischer Dimensionen im Hochschulbereich und die Umsetzung der Bologna-Ziele zu bestätigen.

3.2.3 Planung und Vorbereitung der Erhebung

Nach der ersten, vorrangig thematisch orientierten Phase, folgt nun die zweite Phase der empirischen Untersuchung, die Planung und Vorbereitung der Erhebung. (vgl. Diekmann 2013 187, 192, 209 ff.)

3.2.3.1 Festlegung von Untersuchungsebene und Gegenstandsbereich

Nach der Erläuterung des Forschungsziels und der Hypothesenbildung sind die Untersuchungsebene und der Gegenstandsbereich der Untersuchung zu besprechen. Die Untersuchungsebene gestaltet sich abhängig von der Art der Hypothesen. Hierbei werden im Bereich der Zusammenhangshypothesen Individual-, Kollektiv- und Kontexthypothesen unterschieden. Wir befinden uns im Bereich der *Kollektivhypothesen*, da sich unabhängige und abhängige Variablen auf Zusammenhänge zwischen Kollektivmerkmalen beziehen. (vgl. Diekmann 2013, S. 134)

Da sich die vorliegende Arbeit auf die beispielhaften Erfahrungen von Übersetzerstudierenden mit dem Bologna-System bezieht und ihre jeweiligen

Haltungen zu vermittelten übersetzungswissenschaftlichen Inhalten untersucht werden sollten, werden Kollektivhypothesen aufgestellt. Im vorliegenden Fall kann die Untersuchungsebene demnach auf Übersetzungsstudierende und -absolvent:innen festgelegt werden.

Der Gegenstandsbereich ist darauffolgend einzugrenzen. Dies bezieht sich auf die Festlegung einer für die Studie zweckmäßigen Region. (vgl. Schnell et al. 1999: 7 ff.) Es wurden Beteiligte an Lehrveranstaltungen aus dem übersetzungswissenschaftlichen Bereich befragt, die translatologische Studiengänge belegten. Ergänzend wurden Lehrende in diesem Bereich befragt. Die Befragung umfasste (ehemalige) Studierende mehrerer Hochschulen verschiedener EU-Länder. Diese Teilnehmer:innen wurden aus Bachelor- und Masterabsolvent:innenen oder -studierenden rekrutiert, die ihr komplettes Studium und ihren ERASMUS-Aufenthalt an den untersuchten europäischen Hochschulen absolviert hatten. Die Proband:innen haben das konkrete Erlebnis Auslandsaufenthalt an einer Hochschule mit Bologna-System erfahren. (vgl. Diekmann 2013, S. 536)

Die untersuchten Universitäten gehören alle zu EU-Ländern. Nach der Herkunft der Studierenden/Absolvent:innen wurde nicht selektiert, da die Voraussetzung der Studiengänge von wesentlich größerer Bedeutung war.

Übersetzer:innen wiederum, die innerhalb Europas studiert haben, in deren Curriculum die für diese Untersuchung relevanten übersetzungswissenschaftlichen Aspekte aber fehlen, kommen nicht als Erhebungsobjekte in Frage, da die Verknüpfung der Übersetzungstheorien mit der Studienstruktur die Grundlage dieser Arbeit bildet. Rein *technisch* orientierte Übersetzerausbildungen bzw. Studiengänge sind daher für dieses Untersuchungsziel nicht geeignet. Die Überprüfung des Profils fand bei der ersten Kontaktaufnahme mit den potentiellen Proband:innen statt und die Auswahl der Proband:innen wird im Anhang auf der Liste der studentischen Proband:innen tabellarisch dargestellt. Diese Auswahl bereitete vor allem bei den französischen Hochschulen Schwierigkeiten. Wie bereits in 2.4.2 dargestellt, verzögerte sich die Umsetzung der Hochschulreformen in Frankreich im Vergleich mit anderen Teilnehmerstaaten erheblich. Es war daher schwieriger, geeignete Hochschulen in Frankreich zu identifizieren. Die Proband:innen waren durchaus an einer Mitarbeit interessiert, dennoch musste vorher eingehend geklärt werden, ob deren Hochschulen das Bolognasystem ausreichend umsetzten, um sie in die Erhebung einzubeziehen. Da bei den französischen Hochschulen sehr viele verschiedene Organisationsformen auftraten, musste jede Hochschule einzeln geprüft werden. Dabei wurde beispielsweise Lyon ausgeschlossen, da dort keine ausreichend vereinheitlichten Strukturen existieren. Es gibt in Lyon zwar Module, aber keine nach Bologna-Norm gestuften Abschlüsse. An der ESTRI beispielsweise, die zu Lyon 3 gehört, heißen die Abschlüsse *certificats* und sie sind vom Arbeitsministerium anerkannt, aber nicht vom Ministerium für nationale Bildung. Weiterhin gibt es keine übersetzungstheoretischen Veranstaltungen. Es hat daher echten Fachhochschulcharakter und fällt aus der Bologna-Reformstruktur heraus.

3.2.3.2 Zeitfaktor

Das Forschungsdesign einer Erhebung kann drei zeitliche Modi aufweisen: Es kann eine Gestaltung nach *Querschnitts-*, *Trend-* oder *Paneldesign* vorliegen. Das *Querschnittsdesign* ist für die einmalige Erhebung von Eigenschaften zu einem Zeitpunkt oder innerhalb einer kurzen Zeitspanne vorgesehen. *Trend-* und *Paneldesign* unterscheiden sich nur minimal. Sie sind beide für wiederholte Messungen gleicher Variablen zu mehreren Zeitpunkten konzipiert. (Diekmann 2013, S. 304)

Da es in dieser Arbeit nicht um die zeitliche Entwicklung der translatologischen Inhalte in der Lehre geht, sondern um den momentanen Grad der Manifestation der Translatologie im Bologna-System, muss nicht die längerfristige Entwicklung, sondern jeweils der derzeitige Stand erfasst werden. Zu diesem Zweck findet im vorliegenden Fall eine *Querschnittserhebung* statt. Es wäre in Zukunft durchaus möglich, durch Wiederholung der Erhebung in ähnlicher oder stärker standardisierter Form, die Studie zu einer Panelstudie auszugestalten.

3.2.3.3 Typ und Größe der Stichprobe

Die nächste Etappe zur Festlegung des Forschungsdesigns ist die Auswahl von Typ und Größe der Stichprobe (Diekmann 2013, S. 194). Hierbei muss bedacht werden, dass durch Verzerrung und Selektivität, die sich wechselseitig bedingen, Ungenauigkeiten auftreten können. Haben ein Teil der Elemente der Grundgesamtheit durch selektive Auswahl der Erhebungsobjekte eine geringere Chance befragt zu werden als ein anderer Teil, muss davon ausgegangen werden, dass die Ergebnisse verzerrt werden. Dieser Faktor sollte bei der Auswahl des Stichprobenverfahrens normalerweise unbedingt beachtet werden. Bei einem Zufallsstichprobenverfahren (Wahrscheinlichkeitsauswahl) ist die Gefahr der Selektivität und somit der Verzerrung am geringsten. (Schnell et al. 1999, S. 253 ff.)

Neben den beiden anderen Stichprobenverfahren (*willkürliche Auswahl* und *bewusste Auswahl*) ist die *Wahrscheinlichkeitsauswahl* oder auch *Zufallswahl* jedoch auch die aufwändigste Variante. Dabei müssen sämtliche Elemente der Grundgesamtheit, also alle Elemente der Population, auf die sich die Auswahl bezieht und über die etwas ausgesagt werden soll, bekannt sein. Nur so kann die Erhebungsgesamtheit, also alle Elemente der Grundgesamtheit, die eine Chance haben befragt zu werden, mit gleichen Chancen ermittelt werden. Diese Art der Stichprobe könnte beispielsweise für eine so genannte repräsentative Befragung zum vorliegenden Thema angewendet werden. Bei der aktuellen Befragung wurde allerdings hiervon abgesehen. Die Festlegung der Grundgesamtheit erfolgte bereits durch das Grundlagenwerk von Hagemann (Hagemann 2005) und ist daher nicht erforderlich. Nun sollen allerdings typische Ausprägungen derselben ermittelt werden. Die Annahme der typischen Ausprägung gehört in den Bereich der Hypothesen. Dafür ist es nicht nötig, alle Elemente der Grundgesamtheit zu erreichen. (vgl. Schnell et al. 1999, S. 279) Sollte bei der Studie innerhalb der Erhebungsgesamtheit eine deutliche Diskrepanz der Ergebnisse auftreten, kann auf Grundlage der Studie eine größer angelegte, quantitative Erhebung angestrengt werden.

Der direkte Kontrast zur Zufallswahl ist, wie oben erwähnt, die *bewusste Auswahl*. Trotz ihrer absoluten Selektivität kann sie in einer wissenschaftlichen Studie Anwendung finden, wenn auch nur in sehr speziellen Fällen. Sie dient beispielsweise zur vorbereitenden Orientierung oder auch zur Untersuchung extremer oder typischer Fälle. (vgl. Schnell et al. 1999, S. 278) Bei der vorliegenden Arbeit wird die bewusste Auswahl angewendet, da sich auf diese Weise am gezieltesten Ergebnisse ermitteln lassen (Erreichbarkeit der Proband:innen) und es sich jeweils um typische Fälle handelt. Für solche Fälle können in hypothesenprüfenden Untersuchungen sehr gut willkürliche Stichproben verwendet werden. (Diekmann 2013, S. 195) In diesem Fall ist die Zielgruppe sehr speziell und durch die bewusste Ansprache können leichter geeignete, motivierte Proband:innen erreicht werden. (siehe dazu 3.2.3.1) Daher fand eine direkte Ansprache der potentiellen Proband:innen statt, die der ersten Einschätzung nach in Frage kommen konnten. Die Angesprochenen waren entweder Mitarbeiter:innen des ehemaligen Arbeitsgebers der Autorin *Wohanka, Obermaier & Koll. GmbH (heute t'works-Gruppe)*, ehemalige Praktikantinnen desselben, ehemalige Teilnehmer:innen der Lehrveranstaltungen der Autorin an der Universität Leipzig oder Bekannte von bereits gewonnenen Proband:innen, die sich aufgrund der Weiterempfehlung zur Teilnahme bereit erklärten.

Die Expert:innen wurden offiziell in ihrer Kompetenz als Fachleute angesprochen und diejenigen befragt, die sich bereit erklärten, die zum relevanten Thema fachlich aussagekräftig waren, und deren Tätigkeitsort sich in erfahrbarer Entfernung befand. Dies kam zustande, da eine studentische Probandin an ihrem Heimatort in Straßburg befragt wurde, und die Erreichbarkeit der Universität in Straßburg somit gegeben war. Der deutsche Experte war in Leipzig ebenso gut zu erreichen.

Eventuelle Abhängigkeitsverhältnisse, die Ergebnisse verzerren oder zu nicht wahrheitsgemäßen Antworten führen könnten, werden wie folgt ausgeschlossen: Die Proband:innen standen zur Zeit der Erhebung in keinerlei Abhängigkeitsverhältnis zur forschenden Person, da die Doktorandin selbst zum Zeitpunkt der Studie nicht bei dem erwähnten Arbeitgeber beschäftigt war. Dies schließt eine finanzielle oder disziplinarische Abhängigkeit aus. Die ehemaligen Kolleg:innen erklärten sich aus eigenem Antrieb und Interesse bereit, an der Studie mitzuwirken. Bei den ehemaligen Angestellten (Praktikant:innen) stellte sich das Problem ebenso wenig, da sie selbst nicht mehr bei der erwähnten Arbeitgeberin beschäftigt waren. Was die Studierenden angeht, so verhielt es sich ähnlich. Sie belegten zum Zeitpunkt der Studie keine Lehrveranstaltungen im Verantwortungsbereich der Autorin. Somit kann auch eine Leistungsabhängigkeit im universitären Rahmen ausgeschlossen werden. Abhängigkeitsverhältnisse zu den Expert:innen konnten generell ausgeschlossen werden, da kein dienstliches oder anderweitiges persönliches Verhältnis zwischen den befragten Personen und der Autorin bestand.

Es wurden abschließend 16 geeignete Proband:innen ausgewählt und befragt, wovon 5 Interviews komplett schriftlich ausgewertet wurden, bis eine Sättigung eintrat, d.h. sich die Antworten und Aussagen der Proband:innen in mehreren wichtigen Teilbereichen erkennbar wiederholten. Die übrigen Interviews wurden ergänzend nach konkreten Fragestellungen ausgewertet und einbezogen. Von den Interviews der 5 Expert:innen wurde lediglich eines (Experte IALT) in Teilen und als Ergänzung bei der Auswertung herangezogen, da die komplette Auswertung den Rahmen der Untersuchung überzogen hätte. Die nicht komplett ausgewerteten Interviews können für die Weiterverarbeitung in anderen Forschungsarbeiten zur Verfügung gestellt werden.

3.2.3.4 Erhebungsmethode und -instrument

Nachdem die Erhebungsgesamtheit für die Stichprobe eingegrenzt wurde, muss eine *Erhebungsmethode* festgelegt werden. Es gibt dabei vier Verfahren, die *Befragung*, die *Beobachtung*, die *Inhaltsanalyse* und die *Untersuchung von Verhaltensspuren*. Die zu wählende Erhebungsmethode ist auf die Erhebungsobjekte abzustimmen. Es muss daher geklärt werden, um welche Art Erhebungsobjekte es sich handelt. Im vorliegenden Fall sind dies Personen. Andere mögliche Erhebungsobjekte wären Personengruppen oder auch nichtpersonelle

Erhebungsobjekte, wie z.B. Texte. Für Personen eignet sich eine *Befragung* gut, diese kann persönlich, schriftlich oder telefonisch sein. (Diekmann 2013, S. 195 f.) Im vorliegenden Fall wurde die persönliche *Befragung* gewählt. Einige Proband:innen wurden aus Gründen der Entfernung bildtelefonisch über Skype oder im Rahmen eines klassischen Telefongesprächs befragt.

Zur Durchführung der Befragung ist ein *Erhebungsinstrument* nötig. Dies ist eine „geeignete Zusammenstellung der Meßoperationen für sämtliche Variablen, die in die Datenerhebung einbezogen werden sollen“ (Diekmann 2013, S. 194). Im vorliegenden Fall stellte das Interview das Erhebungsinstrument dar. Es handelt sich dabei, wie bereits angesprochen, um eine qualitative Befragungsmethode. Die qualitative Forschung ist üblicherweise an der Subjektperspektive interessiert und soll bezüglich der Fragen und Antworten offen sein. Es wird dabei dennoch die Prüfung der Hypothesen ermöglicht, denn es ist stets von größerem Interesse, wenn der empirischen Erhebung eine theoretisch generierte Fragestellung vorausgeht. (Diekmann 2013, S. 533) Man erhält beispielsweise Ansätze zur Belegung oder Widerlegung der Hypothesen, indem man erwartete Reaktionen abprüft, die aus der vorhergehenden Situationsanalyse herrühren. Deren Ausbleiben oder Auftreten kann die Hypothese bestätigen oder widerlegen. (Diekmann 2013, S. 538) Die Vorteile bei der qualitativen Erhebung, die Stichproben nur in sehr kleinem Umfang ermöglicht, sind die größere Tiefe und die intensivere Auswertung des Materials. Mittels alltagsnaher Gesprächssituationen wird im halbstrukturierten Interview die Gewinnung valider Informationen angestrebt. (vgl. Diekmann 2013, S. 531 f.) Bei affektiven Reaktionen der Proband:innen kann die Interviewende mittels Nachfragen eine größere Tiefe erreichen. (Diekmann 2013, S. 538)

3.2.3.5 Konzept und Aufbau des Interviews

Befragungen weisen unterschiedliche Grade der Standardisierung (auch Strukturierung) auf. Fragebögen, die ausschließlich geschlossene Fragen beinhalten, sind vollständig standardisiert. Interviews beispielsweise, bei denen nur das Thema vorgegeben wird, sind nicht standardisiert. Doch auch bei qualitativen Interviews muss mit Methode vorgegangen werden, da verschiedene Techniken qualitativer Befragung existieren. (Diekmann 2013, S. 536) Es gilt dabei, dass ein Interview stets so offen wie möglich gestaltet werden sollte, um die größte Bandbreite an Reaktionen und Antworten zu erhalten. Dabei muss es allerdings so strukturiert wie nötig aufgebaut werden, damit die Befragten nicht vom Thema abkommen und das Forschungsinteresse gewahrt bleibt. Je stärker das Interview auf die Erlangung bestimmter Informationen ausgerichtet ist, desto mehr Struktur kann geschaffen werden. (Helfferich 2014, S. 559 ff.)

Im vorliegenden Fall handelt es sich um ein problemzentriertes Leitfadeninterview. Dies gehört zu den Fokusinterviews, die sich auf einen bestimmten Bereich beziehen und nicht frei narrativ ausgelegt sind. Die Grundannahme ist hier ein bestimmtes Erlebnis, dass die Proband:innen erfahren haben. Dies liegt im Studiengang des Übersetzens im Rahmen des BA-/MA-Systems im Allgemeinen und im Absolvieren eines Auslandsstudiums, eines ERASMUS-Aufenthaltes oder eines anderen Auslandsaufenthalts im Rahmen des BA-/MA-Systems im Besonderen. Es werden somit in einem halb strukturierten Interview die Reaktionen auf das Erlebte untersucht. (Diekmann 2013, S. 536 f.)

Für die Durchführung eines solchen, von einem Leitfaden gestützten Interviews ist der ***Interviewleitfaden*** zu erstellen. Er enthält Themen, die im Verlauf des Interviews zur Sprache kommen sollen. Die Fragestellungen sind dabei offen und die Reihenfolge der Fragen muss nicht eingehalten werden. Es soll ein möglichst natürlicher Gesprächsfluss entstehen. Die freien Angaben sind dabei von großer Bedeutung für die Analyse aller Fragen. Nur in einer völlig frei zu formulierenden Antwort kann die Grundeinstellung der Teilnehmenden uneingeschränkt ausgedrückt werden. Das Ziel des Interviews ist dabei einerseits die Prüfung der aufgestellten Hypothesen, andererseits bietet das Interview Raum für Unerwartetes, neue Aspekte und Gesichtspunkte. Diese können in die aktuellen Betrachtungen einfließen oder zur Bildung neuer Hypothesen führen. (Diekmann 2013, S. 537 f.)

Beim Aufbau des Leitfadens ist zu berücksichtigen, dass eine möglichst offene, aber dem Zweck dienliche, strukturierte Gestaltung angestrebt wird. Dies kann auch mit der Form des Leitfadens und der Herangehensweise an das Interview beeinflusst werden:

- Zu Beginn sollte eine möglichst freie Meinungsäußerung ermöglicht werden. Die Erzählaufforderung ist offen und regt zu spontaner Äußerung an.
- Als zweiter Schritt erfolgen Nachfragen zu Punkten, die noch nicht in ausreichender Tiefe thematisiert wurden.
- Die beiden ersten Schritte können sich wiederholen oder abwechseln.
- Abschließend werden strukturierte und vorformulierte Fragen gestellt, die noch fehlende Aspekte abdecken.

(Helfferich 2014, S. 566) (vgl. Diekmann 2013, S. 537 f.)

Der Interviewleitfaden (siehe Anhang: *Interviewleitfaden Version I – Pretest* und *Interviewleitfaden Version 2 – Gesamterhebung Translatolog:*innen) wurde auf Basis dieser Vorgaben, den Empfehlungen Diekmanns und anhand eines

Beispielleitfadens aus der Sozialforschung erstellt (Baum 2013). Die Fragen sind in mehrere Themenbereiche gegliedert, so genannte thematische Blöcke, die wie folgt aufeinander aufbauen (vgl. Diekmann 2013, S. 483):

In ***Teil 1*** *Allgemeine Angaben zu den Lehrveranstaltungen* wurden Informationen zu den Rahmenbedingungen (Studiengänge, Orte der Hochschulen, konkrete Lehrveranstaltungen und deren Inhalte und Aufbau etc.) zusammengetragen. Danach folgen in ***Teil 2*** *Auswirkungen der Bildungsreform auf die Ausgestaltung der Lehrveranstaltungen* einige Fragen zur methodischen Ausgestaltung der betreffenden Lehrveranstaltungen und die Effekte derselben. ***Teil 3*** betraf konkret die *Umsetzung der Bologna-Ziele in der Praxis* und thematisierte Auslandsstudien, Anerkennungen der Leistungen und ECTS-Punktevergabe.

Die Fragen aus den drei Blöcken konnten dabei allerdings auch gemischt beantwortet werden. Dies geschah ziemlich häufig, wie später bei der Auswertung noch genauer erläutert wird.

Das Interview ist ein Akt der Textproduktion in einer bestimmten, nicht natürlich generierten Kommunikationssituation. Diese wird durch die Vorgaben der Interviewenden und die Vorstellungen der Proband:innen vordefiniert. Die Grundlage für das Gelingen dieser Kommunikation zwischen den Kommunikationspartner:innen ist eine gemeinsame Sprache. (Helfferich 2014, S. 559 ff.) Diese ist im vorliegenden Fall bei den meisten Interviews das Deutsche, da auch die Proband:innen aus anderen Staaten das Deutsche beherrschten. Eine Ausnahme bilden die Interviews aus Straßburg. Diese wurden ausnahmslos auf Französisch geführt, auch wenn die Interviewten Deutsch beherrschten. Der Grund dafür lag in der Änderung der Kommunikationssituation, was den Ort angeht. Dabei spielte es nicht nur eine Rolle, dass die Interviews in Frankreich stattfanden, sondern dass die Interviewten sich vornehmlich dort aufhalten, dort leben und im Berufsleben größtenteils Französisch kommunizieren. Außerdem gab es drei Interviewpartner:innen, die kein Deutsch beherrschten. Die beiden Deutsch sprechenden Interviewpartner:innen wählten selbst das Französische als Interviewsprache. Die Übersetzerstudentin entschied sich dafür, da sie so Details und komplizierte Zusammenhänge schneller und besser schildern konnte, auch wenn ihr gesprochenes Deutsch auf einem sehr hohen Niveau lag. Der Translatologiedozent sprach Französisch, flocht allerdings an manchen Stellen bei Bedarf deutsche Erläuterungen oder die Übersetzung einzelner Wörter ein.

Das Interview beinhaltete standardmäßig offene Fragen. Dabei ist der Spielraum für den Antwortenden am größten. Bei der *offenen Frage* kann die Person ihre Antwort vollkommen frei formulieren. Eine eventuelle Kategorisierung der Antworten findet erst bei der Auswertung statt (vgl. Atteslander 2003: 161 f.).

Die Beantwortung offener Fragen ist immer schwieriger als die geschlossener, da die befragte Person sich direkt an etwas erinnern und dies äußern soll. Allerdings ist der Grad der Beeinflussung dabei niedriger und die Ehrlichkeit der Antworten höher als bei geschlossenen Fragen. (vgl. ebd.: 164) In einem solchen Leitfadeninterview wird das Fakten- und Erfahrungswissen der Proband:innen erhoben. Die Personen berichten ihre eigene, subjektiv geprägte Wahrheit, wie sie sie im Augenblick des Interviews empfinden. Es kann bei solchen subjektiven Eindrücken natürlich auch vermutet werden, dass die Proband:innen nicht immer die Wahrheit sagen. Allerdings neigen Proband:innen, die freiwillig und aus fachlichem Interesse an einem Interview teilnehmen, nicht dazu die Unwahrheit zu sagen, auch wenn sie möglicherweise Details modifizieren, indem sie sie weglassen, ausschmücken, abmildern oder überspitzt darstellen. (Helfferich 2014, S. 561)

Die Auswertung der offenen Fragen erfolgte entweder halb quantitativ durch Gruppenbildung, die je nach Häufigkeit ähnlicher Antworten stattfindet, oder durch direkte interpretative Auswertung. Diese Ermittlung relevanter Antwortkategorien und die qualitative Auswertung der offenen Fragen fällt in die grundlegende Erforschung des wenig untersuchten Problemfeldes, eine unserer Aufgaben in der vorliegenden Untersuchung. Je nach Reaktionsvielfalt und Frage werden dann bei der Auswertung die erwähnten Kategorien gebildet, oder direkte Schlüsse aus einzelnen Äußerungen gezogen. (vgl. ebd.: 160 ff.) Zum Zweck dieser Auswertung wurde die Methode der qualitativen Inhaltsanalyse nach Mayring herangezogen (Mayring 2010). Dazu finden sich die weiterführenden Ausführungen im Kapitel der Auswertung unter 4.1.2 wieder.

3.2.3.6 Einschätzung des Leitfadens im Pretest

Vor der Befragung der gesamten Teilnehmer:innenzahl wurde ein Pretest durchgeführt. Die Bezeichnung Pretest beschreibt dabei eine erste Befragung vor der Gesamtuntersuchung zur Überprüfung des Untersuchungsinstruments, z. B. eines Fragebogens oder Leitfadens, „an einer ausgewählten Personengruppe, um die Eindeutigkeit und Verständlichkeit der ausgewählten Fragen zu prüfen“ (Reinhold 1991, S. 458). Der Zweck des Pretests geht dabei über die reine Verständlichkeitsprüfung hinaus, denn er soll bereits richtungsweisende Tendenzen aufzeigen, mit denen das weitere Vorgehen eingegrenzt werden kann. (ebd. 1991, S. 30)

Der Leitfaden wurde im Rahmen dieser Vorstudie getestet, um Schwachstellen vor einer möglichen Wiederverwendung zu erkennen und zu bereinigen.

Weiterhin wurde damit die voraussichtliche Dauer der Interviews ermittelt und eine erste Rückmeldung der Probandin auf das Erhebungsinstrument ermöglicht. Das Ergebnis war insgesamt zufriedenstellend. Die Probandin konnte den Leitfaden gut als Vorbereitungsinstrument nutzen und fühlte sich ausreichend über die Hintergründe und das Thema informiert. Die Struktur und der Aufbau der Fragen waren für sie nachvollziehbar und verständlich. Im Gesprächsverlauf kamen die meisten Punkte von selbst zur Sprache, sodass der Leitfaden zunehmend als Kontrollinstrument und Gedächtnisstütze genutzt werden konnte. Das Interview dauerte etwa 70 Minuten. Durch die systematische Erzählweise der Probandin konnte der Zeitrahmen überschaubar gehalten werden. Sofern andere Proband:innen größere Informationsumfänge vermitteln wollten oder mehr Zeit benötigt hätten, um sich auszudrücken, waren hier noch Zeitreserven nutzbar.

Der Leitfaden musste auf Basis des geschilderten Pretests folglich nur geringfügig überarbeitet und präzisiert werden. Es fiel ein Missverständnis in der Formulierung auf. Die Probandin verstand die Fragen nach den „translatologischen" Lehrveranstaltungen und Inhalten als Frage nach allen übersetzungsbezogenen Lehrveranstaltungen und Inhalten. Es sollten allerdings lediglich die übersetzungstheoretischen Inhalte, also die Inhalte mit Bezug zur Übersetzungstheorie (Übersetzungsgeschichte und -wissenschaft, Translatologie) erfragt werden. Dies wurde im Laufe des Interviews im Detail erfragt und im Anschluss in der neuen Version des Leitfadens präzisiert.

Eine allgemein nutzbare Theorie zur Formulierung von Fragen in Fragebögen gibt es bisher noch nicht, da jede Befragung ein sozialer Prozess ist und sich somit die Fragestellung immer wieder verändert. Die Befragung steht immer in einem komplizierten gesellschaftlichen Zusammenhang und es sind nie alle Umstände vollkommen vorhersehbar und einschätzbar. Es gibt einige Grundregeln, die beachtet werden sollten. (vgl. Atteslander 2003) Wichtige Vorgaben wären dabei beispielsweise: Fragen sollten kurz, verständlich und präzise formuliert sein. Der Ausdruck sollte förmlich sein, übertriebene Umgangssprache ist zu vermeiden. Auf verwirrende grammatische Konstruktionen wie doppelte Verneinungen sollte ebenfalls verzichtet werden. Die Fragen sollten nicht indirekt oder suggestiv sein. Weiterhin sind sie eindimensional zu gestalten, sodass sie jeweils nur einen inhaltlichen Aspekt ermitteln, und die Befragten nicht überfordern. (Diekmann 2013, S. 479 ff.) Diese Vorgaben wurden bei der Erstellung des aktuellen Erhebungsinstruments eingehalten.

3.2.4 Zusammenfassung der Forschungskonzeption

Im hiermit abgeschlossenen Kapitel wurde die Konzeption der vorgelegten Studie erläutert und das gewählte Forschungsdesign dargestellt. Die Zweifel an der Erreichung der einzelnen, grundlegenden Reformziele wurden als Forschungsproblem definiert und deren Analyse wurde mittels einer Korpusuntersuchung und einer Hypothesenüberprüfung ermöglicht Im Folgenden wurden unter 3.2.2 vier Hypothesen aufgestellt, die sich auf Gruppen thematisch und inhaltlich zusammengehöriger Reformziele beziehen und deren Fortschreiten und Erfolg überprüfen helfen sollten. Zusammengefasst lautete die Grundaussage der Hypothesen: Im Bereich Translatologie wurde bis 2016 nur ein Teil der Bologna-Reformziele erreicht. Dies genügt nicht, um das Erreichen europäischer Dimensionen im Hochschulbereich und die Umsetzung der Bologna-Ziele zu bestätigen.

Anschließend folgte die Planung und Vorbereitung der Erhebung mit Festlegung der Untersuchungsebene, die Kollektivhypothesen umfasste, und Übersetzerstudierende und -absolvent:innen betraf, und des Gegenstandsbereichs. Dieser betraf Übersetzungsstudierende und -absolvent:innen, die im europäischen Raum an Hochschulen studiert hatten, die entsprechend der Bologna-Reformen unterrichten und deren Fächerkombination als gemeinsamen Verbindungsfaktor translatologische Veranstaltungen beinhalteten. Ergänzend befragt wurden einzelne Lehrende in diesem Bereich als Expert:innen.

Es erfolgte eine Querschnittserhebung. Als Erhebungsmethode wurde die Befragung gewählt und das Interview als entsprechende Erhebungsmethode. Aufgrund der erarbeiteten Forschungskonzeption wurde ein problemzentriertes Leitfadeninterview durchgeführt. Dies gehört zu den Fokusinterviews. Bei der Erstellung des Leitfadens wurden problemzentrierte, offene Fragen verwendet, um die Antwortmöglichkeiten für die Proband:innen möglichst weit offen zu lassen. Die Fragen waren in thematische Blöcke gegliedert, wurden aber meistens gemischt beantwortet. Der Leitfaden wurde in einem Pretest, also einem ersten Testinterview, angewendet und in der Folge leichten Anpassungen unterzogen, bevor die übrigen Interviews durchgeführt wurden.

Die Auswertung der Antworten erfolgte mit dem Verfahren der Qualitativen Inhaltsanalyse nach Mayring mit anschließender Diskussion. Dies geschah entweder halb quantitativ durch Gruppenbildung, die je nach Häufigkeit ähnlicher Antworten stattfindet, oder durch direkte interpretative Auswertung. Von den 16 durchgeführten Interviews wurden 5 komplett mittels der Qualitativen Inhaltsanalyse ausgewertet, bis eine Sättigung eintrat, und die übrigen wurden bei konkreten Fragestellungen einbezogen, sodass die Analyse ergänzt und komplettiert werden konnte.

3.3 Umsetzung des Forschungsvorhabens

Die nächste Phase umfasst die Erhebung der Daten mit der gewählten Erhebungsmethode, im vorliegenden Fall die bereits erläuterte Befragung. (Diekmann 2013, S. 196)

Für die Auswertung müssen die erhobenen Daten zunächst erfasst, d.h. in eine analysefähige Form übertragen und auf Fehler kontrolliert werden. Die Dokumentation der methodischen Schritte der Untersuchung sollte insgesamt nachvollziehbar bleiben, zusätzlich ist das Erhebungsinstrument im Anhang einzusehen. Eine abschließende Zusammenfassung der Erkenntnisse, der Forschungsbericht, erfolgt unter Punkt 4. (vgl. Diekmann 2013, S. 196 f.)

3.3.1 Korpusuntersuchung

In Vorbereitung der Personenbefragung erfolgt die empirische Studie als eingehende Sichtung des Korpus. Dieses besteht aus folgenden Materialien, die bei den jeweiligen Hochschulen angefordert bzw. aus der Internetpräsenz entnommen wurden:

- Studienordnungen
- Prüfungsordnungen
- Modulbeschreibungen und Studienverlaufspläne
- Vorlesungsverzeichnisse

Nicht von jeder Hochschule liegt das Korpus in exakt dieser Form vor. Manche Hochschulen geben ein gesamtes Dokument als Übersicht heraus, manche bieten die Aufschlüsselung auf einzelnen Seiten ihrer Internetpräsenz.

Exemplarisch wurden Dokumente der deutschen Universitäten Leipzig, IALT (IALT 2014, 2015b) und Mainz, FTSK Germersheim (FTSK Germersheim 2012) genauer untersucht.

Es konnten hauptsächlich aus Gründen der Verfügbarkeit nicht alle Dokumente herangezogen werden. Weiterführende Infos dazu unter 3.3.1.4.

3.3.1.1 Integration der Bologna-Ziele in den Dokumenten des IALT Leipzig

Die Bologna-Ziele müssen für die jeweiligen Studiengänge in den relevanten geltenden Vorschriften (Studienordnung etc.) festgeschrieben sein. Dies wurde anhand der Studienordnung des IALT (Leipzig) überprüft und mit den vergleichbaren Dokumenten des FTSK Germersheim abgeglichen. Dabei ergab sich folgendes Bild.

Die konsekutiven Studiengänge Bachelor Translation, Master Translatologie und Master Konferenzdolmetschen wurden im Jahr 2006 am IALT neben den bisher bestehenden Diplomstudiengängen Übersetzen und Dolmetschen eingeführt. Die Diplomstudiengänge liefen in den Folgejahren aus, alle neu immatrikulierten Studierenden wurden ab dem Wintersemester 2006/2007 in die neuen Studiengänge aufgenommen. Die Probandin Andrea hat tatsächlich den allerersten Jahrgang der neuen Studiengänge absolviert.

In der Studienordnung des **IALT** finden sich sowohl für den Abschluss BA Translation als auch MA Translatologie folgende Bologna-Ziele repräsentiert:

Die *Internationale Vergleichbarkeit der Studiengänge und -abschlüsse* spielt bereits bei den Zugangsvoraussetzungen zum BA- und MA-Studiengang eine Rolle. Dort werden Sprachkenntnisse definiert, die dem einheitlichen Europäischen Referenzrahmen entsprechen müssen. (IALT 2014, S. 2) (IALT 2015b, S. 2§ 2 (2)) Dies ermöglicht den Zugang zum Studium für alle europäischen Bürger:innen, die in ihrem jeweiligen Land Sprachkenntnisse mit den erforderlichen europäischen Niveaustufen erworben haben. Was die Erbringung von Leistungen angeht, so wird gefordert, dass die Studierenden bei ihren Auslandsaufenthalten Module belegen, die auch am IALT anrechenbar, also mit den örtlichen Modulen vergleichbar sind. (IALT 2014, S. 7) Beim MA-Studiengang muss die Anrechnung beantragt werden und sollte im Voraus nach einer Studienfachberatung durch eine Studienvereinbarung gesichert werden. (IALT 2015b, S. 6)

Die *Gestufte Studienstruktur (zwei Hauptzyklen mit trennbaren Abschlüssen)* wird bereits mittels der Trennung der beiden Studienordnungen für BA und MA verankert. Überdies wird in § 5 Abs. 3 der SO für BA festgelegt, dass der Abschluss Bachelor of Arts als erste berufsqualifizierende Stufe gilt. (IALT 2014, S. 4) Als Zugangsvoraussetzungen für den MA wird in § 2 Abs. 1 SO MA ein erster berufsqualifizierender Hochschulabschluss verlangt. (IALT 2015b, S. 2) Weiterhin wird der Master als konsekutiv definiert und als berufsqualifizierend beschrieben (IALT 2015b, S. 3 § 5 (2), (5)).

Das *Leistungspunktesystem (ECTS)* wird u. a. in § 4 Abs. 1 SO BA mit den Anforderungen von 180 Leistungspunkten (LP) in sechs Semestern für den Bachelorabschluss (IALT 2014, S. 3) und in § 4 Abs. 1 SO MA mit 120 LP in vier Semestern für den Masterabschluss (IALT 2015b, S. 2) festgeschrieben. Die dazugehörige Modulstruktur wird in § 8 Abs. 1 SO BA und § 8 Abs. 3 SO MA dargelegt. Ein Modul beinhaltet 10 Leistungspunkte bei drei verschiedenen Modulformen, Pflichtmodul, Wahlpflichtmodul und bei BA zusätzlich das Wahlmodul. (IALT 2014, S. 4 f.) § 8 Abs. 3 SO BA und § 8 Abs. 1 SO

MA legen fest, dass pro Studienjahr üblicherweise 60 wie unter 2.3.3.2 definierte Leistungspunkte zu erbringen sind. (IALT 2014, S. 5) Die kumulierte Abschlussprüfung, die sich aus den laufenden Modulprüfungen ergibt und die Bachelor- bzw. Masterarbeit als wissenschaftliche Arbeitsleistung werden unter § 11 SO BA/MA definiert.

Zur *Mobilitätsförderung* finden sich in beiden Ordnungen hauptsächlich die § 9 bezüglich des empfohlenen Auslandsaufenthaltes, der von den Studierenden selbst zu organisieren ist und eine „sinnvolle thematische Vertiefung ihres Studiums" darstellen soll. (IALT 2014, S. 7)

Was die *Europäische Zusammenarbeit bei der Qualitätssicherung* angeht, so finden sich keine expliziten Hinweise darauf in den beiden SO. Beide § 12 fallen allerdings unter diesen Punkt, denn dieser regelt die Studienberatung, die vor allem greift, wenn ein/e Studierende/r innerhalb eines vorgeschriebenen Zeitraumes keine Prüfungsleistungen erbringt und somit die Regelstudienzeit nicht einzuhalten droht. (IALT 2014, S. 8) (IALT 2015b, S. 6) Da die Qualitätssicherung ebenfalls die Verringerung von Abbruchquoten erzielen soll, fällt dieser Absatz unter QS-Präventionsmaßnahmen.

Abschließend können die *Europäischen Dimensionen im Hochschulbereich* aus der Gesamtheit dieser Regelungen abgeleitet werden. Die SO des IALT berücksichtigen diese im erforderlichen Maße.

3.3.1.2 Integration der Bologna-Ziele in den Dokumenten des FTSK Germersheim

Die konsekutiven Studiengänge Bachelor und Master wurden ebenfalls im Jahr 2006 am Fachbereich Translations-, Sprach- und Kulturwissenschaft FTSK Germersheim eingeführt (Rösener et al. 2019, S. 27 f.). Die Prüfungsordnung der FTSK Germersheim (vgl. FTSK Germersheim 2012) ist stärker anwendungsorientiert als die zuvor erläuterte Studienordnung und es wird nicht jedes einzelne Konzept ausführlich erläutert. Es finden sich sowohl für den Abschluss BA Translation (als auch MA Translatologie) folgende Bologna-Ziele repräsentiert:

Die *Gestufte Studienstruktur (zwei Hauptzyklen mit trennbaren Abschlüssen)* wird wie am IALT mittels Trennung der beiden Prüfungsordnungen für BA und MA verankert. Überdies wird in § 1 Abs. 2 der PO für BA festgelegt, dass der Studiengang grundständig ist und der Abschluss Bachelor of Arts als erste berufsqualifizierende Stufe gilt. Der akademische Grad wird als Bachelor of Arts (B.A.) definiert. Es wird in § 4 Abs. 1 der PO BA die Regelstudienzeit auf drei Jahre (6 Semester) festgesetzt.

Das *Leistungspunktesystem (ECTS)* manifestiert sich über die Festlegung der Punkte, die für die verschiedenen Module zu erreichen sind. Die dazugehörige Modulstruktur wird in § 5 Abs. 1 PO BA erwähnt und die Module werden definiert. Es wird bestimmt, dass Module mit Leistungspunkten (LP) belegt sind und wofür diese LP erteilt werden, § 5 Abs. 2 PO BA, und zwar mit Teilnahme an den Lehrveranstaltungen, Vor- und Nachbereitung des Stoffs, Erwerb von Scheinen, Prüfungsvorbereitung und Ablegen der Prüfung. Es wird explizit festgelegt, dass die Vergabe der LP nach dem ECTS-System stattfindet.

In § 3 Abs. 1.1 der PO für BA werden die studienbegleitenden Modulprüfungen als zu erbringende Leistungen definiert. Weiterhin wird in § 3 Abs. 4 derselben ein Umfang von 24 LP für eine dritte Fremdsprache festgelegt. In § 4 Abs. 1 der PO BA werden die üblichen 180 LP festgelegt, die für den Abschluss des BA zu erreichen sind. Bis Ende des ersten Studienjahres müssen mindestens 15 LP erreicht sein.

Zur *Mobilitätsförderung* wird sehr deutlich betont, dass ein Studienaufenthalt in einem Land der belegten Fremdsprache(n) ausdrücklich empfohlen wird und dass dieser mindestens ein Semester dauern sollte, § 6 Abs. 5 PO BA. Weiterhin finden sich Hinweise, dass ein Wahlpflichtmodul als Praktikum absolviert werden kann, § 3 Abs. 5 PO BA. Dies erhöht die Motivation zur Mobilität, da es die reguläre Anrechnung des Praktikums verspricht. Auslandsstudien von bis zu zwei Semestern, die nicht von der PO vorgeschrieben werden, zählen nicht in die Studienzeiten und beeinflussen daher auch nicht die Fristen für die Einhaltung der Regelstudienzeit der der Abschlussarbeiten, § 4 Abs. 3.5 der PO BA. Da sich viele Studierende durch Zeitdruck durchaus von Auslandsaufenthalten abgeschreckt fühlten, dürfte diese Bestimmung die Motivation zur Mobilität positiv beeinflusst haben.

Ein weiterer wichtiger Aspekt ist die Anrechnung der im Ausland erbrachten Studien- und Prüfungsleistungen. Um den Studierenden die Sicherheit zu geben, dass dies funktioniert, wird empfohlen, dies vorher mit dafür zuständigen Hochschulmitarbeiter:innen abzuklären. Die Anerkennbarkeit wird dann üblicherweise über *Learning Agreements* geregelt, die in dieser PO nicht extra erwähnt werden. Ein Auslandssemester in einem Wahlpflichtbereich wird pauschal mit 24 LP vergütet. Es können darüber hinaus auch einzelne, weitere Kurse mit Hilfe von Einzelnachweisen angerechnet werden. Alles in allem wirken diese Regelungen kulant und müssten den Studierenden eine große Unterstützung gewesen sein.

Die *Internationale Vergleichbarkeit der Studiengänge und -abschlüsse* wird unter anderem durch die verschiedenen Möglichkeiten der Anrechnung anvisiert. In § 5 Abs. 11 PO BA wird auch für ein Praktikum die Anrechnung in

LP in Aussicht gestellt. Für ein anrechenbares Praktikum von mindestens 2 Monaten können 12 LP vergeben werden, § 6 Abs. 4 PO BA.

Zu diesem Punkt sind weiterhin die Bestimmungen in § 9 PO BA sehr aufschlussreich. Leistungen aus sich gleichenden, akkreditierten Studiengängen mit ähnlichen Modulen innerhalb von Deutschland werden ohne Gleichwertigkeitsprüfung angerechnet. Dies ist als äußerst studierendenfreundlich und unkompliziert einzustufen. Darauf folgt ein sehr interessanter Aspekt, der die Herangehensweise der vorliegenden Arbeit untermauert. In den Bologna-Zielen und Umsetzungsempfehlungen wird zwar betont, dass die Struktur reformiert werden soll (siehe Erläuterungen zu Bologna in 2.3), die Inhalte der Studiengänge aber ihre Diversität bewahren sollen. Wenn es nun aber ans Anrechnen, einen der wichtigsten Aspekte für die Studierenden geht, werden die Inhalte plötzlich doch verglichen. In § 9 Abs. 2 PO BA wird klar formuliert, dass Leistungen anderer Studiengänge angerechnet werden, sofern die erworbenen Kompetenzen sich gleichen, was Inhalt, Umfang und Anforderungen der Leistungen in Studium und Prüfung angeht. Es wird zwar darauf verwiesen, dass dies global zu betrachten ist und nicht schematisch gemessen werden soll, aber der Grundanspruch einer ähnlichen, also vergleichbaren inhaltlichen Gestaltung ist durchaus abzulesen. Wenn es um Auslandsleistungen geht, wird die Sache noch konkretisiert durch die unterstützenden Äquivalenzvereinbarungen und Hochschulkooperationsvereinbarungen. Es werden in diesem Rahmen sogar Kenntnisse anerkannt, die außerhalb von Hochschulen erlangt wurden, sofern sie gleichwertig sind, § 9 Abs. 4 PO BA, was wiederum sehr flexibel und studierendenfreundlich ist. Im Weiteren wird die Behandlung von Noten thematisiert, die in Leistungspunkte umgerechnet werden müssen, weiterhin wird die Anrechnung als Rechtsanspruch der Studierenden festgeschrieben, sofern die gültigen Kriterien erfüllt sind.

Was die *Europäische Zusammenarbeit bei der Qualitätssicherung* angeht, wird auch hier die Studienfachberatung erwähnt. Die anvisierte Verkürzung der Studiendauer kann nur erreicht werden, wenn die neuen, verkürzten Studienzeiten auch eingehalten werden. Zu diesem Zweck wird in § 4 Abs. 2 der PO BA bestimmt, dass die Bachelorarbeit bis Ende des sechsten Studienjahres angemeldet werden muss. Andernfalls zählt sie als nicht bestanden und die Wiederholungsbestimmungen greifen. Ein weiterer Punkt wird in § 8 Abs. 2 PO BA erwähnt, der die Qualifikation von Prüfer:innen definiert. Nur Personen mit aktueller Lehrtätigkeit und bis zu vier Semester danach sowie Personen mit entsprechender Berufserfahrung dürfen Prüfungen abnehmen.

3.3.1.3 *Translatologie als festgeschriebene Studieninhalte*

Die Inhalte der Studiengänge werden in den erwähnten und beschriebenen Dokumenten erläutert. Dort finden sich folgende Hinweise auf das Vorhandensein translatologischer Veranstaltungen:

> IALT: Am Institut für Angewandte Linguistik und Translatologie wird die Translatologie bereits in der Studienordnung im Rahmen der Pflichtmodule *Allgemeine Translatologie* und *Translatologie B-Sprache* im Kernfach verankert. (IALT 2014, S. 5) Auch im Wahlbereich für eine zweite B-Sprache wird die Translatologie als *Translatologie B-Sprache* verankert. (IALT 2014, S. 6)
> FTSK: Am Fachbereich für Translations-, Sprach- und Kulturwissenschaft ist es möglich, in manchen Curricula den Schwerpunkt „Translationswissenschaft (und -didaktik)“ zu wählen. Dies führt zu einem größeren Umfang und Gewicht der Translatologie-Module. In allen Sprachen ist es nötig, Translatologie-Veranstaltungen zu belegen (siehe Modellierung). Im Jahr 2012 wurde am FTSK eine Reform des neu eingeführten BA-Studiengangs von 2006 durchgeführt. Dabei gab es neben zahlreichen strukturellen Anpassungen, die zur Verbesserung der Studien- und Prüfungssituation führen sollten, auch eine Stärkung der Translatologielehre, die in diesem Zuge zum Pflichtmodul erklärt wurde. (Johannes-Gutenberg-Universität Mainz 2012, S. 4)

3.3.1.4 *Verwandte Dokumente anderer Hochschulen*

Es kann nicht als gegeben vorausgesetzt werden, dass an allen untersuchten Hochschulen eine ähnliche Dokumentationslage existiert. Da Bildung Ländersache ist, kann bereits die Dokumentation innerhalb Deutschlands sehr unterschiedlich ausfallen. Je nach Gesetzesgrundlage in anderen Staaten, können die Dokumente völlig verschieden sein, es können mehr oder auch weniger solcher Dokumente existieren.

Im Folgenden die Liste der Dokumente, diezur Zeit der Untersuchung bei den verschiedenen Hochschulen erhältlich waren bzw. die von den Proband:innen zur Verfügung gestellt werden konnten und die im Laufe der Untersuchung einbezogen wurden. Diese werden nicht explizit im Literaturverzeichnis aufgeführt[77]:

77 Die aufgeführten Universitätsdokumente entsprechen zum Teil grauer Literatur bzw. sind nicht alle zum heutigen Stand noch in derselben Form online verfügbar. Daher erscheinen sie nicht im Literaturverzeichnis. Einzelne Dokumente konnten zum Zeitpunkt der Konsultation als PDF abgespeichert werden.

Tabelle 1: Dokumente der Hochschulen

Hochschule/ Fakultät/Ort/Land	**Untersuchte Dokumente**	**Links**	**Interviewpartner:in als weitere Referenz mit eigenen Dokumenten**
Università di Bologna Scuola di Lingue e letterature, traduzione e interpretazione Forlì, Italien	Curriculum Übersicht Studiengang Studienverlaufsplan	http://www.unibo.it/it/didattica/corsi-di-studio http://corsi.unibo.it/Magistrale/TraduzioneSpecializzata/Pagine/Scheda.aspx http://www.scuolalingue.unibo.it/it/corsi/corsi-di-studio/piano-didattico/2015/8061 Semester 2014/15: http://corsi.unibo.it/Magistrale/TraduzioneSpecializzata/Documents/Semestralizzazioni/LM%20Traduzione%201%C2%B0%20anno%202014_2015.pdf http://corsi.unibo.it/Magistrale/TraduzioneSpecializzata/Documents/Semestralizzazioni/LM%20Traduzione%202%C2%B0%20anno%202014_2015.pdf http://corsi.unibo.it/Magistrale/TraduzioneSpecializzata/Documents/Semestralizzazioni/opzionali%202014_2015.pdf	Matteo
Johannes-Gutenberg-Universität Mainz Fachbereich 06 Germersheim Deutschland	Modulbeschreibung + -struktur Prüfungsordnung VV Infobroschüre	http://www.fb06.uni-mainz.de/studium/286.php http://www.fb06.uni-mainz.de/studium/387.php http://www.fb06.uni-mainz.de/studium/381.php https://jogustine.uni-mainz.de/scripts/mgrqispi.dll?APPNAME=CampusNet&PRGNAME=EXTERNALPAGES&ARGUMENTS=-N000000000000001,-N000267,-A0vorlesungen http://www.fb06.uni-mainz.de/englisch/412.php s. Literaturverzeichnis	Nina, Vicky

Hochschule/ Fakultät/Ort/Land	Untersuchte Dokumente	Links	Interviewpartner:in als weitere Referenz mit eigenen Dokumenten
ISIT Intercultural School Pôle Management-Communication-Traduction Paris, Frankreich	Allgemeine Jahresübersichten	http://www.isit-paris.fr/isit-ecole-management-communication/formation-management-communication-traduction/	Pauline
Universität Leipzig Philologische Fakultät, IALT Leipzig, Deutschland	SO und PO für BA und MA VV	s. Literaturverzeichnis https://ialt.philol.uni-leipzig.de/start/	Beate, Vicky, Kristin, Stefanie, Lydia, Andrea, Carolin, Greta, Julian
Université de Strasbourg Institut de Traducteurs, d'Interprètes et de Relations Internationales Straßburg, Frankreich	Contenu des enseignements (Studiengangsplan 1. Und 2. Studienjahr Master) Maquettes	https://itiri.unistra.fr/masters-traduction/presentation-generale-des-diplomes/	Beate, Fleur

Die erwähnte Unterschiedlichkeit zeigte sich sehr deutlich bereits bei der Recherche nach den entsprechenden Unterlagen. Auf den Websites der jeweiligen deutschen Universitäten konnten die nötigen Papiere identifiziert und heruntergeladen werden, auch wenn in manchen Fällen beträchtlicher Rechercheraufwand nötig war. Dazu gehören in Deutschland meist eine Studien- und/oder Prüfungsordnung und ein Vorlesungsverzeichnis. Dazu kommen verschiedene Modulbeschreibungen und teilweise auch Studiengangspläne. Auf Seiten der Universitäten anderer Länder gestaltete sich die Suche ungleich komplizierter. Es konnten dabei meistens eine Art Studiengangsbeschreibung oder Studiengangsplan gefunden werden, allerdings wurde es bei PO/SO eher schwierig. In Straßburg beispielsweise wurde ein Studiengangsplan mit LV, ECTS-Punkten u. ä. erwähnt, eine sogenannten *maquette*, allerdings wurde erläutert, dass dieser nicht für die Öffentlichkeit zugänglich sei, sondern nur Mitarbeiter:innen der Universität zur Verfügung stehe. Nach einigem Suchen auf der Website konnte diese Übersicht allerdings doch gefunden und heruntergeladen werden. Überdies existieren in Frankreich meist keine Vorlesungsverzeichnisse, da die Studierenden komplette Studienpläne erhalten und keine oder kaum Wahlmöglichkeiten bestehen.

3.3.1.5 Zusammenfassung der Korpusuntersuchung

Die Untersuchung von Studienordnungen (SO), Prüfungsordnungen (PO), Modulbeschreibungen, Studienverlaufsplänen und Vorlesungsverzeichnissen der beiden Institute an den Universitäten Leipzig (IALT Leipzig) und Mainz (FTSK Germersheim) konnten eine gut nachvollziehbare Integration der *Strukturellen* und auch der *Übergeordneten* Bologna-Reformziele nachweisen.

An anderen Hochschulen und deren Instituten war das Auffinden geeigneter Dokumente ungleich schwieriger und diese waren nicht im gleichen Maße vorhanden. Es konnte meistens eine Art Studiengangsbeschreibung oder Studiengangsplan gefunden werden, allerdings wurde es bei PO und SO eher schwierig. Daher wurde die exemplarische Korpusuntersuchung auf die Unterlagen der beiden oben erwähnten Institute beschränkt.

3.3.2 Durchführung der Befragung

Die Durchführung der Befragung fand von April bis Juni 2016 statt, wobei der Großteil der Interviews im April durchgeführt wurde. Innerhalb von vier Wochen wurden zwischen drei und fünf Interviews in pro Woche geführt, sodass 15 Interviewaufzeichnungen vorliegen. Es folgte im Mai eine zweite Erhebungsphase, bei der weitere vier Interviews geführt wurden. Ein weiteres

Interview fand Anfang Juni statt, sodass letztendlich 20 Interviews vorlagen. 16 Studierende und fünf Dozierende nahmen teil, wobei in einem der Interviews zwei Dozierende gemeinsam befragt wurden, sodass letztendlich 21 Personen teilnahmen.

Die Befragung der Studierenden fand an unterschiedlichen Orten statt. Die Proband:innen entschieden dabei selbst, ob sie die Interviews im Geisteswissenschaftlichen Zentrum, dem Sitz der Philologischen Fakultät und damit auch des IALT, bei ihnen zu Hause oder unter freiem Himmel führen wollten. Sechs Interviews wurden in Leipzig im Beratungsraum des GWZ geführt. Zwei Interviews wurden bei schönem Wetter im Freien geführt, um für die Probandinnen eine angenehme Arbeitsatmosphäre zu schaffen. Zwei Probandinnen entschieden sich für die Aufnahme in ihrer Wohnung, eine in Leipzig und eine in Straßburg. Weitere Proband:innen, die nicht vor Ort waren, wurden telefonisch über Festnetz oder per Skype-Telefonat befragt. Dies war bei sechs Teilnehmer:innen der Fall. Die Interviews mit den Dozierenden in Straßburg wurden persönlich in den Räumen der Universität durchgeführt. Der jeweilige Raum wurde vom Dozierenden bestimmt.

Die Dauer der Interviews variierte sehr stark, je nach Erzähltempo, nach Themenfülle und nach dem verfügbaren Zeitrahmen der Befragten. Das kürzeste Interview fand mit knapp 17 Minuten bei den Studiengangs-Verantwortlichen in Straßburg statt, das längste mit 1 Stunde, 34 Minuten war das Skype-Interview mit einer Studierenden in Barcelona. Die Länge der meisten Interviews betrug etwa eine Stunde.

3.4 Zwischenfazit zum ersten Teil der empirischen Untersuchung

Die vorliegende Forschung stützt sich auf die kombinierte Anwendung qualitativer und quantitativer Forschungsmethoden. Dies geschieht anhand der Qualitativen Inhaltsanalyse nach Mayring, die in eine Vorbereitung für eine quantitative Überprüfung in der Zukunft mündet.

Es wird auf die didaktische Situation eingegangen, da sich die Zielgruppen der Hochschullehre in den letzten Jahrzehnten sehr stark gewandelt haben. Dies spielt bei der Beurteilung der Forschungsergebnisse und bei der Konzeption passender Lehrmethoden eine wichtige Rolle. Das Unterkapitel zur Lerntheorie legt die Grundlage für eine fundierte Auswertung der Fragen zum Nutzen der Translatologie. Zum Abschluss wird auf eine vorausgegangene Studie aus dem Jahr 2005 Bezug genommen, die eine wichtige Grundlage für die vorliegende strukturelle Untersuchung bildet.

Anschließend wird die Konzeption der vorgelegten Studie erläutert und das gewählte Forschungsdesign dargestellt. Die Zweifel an der Erreichung der einzelnen, grundlegenden Reformziele wurden als Forschungsproblem definiert und deren Analyse wurde mittels einer Korpusuntersuchung und einer Hypothesenüberprüfung ermöglicht. Zusammengefasst lautete die Grundaussage der Hypothesen: Im Bereich Translatologie wurde bis 2016 nur ein Teil der Bologna-Reformziele erreicht. Dies genügt nicht, um das Erreichen europäischer Dimensionen im Hochschulbereich und die Umsetzung der Bologna-Ziele zu bestätigen.

Darauf folgte die Planung und Vorbereitung der Erhebung mit Festlegung der Untersuchungsebene und des Gegenstandsbereichs. Dieser betraf Kollektivhypothesen bezüglich Übersetzungsstudierender und -absolvent:innen, die im europäischen Raum an Hochschulen studiert hatten, die nach Bolognareformen unterrichten und deren Fächerkombinationen als gemeinsamer Verbindungsfaktor translatologische Veranstaltungen beinhalteten. Ergänzend befragt wurden einzelne Lehrende in diesem Bereich als Expert:innen.

Die empirische Untersuchung erfolgte mittels Querschnittserhebung. Als Erhebungsmethode wurde die Befragung mittels problemzentrierten Leitfadeninterviews gewählt. Der Leitfaden wurde in einem Pretest angewendet und in der Folge leichten Anpassungen unterzogen, bevor die übrigen Interviews durchgeführt wurden. Die Durchführung der Befragung fand von April bis Juni 2016 statt, wonach 20 Interviews vorlagen. 16 Studierende und fünf Dozierende nahmen teil, da ein Doppelinterview mit zwei Dozierenden geführt worden war.

Die im Rahmen der Korpusuntersuchung betrachteten Studienordnungen (SO), Prüfungsordnungen (PO), Modulbeschreibungen, Studienverlaufspläne und Vorlesungsverzeichnisse der beiden Institute an den Universitäten Leipzig (IALT Leipzig) und Mainz (FTSK Germersheim) konnten eine gut nachvollziehbare Integration der *Strukturellen* und auch der *Übergeordneten* Bologna-Reformziele nachweisen. Weitere verwandte Dokumente anderer Hochschulen wurden im Verlauf der Untersuchung immer wieder einbezogen.

Die Auswertung der Antworten erfolgte mit dem Verfahren der Qualitativen Inhaltsanalyse nach Mayring mit anschließender Diskussion. Dies geschah entweder halb quantitativ durch Gruppenbildung oder durch direkte interpretative Auswertung. Von den 16 durchgeführten Interviews wurden 5 komplett mittels der Qualitativen Inhaltsanalyse ausgewertet, und die übrigen wurden einbezogen, sodass die Analyse ergänzt und komplettiert werden konnte. Im Folgenden werden die Analysen der Interviewauswertungen thematisch geordnet erläutert und dargestellt.

4 Ergebnisanalyse und Auswertung der Studie

Das folgende Kapitel legt die Erfassung, Vorbereitung und Auswertung der erhobenen Daten dar. Dabei wird zuerst die Vorgehensweise bei der Auswertung mit der Datenerfassung und Fehlerkontrolle und der anschließenden Aufbereitung mittels der Qualitativen Inhaltsanalyse geschildert.

Im zweiten Teil erfolgt die detaillierte Auswertung der analysierten Daten nach vorab eingegrenzten Themengebieten: Ein Teil der Daten wird nach Schwerpunkten der Bologna-Reform ausgewertet und erläutert, der andere Teil wird nach translatologischen Themenschwerpunkten geordnet und ausgewertet.

Zum Schluss des Kapitels erfolgt eine umfassende Zusammenführung aller behandelten Auswertungspunkte, mit deren Hilfe eine Überleitung auf die anschließende Überprüfung der Hypothesen stattfindet.

4.1 Erläuterung der Datenauswertung

Im Laufe der Interviews konnten bereits interessante Effekte der Datenerhebung beobachtet werden. Beispielsweise wurde die Vorgabe, dass zu Beginn eine möglichst freie Meinungsäußerung mit Möglichkeit zu spontaner Äußerung ermöglicht werden sollte, anfangs für schwierig umsetzbar gehalten. Dies hängt mit der stark themengebundenen Fragestellung zusammen. Eine komplett freie Erzählweise wurde daher als kaum möglich eingeschätzt. Dennoch entwickelte sich im Laufe der Interviews eine solche Tendenz. Mit zunehmender Involvierung in die Erhebungsabläufe und Themen erfuhren die Interviews eine Art Verselbstständigung. Der Leitfaden musste kaum noch zu Rate gezogen werden. Die Proband:innen gingen von selbst auf fast alle Punkte ein, unabhängig davon, ob sie den Leitfaden vorher gelesen hatten oder nicht. Die interviewten Dozent:innen in Straßburg bekamen den Leitfaden zuvor nicht zu sehen. Dies verstärkte den Effekt noch zusätzlich. Die Proband:innen berichteten ihre Erfahrungen und Einschätzungen zu den relevanten Punkten beinahe ungefragt. Die Studierenden, die den Leitfaden vorher lesen konnten, kamen im Dialog mit der Interviewenden sehr oft selbstständig von einem Punkt zum nächsten. Im Laufe des Interviews wurde der Leitfaden dann als Gedächtnisstütze konsultiert, um keinen wichtigen Aspekt unberücksichtigt zu lassen. Bei den Dozierenden in Straßburg war die Dynamik teilweise dergestalt, dass sie selbst sogar ohne Aufforderung zu berichten begannen, nachdem sie sich kurz vorgestellt hatten. Sie waren vorher nur ganz allgemein über das Thema informiert worden. Am Schluss musste lediglich überprüft werden, dass alle Punkte des Fragenkataloges angesprochen worden waren. Die Lenkung und Richtung der Gespräche konnten somit noch stärker den Interviewten überlassen werden als bei der Befragung der Studierenden. Dies mag seine Ursache unter anderem darin finden, dass die Interviewten nicht nur zuständig für Studiengangsplanung und Strukturen waren, sondern alle auch als Lehrende tätig waren. Sie haben viel Erfahrung darin, länger und dabei frei vor Zuhörer:innen zu sprechen, auch ohne Aufforderung zum Dialog.

4.1.1 Datenerfassung und Fehlerkontrolle

Zur Bestimmung des Materials erfolgt die Festlegung des Materials, die Analyse der Entstehungssituation und die formale Charakterisierung des Materials. Das zu analysierende Material muss als Korpus eingegrenzt und definiert werden. Es sollte während der Analyse nur in Ausnahmefällen erweitert oder verändert werden. (Mayring 2010, S. 52 f.)

In der vorliegenden Arbeit besteht das Material formal aus 20 erhobenen, teilweise transkribierten Interviews. Diese Interviews konzentrieren sich mehrheitlich auf drei Themenbereiche:

- die Bologna-Reform und ihre Umsetzung bzw. ihre Auswirkungen im Studium der Proband:innen
- die Rolle und die Initiative der Proband:innen als Studierende
- didaktische Aspekte, Kritikpunkte und Empfehlungen der Proband:innen als Expert:innen in eigener Sache in Bezug auf die translatologischen Lehrveranstaltungen

Das Korpus wird dabei eingegrenzt auf die Protokollstellen, die sich mit der Studienerfahrung der Proband:innen im neuen Hochschulsystem und speziell mit den theoretischen Lehrveranstaltungen im Übersetzungsbereich befassten. Es werden jene Teile ausgegrenzt, die nicht-übersetzungstheoretische Lehrveranstaltungen oder didaktische Fragestellungen betreffen. Die 16 Proband:innen aus dem Kreis der Absolvent:innen und Studierenden hatten ihr Studium im Bereich Übersetzen entweder bereits mit dem BA oder MA abgeschlossen oder waren im Begriff dies demnächst zu tun.

Bei den Gesprächen handelte es sich um halbstrukturierte Interviews mit einem Leitfaden, die von der Autorin für den Zweck dieser Studie konzipiert wurden. Die Interviews wurden im Rahmen der Studie von der Autorin durchgeführt und mit einem Audiogerät aufgezeichnet.

Vor der Auswertung wurde ein Teil der als Aufzeichnung erhobenen Daten in einer elektronischen Datei schriftlich erfasst. Dazu wurde eine Transkription durchgeführt. Transkriptionen sind notwendig, um die Datengrundlage für Leser:innen zu erschließen, sie in einen zitierbaren Zustand zu versetzen, und detailliert analysieren zu können. Ein Transkript ist jedoch immer im Zusammenhang mit der ursprünglichen Aufzeichnung (hier reine Audio-Aufzeichnung) zu sehen, zu bearbeiten und zu analysieren, da die Aufzeichnung immer eine komplexere Form als das Transkript darstellt. (Meyer und Meier zu Verl 2014, S. 253) Transkriptionen von Multimediadaten, in diesem Fall von Audiodaten im MP3-Format, können nach unterschiedlichen Vorgaben erfolgen, je nachdem, ob sie beispielsweise computergestützt ausgewertet werden sollen. (Kuckartz und Rädiker 2014, S. 385–391) In der vorliegenden Arbeit wird nicht computergestützt ausgewertet und die Transkription erfolgte nach den Vorgaben von Mayring (Mayring 2010, S. 55). Mit den aufgearbeiteten Daten konnten, wie im Folgenden beschrieben, Inhaltsanalysen durchgeführt werden. Diese waren über die verschiedenen Interviews hinweg themenbasiert.

Für die Auswertung wurden die Interviews anonymisiert. Die Proband:innen erhielten andere Namen. Von der Verwendung von Nummern oder Buchstabenfolgen wurde abgesehen, da Namen eine persönlichere Schilderung der Ansichten und Erlebnisse ermöglichen und der Wiedererkennungswert und somit der Lesefluss der Auswertungskapitel für Leser:innen deutlich besser gegeben ist.

4.1.2 Darstellung – Datenanalyse als Inhaltsanalyse

Da die Aussagen in den erhobenen Interviews nicht nur inhaltliche Aspekte vermitteln, sondern ebenso Rückschlüsse auf die Einstellung und Bewertung bestimmter Phänomene durch die Proband:innen zulassen, wird an dieser Stelle eine Methode benötigt, die auch eine Interpretation latenter Sinnstrukturen ermöglicht. Die dazu geeigneten speziellen qualitativen Techniken werden bei Mayring als qualitative Inhaltsanalyse definiert. (Mayring 2010, S. 9) Die drei grundlegenden Varianten der *Zusammenfassung*, *Explikation* und *Strukturierung* können dabei auch als Mischformen auftreten. (Diekmann 2013, S. 607 f.)

Dazu wird ein *Kategoriensystem* aufgestellt. Anschließend werden *Ankerbeispiele* definiert. Zum Schluss werden *Kodierregeln* erarbeitet. (Diekmann 2013, S. 609 ff.)

4.1.2.1 Beschreibung der Inhaltsanalyse als Methode

Bei genauerer Betrachtung ist das Ziel der Inhaltsanalyse nicht allein die Analyse des Inhalts von Material, das aus irgendeiner Art von Kommunikation stammt, denn es werden auch formale Charakteristika in die Analyse einbezogen. Dabei soll auch der gesellschaftlich relevante bis ideologische Gehalt der Kommunikate untersucht werden. Dies birgt eine Anfälligkeit für freie Interpretation und allzu persönliche Ausdeutung. Daher soll die Analyse stets theoriegeleitet durchgeführt werden, auf Basis einer theoretischen Fragestellung mit festgelegter Vorgehensweise. Das Material ist dabei immer Teil des Kommunikationsprozesses, die Kommunikationssituation, in der es entsteht, muss beachtet werden und es wird schlussfolgernd gearbeitet. Dies erlaubt Rückschlüsse auf die Sender, deren Absichten und deren Einstellung, die Entstehung und Wirkung des Materials. Zusammenfassend kann gesagt werden, dass die Inhaltsanalyse eine fixierte Kommunikation auf systematische Art und Weise analysiert, dabei regelgeleitet und theoriebasiert vorgeht, mit dem Ziel, Rückschlüsse auf spezielle Aspekte der Kommunikation zu ermöglichen. (Mayring 2010, S. 11 ff.) (siehe dazu auch Mayring 2010, S. 48)

Qualitative Forschung gilt oft als einzelfallorientiert, was aus quantitativer Sicht zu einer mangelnden Verallgemeinerbarkeit führt. Allerdings ist es auch möglich, Material aus Einzelfällen für eine Verallgemeinerung zu nutzen. (Mayring 2010, S. 20) Es können dazu auch quantitative Schritte eingebaut werden, sofern es um die Möglichkeit der Verallgemeinerung der Ergebnisse geht. Statistische Auswertungstechniken können als Ergänzung herangezogen werden, sofern der Gegenstand es gestattet. (Mayring 2010, S. 50 f.) Auch die Theorie- und Hypothesenprüfung ist mittels qualitativer Analyse möglich. (Mayring 2010, S. 25)

Die Auslegung der Kommunikation geschieht auf hermeneutische Art und Weise. Hermeneutik als Kunst von der Textauslegung mit Horizontstruktur (Horizont der dahinter liegenden Sinnstruktur), Zirkelstruktur (Hermeneutischer Zirkel nach Heidegger mit kreisender Annäherung zwischen Vorverständnis und Sachverständnis), Dialogstruktur (zwischen Urheber und Interpret) und Vermittlungsstruktur (Annäherung des Subjekts ans Objekt als angesprochener Gegenstand). (Mayring 2010, S. 29 f.)

Ein wichtiger Punkt bei der Auslegung ist die Darstellung des Vorverständnisses der Analytikerin. (Mayring 2010, S. 32) Im vorliegenden Fall geschieht dies mittels der theoretischen Einführung zur Geschichte und zu den bildungspolitischen Zusammenhängen. Ergänzt wird das Vorverständnis durch die persönlichen Erfahrungen, die an verschiedenen Stellen erläutert wurden.

Ein weiterer wichtiger Punkt ist die Alltagsorientierung (Anknüpfen an alltäglichen Prozessen des Verstehens), die Konzentration auf die Perspektive des Senders (keine Verdopplung des Empfänger-Vorwissens) und das Wissen um die Unabgeschlossenheit. Material kann immer reinterpretiert werden. (Mayring 2010, S. 38)

Die Inhaltsanalyse erfolgt immer anhand von vorab festgelegten Regeln der Textanalyse. Sie muss dabei an den Untersuchungsgegenstand, das Material angepasst werden. Dazu wird vorab ein Ablaufmodell benötigt. Im Gegensatz zur quantitativen Analyse ist die qualitative Analyse kein festgelegtes Instrument. Sie muss daher für jeden Untersuchungsgegenstand passend konzipiert werden. Es ist keine Technik, die sich unkritisch von einem Gegenstand auf einen anderen übertragen lässt. Dabei werden einzelne Analyseschritte festgelegt, die jeweils auf begründete und getestete Regeln zurückzuführen sein sollen. Das Vorgehen ist dabei zergliedernd, fortschreitend von Materialteil zu Materialteil. Bei einer chronologischen Betrachtung von Einzelheiten ist es schwierig, latente Sinnstrukturen zu ermitteln, die aus größeren Teilen des Materials abzulesen sind. Dies kann dennoch zusammengeführt werden, indem Analyseeinheiten sehr weit gefasst werden. (Mayring 2010, S. 48 f.) Die Kategorienbildung ist ein ebenso wesentlicher Bestandteil der Inhaltsanalyse. Sie gilt zwar ebenfalls als zergliedernd, ermöglicht aber die Nachvollziehbarkeit der Analyse für andere. So werden die Ergebnisse vergleichbar und die Reliabilität kann abgeschätzt werden. (Mayring 2010, S. 49 f.)

Die Fragestellung muss theoretisch einwandfrei sein. Der Stand der Forschung zum Gegenstand muss bei allen Entscheidungen im Analyseverfahren berücksichtigt und herangezogen werden. Inhaltliche Argumente gehen immer vor technischen Verfahrensweisen, Validität vor Reliabilität. (Mayring 2010, S. 50 f.)

Wichtigste Gütekriterien sind bei der gesamten Durchführung der Inhaltsanalyse Validität, Reliabilität und Objektivität. Vorsicht ist geboten bei der Reliabilität, denn qualitative Erhebungen sind immer kontextgebunden. Spezifische Kommunikationssituationen bei der Entstehung der Texte sind zu berücksichtigen. Eine Erhebung kann niemals identisch repliziert werden, sie würde bei jedem Versuch andere Ergebnisse bringen. (Helfferich 2014, S. 573)

4.1.2.2. Richtung der Analyse und differenzierte Fragestellung

Die Arbeit, die der empirischen Studie zugrunde liegt, ist bildungspolitisch ausgelegt (Richtung der Analyse). Durch die Interviews sollen die Proband:innen dazu angeregt werden, ihre Erfahrungen im Studium zu reflektieren und diese in Beziehung zu setzen mit dem Bildungssystem im Rahmen des Bologna-Prozesses. Durch den Text sollen Aussagen über den emotionalen und kognitiven Hintergrund sowie den Handlungshintergrund der Kommunikator:innen getroffen werden.

4.2 Datenanalyse

Im Folgenden wurden die Daten von 5 Interviews mittels der erstellten Raster nach Mayring ausgewertet (nach Mayring 2010, S. 68 ff.)

Der Leitfaden, die Interviews als Audiodateien, die Transkripte sowie die Auswertungstabellen wurden gemeinsam auf einem Datenträger gespeichert und der Arbeit als Beilage beigefügt. Der folgende Abschnitt beinhaltet die Darstellung der Ergebnisse nach den vorab bestimmten und den im Laufe der Interviews ermittelten Themenschwerpunkten.

4.2.1 Auswertung nach Themenschwerpunkten Bologna-Prozess

Bei der Auswertung nach Themenschwerpunkten werden die wiederkehrenden Positionen zusammengefasst, die Ergebnisse beschrieben und mit dem damaligen Forschungsstand abgeglichen. Sollte es gegensätzliche Positionen geben, werden diese einander gegenübergestellt und diskutiert. Zum Schluss erfolgt ein Fazit, das als Kategorienbildung für die Aufstellung eines quantitativen Fragebogens dienen kann.

Die nun folgende Themenbenennung und -anordnung wird in den folgenden Unterkapiteln linear dargestellt:

(1) Quereinstieg
(2) Module und Leistungspunkte
(3) Mobilität
(4) Berufseinstieg mit Bachelor
(5) Fachgebiete (Schlüsselqualifikationen im Vergleich mit früheren Ergänzungsfächern)
(6) Qualitätssicherungs-Maßnahmen
(7) Akkreditierung

Exkurse zu den Gedanken des Experten Dr. M. vom IALT werden an geeigneter Stelle thematisch integriert. Vorab folgt eine zusammengefasste Expertenmeinung, um die Interviewergebnisse besser in den Gesamtkontext einbetten zu können.

4.2.1.1 Analysefokus: Eine Expertenmeinung

Die zusammenfassende, sinngemäße Aussage des Experten aus Leipzig lautet folgendermaßen: Wenn die Studierenden Reformaspekte begrüßen, beispielsweise die vorgegebene Studienstruktur, die sie gut leitet, welchen Wert hat diese Einschätzung für die Qualität des Studiums?

Wenn achtzehnjährige Abiturient:innen sich über eine verschulte Studienstruktur freuen, ist das sicherlich verständlich bis normal, aber sollte dies ein Reformziel darstellen? Es bedeutet die Orientierung an „inkompetenten" Personen, weil sie als Konsument:innen gelten. Die Universität erst verselbstständigt die Studierenden und befähigt sie, über sich selbst hinauszuwachsen. Es ist ihnen nicht möglich dies im Vorfeld abzusehen, sie sind erst in der Retrospektive in der Lage, diese Zusammenhänge nachzuvollziehen. Jede Person, die in Deutschland vor der Reform mit einem Studium begonnen hat, sei es Diplom, Magister o. ä. gewesen, wird einen Schock erfahren haben, die Verunsicherung gespürt haben, und daran gereift sein. Natürlich scheiterten auch viele Studierende daran, es gab Dauerstudierende, Studienabbrecher:innen, aber kann dies als Mangel der Universität gelten, oder sollte nicht eher das Scheitern bei der Person gesehen werden? Scheitern ist kein Makel, eventuell sind gescheiterte Studierende in einem der hochwertigen Ausbildungsgänge besser aufgehoben. Mit der Reform wird die Universität herabgewürdigt, um die weniger befähigten Studierenden durchzubringen, und ihnen mit dem Bachelor einen qualifizierten Studienabbruchstitel zu verleihen.

Wenn die Studierenden und Absolvent:innen in den Interviews etwas als positiv bewerten, ist diese Einschätzung immer kritisch zu hinterfragen.

4.2.1.2. Thema 1 – Einstieg oder Quereinstieg?

> *(...) ich hatte einige, ich glaube drei Schulpraktika gemacht und es hat mir auch gefallen, aber ich konnte es mir für, für meinen Beruf dann nicht so richtig vorstellen, weil es einfach sehr stressig war. Also, das immer im Mittelpunkt zu stehen, immer mit so vielen Leuten sich auseinanderzusetzen und, das war, das war ziemlich schwierig. Und da habe ich gedacht, vielleicht doch lieber etwas Ruhigeres, etwas Analytischeres. Ich war auch immer sehr sprach- also linguistikinteressiert. Und das hat dann einfach besser gepasst. Und ich denke, es war auch eine gute Entscheidung (Kristin, Zeile 30–37)*

Kristin, die nach ihrem Bachelor in Romanistik in Freiburg zunächst ein Lehramtsstudium aufnahm, ist zufrieden mit ihrer Entscheidung gegen den stressigen Lehrerinnenberuf und für den Beruf als Korrektorin nach ihrem Master Translation in Leipzig. Dieser Beruf beinhaltet zwar im Allgemeinen nicht weniger Stress, ermöglicht aber eine andere Art von Konfrontation damit, da es sich meist um Zeit- und Termindruck handelt. Generell scheint das Studiensystem Quereinsteiger:innen entgegenzukommen und sich mit ihren Interessen gut zu ergänzen, da Studiengangswechsel vereinfacht werden. Den ersten Abschluss haben sie bereits erfolgreich erworben, sich aber aus verschiedenen fachlichen und persönlichen Gründen umorientiert. Sie verfügen über eine relativ hohe Basisbildung aus dem Erststudium, meist in einem verwandten Gebiet, wie bei Kristin, die aus der Romanistik und dem Lehramtsstudium zum Übersetzen gekommen ist. Auf dieser Grundlage urteilt sie nun und geht bei ihrer weiteren Planung zielstrebig vor, denn sie wägt ab und weiß inzwischen, was sie will. Ihr Hauptziel ist dabei der zeitnahe Studienabschluss. Diese Zielstrebigkeit der Quereinsteiger:innen kommt dem neuen System entgegen und auch umgekehrt. Die linguistische Vorbildung half Kristin sehr beim Aufbau des Grundlagenverständnisses in der Translatologie. Sie schätzt ein, dass Quereinsteiger:innen ohne diese Vorkenntnisse vermutlich einen schwierigeren Start erleben. Dennoch nehmen nicht alle ihr aus dem Studium bekannten Quereinsteiger:innen in Leipzig auch am Modul *Grundlagen der Translatologie* teil, dass im Master speziell für sie angeboten wird. Sie nimmt an, dass manche lediglich die Prüfung absolviert haben, ohne die Veranstaltungen zu besuchen. Die dabei möglicherweise versäumten grundlegenden Wissensinhalte kommentiert sie nicht.

Ähnlich erging es Nina, bei der zwar die Translatologie auch nicht an erster Stelle bei der Studienwahl stand, die aber ihr Musikstudium an der Middlesex University in London nach wenigen Wochen als nicht passend für sie persönlich einstufte, und aus einer Bauchentscheidung heraus zum Bachelor *Modern Languages and Translation* wechselte. Zum Zeitpunkt des Interviews arbeitete sie als Fachübersetzerin im Bereich Medizin, Pharmazie und Patente und verfolgte ihre Dissertation zur Translationsprozessforschung an der Universität Germersheim, wo sie ihren Master *Sprache, Kultur, Translation* absolviert hatte. Auch sie ist mit dieser kurzfristig getroffenen Entscheidung seitdem sehr zufrieden gewesen.

Die meisten Proband:innen haben im Gegensatz zu Nina und Kristin den direkten Einstieg ins Übersetzungsstudium gewählt. Dies war bei Beate, Andrea, Carolin, Elisa, Greta, Julian, Lydia, Matteo, Pauline, Stefanie, Diana, Fleur und Vicky der Fall. Von den 16 Proband:innen waren demzufolge 3 über den Quereinstieg aus verwandten Fächern ins Übersetzen gekommen. Der Experte Dr. M. vom IALT sieht in der Möglichkeit des Fächerwechsels nach dem BA-Abschluss einen der deutlichsten Vorteile der neuen Studienstruktur: „Wir bekommen also jetzt im Masterbereich Studenten, die früher nie und nimmer in unserem Übersetzerstudium noch gelandet wären." (Interview Experte IALT 00:08:20)

Die Probandin Helene hatte bereits vor dem Bachelorstudium mit dem Gedanken ans Übersetzen gespielt, entschied sich jedoch aufgrund der breiteren Fächer- und Themenvielfalt für ein binationales, pluridisziplinäres Bachelor-Studium. Zwei Jahre davon absolvierte sie in Regensburg, ein Jahr in Clermont-Ferrand. Fürs Übersetzen Französisch begeisterte sie sich dann im Sprachunterricht dieses Studiums, während es für viele ihrer Kommilitonen eine lästige Pflichtübung darstellte. Anschließend reichte sie Ihre Bewerbung für einen Master Politikwissenschaft und für Filmübersetzen ein, wobei einzig die frühere Zusage für den Übersetzungsstudiengang letztendlich den Ausschlag gab. Nach ihrem Masterabschluss im Jahr 2008 arbeitete sie bis 2015 freiberuflich im Bereich Literaturübersetzen in Irland. Dann wechselte sie in eine Festanstellung als Fachübersetzerin in Deutschland und arbeitete dort zum Zeitpunkt des Interviews noch immer.

4.2.1.3 Thema 2 – Studienstruktur – Module und Leistungspunkte

An dieser Stelle wird die Studienstruktur im Bereich Translatologie betrachtet, die einen der wichtigsten Reformpunkte darstellt.

Modulstruktur

Dazu ist es vonnöten, sich an den in Kapitel 2.3.3.2 angesprochenen Punkt zu erinnern, demzufolge Module aus einer oder mehreren Lehrveranstaltungen bestehen können. Eine genaue Anzahl wird nicht vorgeschrieben und daher wird diese Vorgabe von den Hochschulen sehr unterschiedlich gehandhabt. Dies ist dem Strukturziel der Vergleichbarkeit abträglich. (Schwarz-Hahn und Rehburg 2004, S. 131)

Es kommt bei der Befragung tatsächlich zutage, dass der Aufbau der Module zwischen den einzelnen Universitäten unterschiedlich gestaltet wird. Bei Julians Studium an der Universität Heidelberg beispielsweise wurden Module angeboten, die aus einer einzigen Veranstaltung bestanden. Dies scheint allerdings nur bei wenigen der übrigen Proband:innen zuzutreffen. Helene gibt an, dass ihr Bachelor eine Mischung aus Pflichtmodulen und frei wählbaren Lehrveranstaltungen beinhaltete. Ansonsten war der Modulaufbau für sie uninteressant. Die Grundstruktur war im BA wichtig für die internationale Organisation und die Kompatibilität der Studiengänge. Die Studienjahre wurden aufgeteilt, das erste

Jahr verbrachte jeder an der Heimatuni (DE oder FR), das zweite Jahr studierten alle gemeinsam in Frankreich und das dritte Jahr dann in Deutschland. Im Masterstudium belegte sie ein erstes, allgemeines Studienjahr *Traduction Spécialisée Multilingue* in Lille, ergänzte ihre Arbeitssprachen mit Italienisch, und verbrachte so das zweite Halbjahr als Erasmussemester in Rom. Das zweite, spezialisierende Jahr für den Master in Filmübersetzen folgte in Nizza. Im ersten Masterjahr war Helene der Modulaufbau völlig unbekannt und das Zeugnis unbedeutend, da die Ergebnisse des zweiten Jahres vorrangig zählten. Zum genauen Modulaufbau im Detail äußert sie sich nur sehr begrenzt, siehe Angaben zur Theorieveranstaltung im Master.

Oft sieht die Modulstruktur wie bei Kristin in Leipzig aus, dass ein Modul aus mehreren Veranstaltungen besteht. Dies können eine oder mehrere theoriebetonte Lehrveranstaltungen (TLV), wie z. B. Vorlesungen und eine oder mehrere praxisbetonte Lehrveranstaltungen (PLV), wie z. B. Seminar oder Übung sein. Dabei nimmt die translatologische Thematik meist den Platz der Theorieveranstaltung ein, und wird ergänzt durch praktische LV, die die Theorieveranstaltung direkt ergänzen oder nur lose im thematischen Zusammenhang mit ihr stehen. In Leipzig bei Kristin und Beate sah das beispielsweise so aus:

Das *Modul Fachkommunikation* bestand aus der Vorlesung Fachkommunikation, einer Vorlesung Vertextungsstrategien und einem Seminar Paralleltextvergleich, also TLV + TLV + PLV. Das *Modul Spezialprobleme der Fachübersetzung 1 und 2* beinhaltete je eine Vorlesung Technische Redaktion und einmal das Seminar Technische Redaktion und dann das Seminar Probleme und Methoden der Fachübersetzung B-A, also TLV + PLV. Das *Modul Grundlagen der Translatologie* bestand aus den Vorlesungen Einführung in die Translatologie, Einführung in die Terminologie und dem Seminar Textredaktion, also TLV + TLV + PLV.

Tabelle 2: Struktur der Lehrveranstaltungen

Name des Moduls	Zusammensetzung	Bemerkung
Fachkommunikation	TLV + TLV + PLV	Leipzig
Translation als Wissens- und Kulturtransfer	TLV	Leipzig
Spezialprobleme der Fachübersetzung 1 und 2	TLV + PLV	Leipzig
Vergleichende Fachkommunikation in der B-Sprache	TLV + TLV + PLV	Leipzig
Translation principles and strategies	TLV	London
Introduction to translation	TLV	London

Tabelle 2: Fortsetzung

Name des Moduls	Zusammensetzung	Bemerkung
Vorlesung Einführung in die Translationswissenschaft und Seminar Theoretische Grundlagen der Übersetzungswissenschaft und praktische Grundlagen des Fachübersetzerinnenalltags	TLV + PLV	Germersheim
Méthodologie de la Traduction	TLV	Lille
Translationsgeschichte	TLV	Messina
Linguistica per traduttori	TLV+TLV+TLV	Forlì

In Ninas Bachelorstudium in London wurden zwei LV als jeweils eigenständige Module angeboten, *Introduction to translation* und *Translation principles and strategies.* Im 3. Jahr wurden Praktika absolviert und im 4. Jahr wurden keine Theorieveranstaltungen mehr angeboten. Was die Translationstheorie-LV in Deutschland angeht, so wurden in Germersheim zwei LV angeboten, die in Module eingebettet waren, eine Vorlesung *Einführung in die Translationswissenschaft* und ein Hauptseminar *Theoretische Grundlagen der Übersetzungswissenschaft und praktische Grundlagen des Fachübersetzerinnenalltags.*

Helene erlebte eine einzige Theorieveranstaltung, *Méthodologie de la Traduction*, da ihr Bachelor nicht übersetzungsspezifisch war und ihr zweiter Master ein *Master Professionnel*, der sich auf die Berufsausbildung fokussiert, nicht auf wissenschaftliche Inhalte.

Beate merkte in ihrem Interview an, dass von den Studierenden keine eigenständige Konzeption gefordert wurde, da die Studienstruktur alles vorgab. Diese Aussage wurde auch von den meisten anderen Proband:innen wiederholt und wurde kaum bzw. nur ganz am Rande als Nachteil gewertet.

Leistungspunkte

Wie ebenfalls in Kapitel 2.3.3.2 geschildert, wird für die Punktvergabe der geleistete Arbeitsaufwand (*Student Workload*) in Punkte umgerechnet. Ein Leistungspunkt entspricht 25 bis 30 Arbeitsstunden. Viele Hochschulen haben allerdings eigene Berechnungssysteme und nicht bei allen wird der Zeitaufwand tatsächlich berücksichtigt. Dies wirkt sich auf die Vergleichbarkeit aus. (Schwarz-Hahn und Rehburg 2004, S. 132) Dazu siehe auch Punkt 2.6.3.3 zum Arbeitsaufwand in Übersetzungsübungen.

Diese Aspekte spiegeln sich auch in den Schilderungen der Proband:innen wider. Die Vergabe der Leistungspunkte erfolgte bei Beate uneinheitlich.

Im Übersetzerstudium erhielt sie zehn Punkte pro bestandenes Modul. Im anschließenden Jurastudium in Dresden erfolgte Punktevergabe nach Workload. Insgesamt ist eine Verschiebung des Fokus weg vom Lernen, hin zu den Punkten zu beobachten. Die Proband:innen, unter anderem Beate und Nina, verweisen öfter implizit oder sogar explizit darauf, dass sie sich Mühe für eine bestimmte Anzahl Punkte geben, nicht für den Wissensgewinn. Der Aufwand verlagert sich bei unterschiedlicher Punktevergabe. Bei besser bepunkteten Modulen wird mehr Aufwand betrieben und dafür machen die Proband:innen Einsparungen an Arbeit bei weniger bepunkteten Modulen. Bei einheitlicher Punktevergabe für jedes Modul entsteht wiederum ein unverhältnismäßig hoher oder niedriger Aufwand für wichtigere oder arbeitsintensivere Module.

Für die Masterarbeit wurde bei Beate beispielsweise ein angemessenerer Punkteanteil vergeben als für die Bachelorarbeit. Sie gab es ungern zu, aber sie hatte im Nachhinein den Gedanken, dass sie sich für die Bachelorarbeit weniger Mühe hätte geben müssen. Der Arbeitsaufwand der BA wird von ihr vorrangig im Rahmen der zu erreichenden LP bewertet (viel Stress für wenig Punkte), nicht als wissenschaftlicher Erkenntnisgewinn:

> *Zum Beispiel das fand ich ja damals mit der Bachelorarbeit... Die hat ja zwanzig Leistungspunkte oder sowas, oder dreißig, von hundertachtzig. Und man strengt..., also, ich hab da so viel Arbeit damals reingesteckt, und hatte so viel Stress mit dieser Arbeit. Und im Endeffekt macht das ja gar nicht so viel aus von deiner, von deinem Anteil von deiner kompletten N ote. Dass ich mir dann so am Ende gedacht habe, hm, hättest auch ein bisschen weniger --. (Beate, Zeile 1233–1239)*

Diese Wahrnehmung findet sich auch bei anderen Proband:innen wieder, beispielsweise Nina, die sich ärgert, dass sie im Master gern mehr Zeit für zusätzliche Kurse gehabt hätte. Sie konnte den gewünschten Kurs zunächst auch belegen, nur konnte er nicht mehr in ihre Gesamtbewertung eingehen. Darüber war sie unzufrieden. Sie gab den Kurs kurze Zeit später auf, da er im bereits voll belegten Semester zu viel zusätzlichen Arbeitsaufwand verursachte, um ihn ohne Punktegewinn fortzusetzen. Im Übrigen achtete Nina wesentlich stärker auf die erreichten Noten als auf die Punkte. Die Noten laufen parallel zu den Punkten und bestimmen natürlich die Abschlussnote, während Punkte unabhängig von der erreichten Leistung stets gleichblieben. Im Bachelor waren für sie alle Module vorgegeben und daher sah sie keine Notwendigkeit, die Punkte zusätzlich zu überprüfen, solange sie alle Prüfungen bestand. Im Master orientierte sie sich stärker am Studienverlaufsplan und verließ sich auch darauf, dass die Punkteanzahl dazu passen und ausreichen würde. In diesem Bereich gab es nie Probleme bei ihr.

Fast identische Erfahrungen schildert Helene. Sie empfand das Punktesystem als unproblematisch, da sie nie ein anderes kennengelernt hatte. Ihre Anerkennung war durch die Struktur im Bachelor sicher, daher prüfte sie die entsprechend erforderlichen Punkteanzahlen nur bei der Auswahl der LV. In ihren französischen Studiengängen im Master waren die Punkte für sie völlig unbedeutend, da der Stundenplan, wie in Frankreich üblich, komplett vorgeschrieben war.

Kristin gibt einen ähnlichen Aspekt der Leistungspunkteverteilung zu bedenken, geht gedanklich aber von einer anderen Seite heran. Sie ist der Meinung, dass Leistungspunkten als Orientierung für den aufzubringenden Workload eher eine sekundäre Bedeutung zukommt. Die Einteilung in die verschiedenen Unterrichtsformen (Vorlesung, Seminar u.a.) indiziert ihrer Meinung nach bereits den Arbeitsaufwand, sodass sie sich mit den ECTS-Angaben nicht näher beschäftigt hat (Auswertung Kristin, Zeile 876–927). Dies kann allerdings lediglich als Erfahrungswert gelten, denn zu Anfang des (ersten) Bachelorstudiums dürfte den wenigsten Neueinsteiger:innen bewusst, sein: „(...) Vorlesungen sind ein bisschen weniger aufwändig als Seminare. In Vorlesungen hat man eine Klausur meistens, im Seminar meistens eine zeitaufwändigere Hausarbeit." (Interview Kristin, Zeile 877–879). Sofern sich also unerfahrene Studierende mit den Abgaben der ECTS-Punkte beschäftigen, die den erwarteten Arbeitsaufwand abbilden sollen, könnte dies durchaus eine nützliche Hilfestellung sein. Kristin hat diese Erfahrung anscheinend gemacht, ohne sich vorher zu informieren. Dies könnte im weitesten Sinne allerdings der üblichen Vorgehensweise von *Student:innen* entsprechen. Die eigene Erfahrung und die Berichte anderer ehemaliger Studierender deuten darauf hin, dass ein Studium nicht nur den Inhalten, sondern auch der Organisation nach häufig durch die praktische Probe erlernt wird. Es wird immer nur so viel organisatorisches Wissen aufgenommen, wie zu dem Zeitpunkt dringend nötig ist. Zuerst wird ein Seminar oder eine Vorlesung besucht und später erst erfolgt die Reflexion über den Arbeitsaufwand. Manche Studierende wissen nicht, wann und in welcher Form sie überhaupt Prüfungen abzulegen haben. Andere wiederum informieren sich eingehender und übermitteln ihr Wissen anschließend an ihre Kommiliton:innen. Generell besagt die eigene Erfahrung, dass nur so viel organisatorisches Wissen aufgenommen wird, wie zwingend erforderlich ist. Das Anstehen einer Zwischen- oder Abschlussprüfung wird auch dem letzten Uninformierten irgendwann durch Gespräche mit oder zwischen anderen Studierenden zugetragen werden. Diese Erwägungen sind allerdings als reine Annahmen zu betrachten, die nicht überprüft wurden. So betrachtet wäre eine Angabe von Workload unnötig, denn meist machen die Studierenden selbst die

Erfahrung, welcher Aufwand bei welcher Unterrichtsform vorliegt. Zusätzlich ist zu berücksichtigen, dass der tatsächliche Workload, selbst wenn die ECTS-Angaben berücksichtigt werden, vielen äußeren Einflüssen unterliegt, wie Kristin zu bedenken gibt: Die Rahmenbedingungen, wie die unterschiedlichen Anforderungen einzelner Dozierender oder der individuelle Fleiß im Selbststudium können den angegebenen Arbeitsaufwand sehr stark verfälschen (Auswertung Kristin, Zeile 876–927).

4.2.1.4 Thema 3 – Mobilität – Anrechnung aus Auslandsstudien

Das Ziel der Mobilitätsförderung von Studierenden scheint eines der erfolgreichen Konzepte der Studienreform zu sein. Es dient dem Abbau von Hindernissen für Lehrende, Lernende und Wissenschaftler:innen und greift dem wirtschaftlichen Ziel der Arbeitnehmerfreizügigkeit vor. Siehe dazu auch weitere Ausführungen unter 2.3.3.4 und 2.5.2: Die Mobilitätsförderung beruht im Wesentlichen auf den Strukturreformen der Studiengänge, vor allem auf der einfachen Anerkennung und Anrechnung von Leistungen, die nicht an der Heimatuniversität erbracht wurden, im Rahmen der Leistungspunktebewertung. Sie wird aber auch durch finanzielle und ideelle Anreize beeinflusst, gehemmt oder gefördert. Studierenden wird zunehmend nahgelegt, im Ausland zu studieren, auch um die Wertigkeit ihrer persönlichen Werdegänge im internationalen Wettbewerb zu erhöhen, was wiederum die Chancen auf dem europäischen Arbeitsmarkt verbessern soll. Unabhängig von Charakter und Eignung der Studierenden als Persönlichkeiten werden Auslandsstudien als nötiger Qualifizierungsschritt angepriesen und, was bei allen Proband:innen auffällig ist, von den Studierenden auch so wahrgenommen.

Motivation zum Auslandsstudium

Beate schildert ihre Motivation zum Auslandsstudium folgendermaßen: Einerseits ergibt sich die Notwendigkeit aus der Studienstruktur selbst, da ein Auslandsaufenthalt im BA Translation vorgesehen ist und für ein Sprachstudium im Allgemeinen erforderlich erscheint. Dies wiederholt sich auch bei Kristin und Nina und im Folgenden bei allen weiteren Proband:innen. Hier deckt sich das Reformziel mit der Umsetzung völlig.

Darüber hinaus war es Beate ein persönliches Bedürfnis und eine Freude, im Ausland zu leben und zu lernen, während Kristin die Absicht hatte, ihr Sprachniveau in Französisch dem besser ausgebildeten Spanisch anzugleichen und sich auf die in Deutschland anstehenden Konversationskurse vorzubereiten.

Bei der Finanzierung konnte Beate auf eine gute Förderung über BAföG und Erasmus zurückgreifen, was die verbesserten finanziellen Anreize widerspiegelt. Diese Möglichkeiten konnte auch Nina nutzen. Sie hatte bereits ein Jahr in England gelebt und bekam mit der Studienstruktur die Gelegenheit, ein komplett BaföG-gefördertes Bachelor-Studium in England zu absolvieren. Zwar arbeitete sie ebenso wie ihre dortigen Kommilitoninnen, für die Jobs eine zwingende Notwendigkeit zur Finanzierung der hohen Studiengebühren darstellten, bei ihr geschah dies allerdings nicht aus der reinen Finanzierungsnot heraus. Sie profitierte überdies von dem Wissen, dass sie ein anschließendes Masterstudium auch aufnehmen kann, falls sie nach Deutschland zurückkehrt, und war dadurch zu dem Zeitpunkt nicht gezwungen, sich gänzlich auf England festzulegen. Somit motiviert die neue Studienstruktur bei diesen Beispielen stark zu einem kürzeren (Erasmus) oder längeren Auslandsstudium (kompletter BA). Auch Helene nutzte bei ihrer Studienplanung alle möglichen Optionen und bewarb sich für Studiengänge in Deutschland und Frankreich. Ihr Wunsch in Frankreich zu leben war die vorrangige Motivation, die schon länger bestand. Die sekundäre Entscheidung ein Studium zu absolvieren, traf sie erst im Anschluss.

Ein Sonderfall liegt bei Diana vor, die innerhalb ihres BA-Studiums keinen Auslandsaufenthalt absolvierte, diesen allerdings vor Beginn ihres Studiums bereits mit einem längeren Auslands-Praktikum in Italien ausglich, im Anschluss an ihren Abschluss direkt in Italien weiterarbeitete, und sich dort auch dauerhaft niederließ.

Anrechnung der Leistungen

Die Anrechnung der Leistungen aus dem Auslandsstudium erfolgte bei Beate, Kristin, Nina, Helene und im Folgenden bei allen Proband:innen außer Julian und Fleur unkompliziert und umfassend. Somit kann auch dieses Reformziel als gelungen betrachtet werden, auch wenn es Ausnahmen gibt. Dies ist der Regelfall im neuen Studiensystem. Im Gegensatz zum Diplom, wo die Anerkennung sehr stark von der Kurswahl und dem guten Willen der Verantwortlichen abhängig war. Die Organisation der LV der Proband:innen im Ausland war ebenfalls gut strukturiert. Der Kursplan für das Auslandsstudium wurde durch ein *Learning Agreement* festgelegt, für das die Auswahl der Kurse vorab geprüft wurde. Lediglich die Wahlfreiheit der Kurse war relativ beschränkt. Alle Leistungen wurden anerkannt. Für die Anerkennung waren Prüfungen notwendig. Die Umrechnung der Noten aus dem Ausland erfolgte am Heimatinstitut. Diese Punkte treffen in gleicher oder sehr ähnlicher Form auch auf Kristin zu. Bei Nina sind sie ebenfalls zutreffend, auch wenn ihr Auslandsaufenthalt in anderer Form stattfand. Als fester Studienbestandteil (*sandwich course*), hatte sie die Wahl zwischen einem Auslandsstudium und einen Auslandspraktikum.

Sie absolvierte zwei Praktika, in je einem Übersetzungsbüro in Leipzig (Korrektur, Sonderaufgaben, Übersetzen) und London (Projektmanagement und Korrektur).

Bei wenigen Proband:innen, Julian und Fleur, gab es Probleme mit der Anrechnung einzelner Kurse. Fleur hatte im ERASMUS-Semester einen Dozenten, der keine Note vergab, sondern nur bestanden oder nicht bestanden vergab. Dieses Problem entstand also aus einer nicht Bologna-konformen Vorgehensweise an der Universität Münster. Die Anrechnung der Kurse im Doppelmaster war, wie bei allen anderen Doppelmaster-Absolventinnen, vorab zwischen den Hochschulen abgestimmt und garantiert. Daher gab es mit den weiteren Anrechnungen überhaupt keine Probleme.

Julian hatte im Bachelor in Heidelberg keine Anrechnung von Auslandsstudien, weil er statt eines Auslandsstudiums ein Auslandspraktikum beim *Maison de Relations Internationales* in der Partnerstadt Montpellier absolvierte. Er entschied sich tatsächlich dafür, weil er gehört hatte, dass die Anrechnung der ERASMUS-Leistungen in Heidelberg bei Kommilitoninnen zu Schwierigkeiten geführt haben sollte, und er den Bachelor ohne Notenprobleme in Heidelberg absolvieren wollte. Er suchte sich also einen Umweg, um Schwierigkeiten bei der Anrechnung zu vermeiden.

Fehlende Translatologie-Lehrveranstaltungen

Es entsteht der Eindruck, dass bei Auslandsstudien durchaus öfter translatologische Inhalte und Veranstaltungen fehlten. Natürlich gibt es an dieser Stelle zwei mögliche Szenarien: Es wurden tatsächlich keine translatologischen Veranstaltungen angeboten, oder die Person hatte keine belegt, obwohl sie angeboten wurden. Beate kann für ihr Auslandsstudium in GB (Birmingham) keine Translatologie-LV nennen, weil es keine gab. Sie belegte stattdessen Kulturstudien und ÜS-Übungen. Kristin absolvierte ihr Auslandsstudium innerhalb des Bachelors Romanistik und belegte daher aus fachlichen Gründen keine Translatologie-Veranstaltungen. Ihre Kurse beinhalteten Sprachwissenschaft, Kulturwissenschaft, Literaturwissenschaft und auch Übersetzungsübungen, allerdings mit dem Ziel der sprachpraktischen Übung, nicht für wirtschaftliche Zwecke. (Auswertung Kristin Zeile 294–345). Ähnlich verhielt es sich bei Helene. Im Bachelor waren studiengangsgemäß keine übersetzungsbezogenen Theorieveranstaltungen vorgesehen, lediglich Übersetzungsübungen zum Spracherwerb. Im Erasmussemester in Rom herrschte ein niedriges Niveau an der dortigen Privatschule, sodass nur Sprachunterricht angeboten wurde. Schließlich das zweite Masterjahr in Nizza bestand in einem *Master Professionnel* in Filmübersetzen (im Gegensatz zu forschungszentriertem Master de Recherche), bei dem nur Filmtheorie vorgesehen war, keine Übersetzungstheorie.

4.2.1.5 Thema 4 – Berufseinstieg mit Bachelor und Wahrnehmung der Abschlüsse

Das Statusproblem der BA-Abschlüsse und die damit einhergehende schleppende Entwicklung der Beschäftigungsfähigkeit (*Employability*) wurde in Kapitel 2.5.3 eingehend thematisiert. In Deutschland ist das Interesse der Studierenden an einem berufsorientierten Studium derzeit allerdings groß. Daher sind Fachhochschulen sehr erfolgreich und es steigt die Nachfrage nach praxisorientierten Universitätsstudiengängen. (Gebhardt 2001, S. 11) Dies deckt sich mit der Betonung der Bedeutung von Praxisrelevanz, die von den interviewten Proband:innen immer wieder genannt wird, wie im Folgenden dargestellt werden wird.

Berufseinstieg oder Studiengangwechsel

Die vorangegangenen Punkte sprechen zwar sehr für einen Berufseinstieg nach dem Bachelorabschluss, doch wurde dieser damals häufig am Arbeitsmarkt nicht wahrgenommen. Die Fakten aus Kapitel 2.5.3 decken sich mit den Aussagen der Proband:innen: Beate erwähnt in Zeile 1446–1449, dass die von den Arbeitgebern angenommene Studiendauer sich in Stellenanzeigen niederschlägt: „Aber ich muss sagen, es gibt schon viele Ausschreibungen, wenn man so guckt, steht ja oft drin Diplom oder vergleichbarer Master. Weil halt viele davon ausgehen, wenn man studiert, dass man automatisch so lange studiert wie ein Diplom und deswegen auch ein Master verlangt wird." Dies illustriert die bisherige Herangehensweise im deutschen Studiensystem: Langes Erststudium und ein auf Abschlussprüfungen ausgerichtetes Prüfungssystem, das viel Gestaltungsfreiheit ermöglicht. Darauf sind deutsche Arbeitgeber bis heute eingestellt und stellen seit vielen Jahrzehnten Absolvent:innen mit einem solchen Hintergrund ein. (Schwarz-Hahn und Rehburg 2004, S. 15)

Weiterhin verwundert es nicht, dass viele Studierende von der Vielzahl der Gegenargumente von einem Berufseinstieg mit Bachelor abgeschreckt werden. In ihrer eigenen Wahrnehmung verfügten die Proband:innen mit dem Bachelor retrospektivisch betrachtet über keinen ausreichenden Kenntnisstand für einen Start im Berufsleben, fühlten sich unsicher und/oder waren häufig sogar noch unentschlossen, was die berufliche Tätigkeit anging, die sie ausüben wollten. Hier ermöglicht das Studiensystem einen unkomplizierten Wechsel in andere Studienfächer. Sei es ein Wechsel in die Fachrichtung Übersetzen aus einer anderen Fachrichtung (sog. Quereinsteiger:innen, siehe auch 4.2.1.2), oder das Verlassen des Studienfachs Übersetzen zugunsten einer Neuorientierung nach dem Bachelorabschluss, die Wechselmöglichkeiten des Abschlusssystems werden intensiv genutzt.

Dabei könnte sich der Bachelor auf lange Sicht neben einer zeitigen Berufsqualifizierung ebenso als Meilenstein und Wendepunkt in der universitären Laufbahn vieler Menschen etablieren. Ein Studienfachwechsel nach erfolgreichem Abschluss ist sicherlich eine Entscheidung, die leichter zu treffen ist, als der Abbruch eines Erststudiums ohne Abschluss. Dadurch wird womöglich tatsächlich schon vielen Abbrüchen vorgebeugt und viele Absolvent:innen finden den Weg in eine für sie passendere Studienrichtung, der zusätzlich noch vom Gefühl des Erfolgs über den ersten, gemeisterten Abschluss belohnt wird, anstatt ein Gefühl frühzeitigen Scheiterns zu vermitteln.

In Ninas Einschätzung hat der BA-Abschluss unterschiedliche Stellenwerte, je nach kulturellem Hintergrund: Die Arbeitskultur in UK beispielsweise ist auf Jugend ausgerichtet. Die Berufsanfänger:innen sollen möglichst jung und formbar einsteigen und die Qualifizierung erfolgt nach dem Studium im Berufsleben. Das Erlangen eines wie auch immer gearteten Abschlusses ist zwar meist die Voraussetzung für eine Arbeitsstelle, aber die Studieninhalte sind dabei von geringer Bedeutung für die vorrangige Berufskarriere. Nina hat ihr Studium nach dem BA fortgesetzt, trotz eines vorhandenen Jobangebots in London. Auch bei ihr zeigte sich der Wunsch nach einer Vertiefung übersetzungsspezifischer handwerklicher und wissenschaftlicher Kenntnisse. Sie stufte den Master in Deutschland für bestimmte Jobs als Voraussetzung ein. Dies ist allerdings ein rein subjektiver Eindruck, den sie nicht bewusst den Aussagen anderer entnahm. Sie beabsichtigte damit, ihre Zukunftsperspektive zu verbessern. Zudem war bei ihr ein persönliches Interesse an Studium und Lernen vorhanden. Dieses persönliche Interesse war auch bei Helene vorhanden. Sie ist überdies der Meinung, der Berufseinstieg nach dem BA hänge von den Umständen ab, vor allem von persönlichen Prioritäten und Fachbereich.

Anschließendes Masterstudium

Bei Betrachtung des Masters wurden ebenso viele Argumente laut, die für ein Erlangen dieses Abschlusses anstelle eines frühzeitigen Berufseinstiegs sprechen. Zuerst einmal stellte der Master, wie das Diplom, nicht nur für viele Arbeitgeber, sondern auch für viele Studierende anscheinend bis dato eine Selbstverständlichkeit dar. Das Studium nach dem Bachelor zu beenden, kam für Beate, Julian, Helene, Kristin, Nina und die übrigen Proband:innen außer Greta und Diana nicht in Frage. Beate erachtet den Master als fachlich nötig für die Arbeit als Übersetzerin. Nach dem Bachelor fühlte sie sich nicht bereit und nicht genügend befähigt, als Übersetzerin zu arbeiten. Dem widersprach Helene. Ihrer Meinung nach wären die Inhalte des Übersetzungsstudiums auch als Bachelor erlernbar, doch ihr vorangegangenes, fachübergreifendes Studium erachtet sie als ebenso wichtig. Die daraus resultierenden Vorkenntnisse, vor allem die sprachlichen und landeskundlichen Lerninhalte, müssen natürlich zu den gesamten Inhalten addiert werden, denn auch diese sind normalerweise Teil des Übersetzungsstudiums.

Bei Beate kam das bereits gegen den frühzeitigen Berufsstart genannte Argument hinzu, dass der Master Bedenkzeit für die konkrete Berufsorientierung bot, und sei es lediglich die Suche nach dem passenden Fachgebiet. Bei Beate spielte zudem der Zeitdruck eine Rolle, denn die Bewerbung für den Master musste kurz nach ihrem Auslandsaufenthalt erfolgen. Um die Chance nicht zu verpassen, und auch die erneute Möglichkeit eines Auslandsstudiums wahrzunehmen, musste sie sich schnell entscheiden. Der Master, bei Beate der Doppelmaster zwischen Deutschland und Frankreich, reizte sie persönlich und sie sah ihn ebenso als gute Referenz für ihre spätere Außenwirkung auf dem Arbeitsmarkt an. Kristin und Helene erwarben als Quereinsteigerinnen die übersetzerischen Grundlagen erst im Master. Kristin fühlte sich nach ihrem Bachelor in Romanistik unzureichend spezialisiert und suchte nach ihrem beruflichen Ziel, dass sie auch im Lehramtsstudium nicht gefunden hatte. Erst der Quereinstieg ins Übersetzen brachte für sie die Erkenntnis, einen passenden Berufswunsch vor Augen zu haben. Ähnlich ging es Helene. Der Master war für sie ein unerlässlicher Lerngewinn, da er ihr erstes Übersetzungsstudium darstellte. Unabhängig davon hatte sie schon im Vorfeld von vornherein mit dem Masterstudium geplant. Die Wertigkeitsdebatte um den Bachelor war ihr bekannt. Ihrer Meinung nach ist ein Studium erst vollwertig mit dem MA-Abschluss, denn eine Ausbildung brauche Zeit. Weniger als fünf Jahre Studium hält sie kaum für sinnvoll, für sie persönlich hätte es gern auch länger dauern dürfen. Sie hat mit den zwei Studienabschlüssen daher versucht alle Möglichkeiten auszuschöpfen, die sich für eine umfassende Bildung boten, und hat ihr großes Interesse an Theorie und Lernen ausgelebt.

Berufseinstieg nach dem Bachelor außerhalb des Übersetzens

Dennoch gibt es Beispiele und einleuchtende Argumente, nach dem Bachelor bereits die erste Arbeitsstelle anzutreten. Fast jeder/r (Beate, Kristin, Nina, Helene u. a.) der Proband:innen kannte mindestens eine Person, teilweise aus der eigenen Familie oder dem engeren Freundeskreis, die diesen Weg eingeschlagen hatten. Nina kannte, wie erwähnt, viele Berufseinsteiger:innen nach dem BA-Abschluss, aber keine Person darunter, die im Bereich Übersetzen anfing zu arbeiten. Letzteres gilt auch für Helene. Daran ist bereits abzusehen, der Berufseinstieg mit dem Bachelor ist möglich, wenn er auch nicht der Regelfall zu sein scheint. Dafür wird unter anderem von Beate das Argument angeführt, dass Arbeitgeber sich hier noch in einem Prozess des Umdenkens befinden, der aber stetig voranzugehen scheint. Wie bereits geschildert, verlangen Firmen oft den Master aufgrund von Erfahrungs- und Informationsmangel ihrerseits. Ebenso sind Studierende zu pauschal der Meinung, ein Bachelor genüge nicht. Die widersprüchlichen Empfindungen dazu kommen oft unbewusst zum Ausdruck, wie bei Beate, die anerkennend schildert: „Ich habe auch eine Freundin, die hat in einem ganz anderen Bereich studiert und hat *nur* ihren Bachelor gemacht, und arbeitet seit Jahren glücklich in ihrem Beruf" (Beate Zeile 1457–1459). Gleichzeitig erhält diese Aussage allerdings durch das einschränkende „nur" eine pejorative Note, die zumindest zu der Überlegung führt: Ist dies eine unbewusste, ungewollte Abwertung oder einfach eine einschränkende Formulierung? Hierbei ist zu berücksichtigen, dass die Debatte, wie in dem zitierten Satz ebenfalls zu sehen, stark abhängig vom Studiengang/Studienfach ist. Helene erwähnt ihre Schwester, die in ihrem jeweiligen Fachbereich Medienkommunikation nach dem Bachelor direkt übernommen wurde und einen sehr arbeitsintensiven Berufseinstieg erlebte. Nicht nur vom Fachbereich aber hängt der Berufseinstieg ab, sondern auch vom kulturellen Umfeld, wie in England zu sehen ist, wo dieser Weg den üblichen Fall darstellt. Nina hatte viele Bekannte, die nach dem BA in unterschiedliche Berufe einstiegen. Dies hat kulturelle und finanzielle Gründe, da Master in GB sehr teuer sind und keine ausgeprägte Wissenschaftskultur herrscht, die einen Masterabschluss als erstrebenswert bzw. unverzichtbar erscheinen lässt.

Bei der Frage, ob der Master fachlich erforderlich ist, oder der Bachelor ausreichende Kenntnisse vermittelt, betonen die meisten Proband:innen mit Ausnahme von Helene, dass sie sich selbst *im Bereich Übersetzen* keine ausreichende fachliche Kompetenz nach dem Bachelorabschluss attestiert hätten. Dies weiten sie explizit nicht auf andere Studienfächer aus. Überdies ist die Sache abhängig vom Lernfokus (theorie- oder praxisorientiert) und der angestrebten Tätigkeit. Wird eine Tätigkeit an der Universität, in der Forschung und Entwicklung oder in ähnlich theoretisch anspruchsvollen Bereichen angestrebt, ist der Master sicher unerlässlich. Ist das angestrebte Berufsfeld sehr praxiszentriert, kann ein vertiefter Kenntniserwerb am Arbeitsplatz wesentlich gewinnbringender als weitere Studienjahre sein. Hier wurde überdies ein Thema angesprochen, dass in Kapitel 2.2.1 thematisiert wurde: In vielen Fällen ist selbst ein Studium nicht zwingend nötig, wenn hochfachliche Ausbildungsgänge dafür vorhanden sind.

Beate bringt das treffend auf den Punkt: „(…) manchmal ist vielleicht sogar eine Ausbildung noch besser als fünf Jahre lang zu studieren." (Zeile 1535/36) Dies ist bisher in Deutschland häufiger der Fall als in anderen Bologna-Ländern, da Deutschland über das hochspezialisierte duale Ausbildungssystem verfügt. Der Trend zur hochschulbasierten Berufsausbildung hat allerdings auch in Deutschland bereits eingesetzt.

Berufseinstieg ins Übersetzen nach dem Bachelor

Eine der wenigen Absolventinnen des alleinigen Bachelor-Abschlusses für Translation, die anschließend auch eine lang andauernde Tätigkeit als Übersetzerin angetreten hat, ist Diana. Ihr Fall ist insofern speziell, dass sie bis dato hauptsächlich juristische Übersetzungen anfertigt, deren fachliche Grundlagen sie sich im Rahmen ihres vorangegangenen Jurastudiums angeeignet hat. Sie räumt jedoch beim Berufseinstieg Probleme ein (00:21:15), da sie die Übersetzungspraxis laut eigener Aussage im Rahmen des BA-Studiums nicht ausreichend gelernt habe. Sie verweist allerdings eher auf technische Probleme wie die Formatierung von Urkunden bzw. die Bedienung von CAT-Tools. Überdies bereiteten ihr die mangelnden Terminologiekenntnisse zu Anfang Schwierigkeiten. Sie setzte allerding eher auf die praktische Erfahrung und vermutete, dass sie auch nach dem Master nicht ausreichend fit gewesen wäre für den übersetzerischen Arbeitsalltag. Sie blieb auch im Rahmen der Erhebung die Ausnahme, da alle anderen 15 Proband:innen sich entweder direkt im Anschluss oder später für ein weiterführendes Masterstudium entschieden.

Im Bereich Übersetzen war der Berufseinstieg, wie in Kapitel 2.5.3.2 geschildert, ohne Master schwierig, da die erforderlichen Kenntnisse der Sprache und der Technik im Master noch deutlich vertieft werden, doch auch hier deutete sich ein Umdenken an. Wie Julian feststellte, waren in seinem Arbeitsumfeld einige Kolleg:innen und Bekannte mit Bachelorabschluss tätig. Auch Kristin berichtete von einer Freundin, die nach dem BA an der Dolmetscherschule Würzburg erfolgreich den Start ins Berufsleben als Übersetzerin wagte. Eine ähnliche Bekanntschaft konnte Beate vorweisen. Beiden ist allerdings gemein, dass sie zwar durchaus in ihrem Beruf arbeiteten, später jedoch von selbst den Weg zurück an die Universität suchten. Dies geschah anscheinend nicht aus fachlichen Mängeln oder Problemen, wie Kristin zumindest annahm, sondern aus Interesse an fachlicher Vertiefung und der Nutzung günstiger Rahmenbedingungen. Ein konkreter Fall für solch eine „Praxisunterbrechung" ist Greta. Sie hatte nach dem Bachelorabschluss Schwierigkeiten mit Umfang und Schnelligkeit der geforderten Arbeitsumfänge und bekam aufgrund ihres Bachelorabschlusses auch lediglich ein Traineeship angeboten. Nach zwei

Praktika im Bereich Übersetzen, Korrektorat und Projektmanagement bot ein Übersetzungsdienstleister in Stuttgart ihr schließlich eine Festanstellung an.

Kristin beleuchtet einen Sonderfall, denn sie denkt auch über den Stellenwert des Masters im Vergleich zum Diplom nach, der sich in ihrer Wahrnehmung zwischen den Fachbereichen unterscheidet. Der Master im Bereich Translation ist für sie gleichwertig mit dem zuvor verliehenen Diplom und wird (zumindest beim ihr bekannten) Arbeitgeber genauso angesehen. Der Lehramtsmaster hingegen hat in ihrer Erfahrung einen geringeren Stellenwert als das Diplom, da vor allem die betrauten Mentor:innen die Referendar:innen nach dem Master als nicht ebenso kompetent betrachteten wie frühere Absolvent:innen des Staatsexamens.

4.2.1.6 Thema 5 – Fachgebiete

Das Thema der Sachfächer wurde in Kapitel 2.6.3.3 behandelt. Für die Proband:innen war es ein heikles und wichtiges Thema, bei dem vorrangig negative Aspekte der Reform zutage traten. Die Sachfächer werden heutzutage, im Gegensatz zum Diplomstudium, nicht mehr als eigenständige Fächer über mehrere Semester hinweg zusätzlich als sogenanntes Ergänzungsfach studiert, sondern in den Bereich der Schlüsselqualifikationen ausgelagert. Betrachten wir die Aussagen in den Interviews dazu, genügt dies nicht für einen ausreichenden Kenntniserwerb im Rahmen des Übersetzerstudiums.

Beate hat den Mangel sehr stark verspürt. Sie konnte zwar im Laufe des Studiums feststellen, welcher Bereich sie für ihre spätere Arbeit am stärksten interessierte, und zwar die juristische Übersetzung, es genügte jedoch lediglich zur Interessenfindung, nicht zum Kenntniserwerb. Daher entschied sie sich, nach dem Bachelor- und dem Masterstudium noch ein Drittstudium im Fachbereich Jura zu absolvieren. Dies sind weitere drei Jahre Studienzeit, in denen sie nur sehr begrenzt in ihrem Beruf arbeiten kann, was einen verlängerten Lohnausfall als bei einen kompletten Diplomstudium darstellt. Die Kürzung der Inhalte zugunsten des gestrafften Studiums ist in diesem Fall als großer Nachteil zu bewerten. Auch weitere Proband:innen hatten Schwierigkeiten mit dem stark verkürzten Umfang der Sachfächer. Kristin schwankte zwischen den Vorteilen und Nachteilen der oberflächlichen Sachfach-Behandlung im Masterstudium: In ihrer Tätigkeit war bei Korrekturarbeit eine große Bandbreite an Fachgebieten gefragt, da der Durchsatz an Textvolumen wesentlich größer ausfällt als beim Übersetzen. Bei einer Bewältigung von zwischen 500 und 2500 Korrekturzeilen pro Tag in bis zu 20 einzelnen Aufträgen, je nach Umfang, konnte es zu einem Wechsel zwischen 5 bis 10 unterschiedlichen Fachgebieten und innerfachgebietlichen Themen kommen[78]. Selbst beim spezialisierten Einsatz von Korrekturleser:innen für einzelne Fachgebiete war der innerfachgebietliche Themenwechsel eine ständige Herausforderung. Überdies konnte die Beschäftigung einzelner Korrektorinnen in nur ein oder zwei beschränkten Fachgebieten im seltensten Fall gewährleistet werden. Dies war erneut mit dem hohen Auftragsvolumen zu begründen, welches sie bewältigten, sowie mit den Zwängen durch das Vorhandensein der Themen innerhalb der von Kunden erteilten Aufträge. Diese Problematik gilt natürlich auch für Übersetzer:innen. Dennoch arbeiten Übersetzer:innen meist längerfristig an einem Text, sofern sie nicht ständig Mindestumfänge von wenigen Zeilen bearbeiten. Diese Zeitspanne kann zwischen einem Tag und mehreren Wochen liegen, und in dieser Zeit ist eine tiefergehende Einarbeitung in ein Thema natürlich besser möglich. Dennoch ist zu berücksichtigen, dass auch thematisch verwandte Gebiete, wie juristische, technische oder medizinische Übersetzungen, in sich große Variationen aufweisen können. Patente beispielsweise zeichnen sich zwar durch ihre stets gleichförmige Makrostruktur und Fachsprache aus, behandeln dabei aber so unterschiedliche Erfindungen, dass einmal Wissen aus dem Bereich Biochemie gefragt sein kann, und beim nächsten Auftrag das Thema Elektrotechnik lautet. Aus diesen Gründen umfassen die Anforderungen an Übersetzer:innen und Korrektor:innen heutzutage die Fertigkeiten für eine schnelle Einarbeitung in unterschiedlichste Themengebiete und eine gut ausgebildete Recherchekompetenz. Die eben geschilderten Zusammenhänge liefern auch die Begründung der Lehrverantwortlichen am IALT Leipzig für die Bandbreite an oberflächlich behandelten Fachgebieten im Master. Dabei wurde pro Semester ein Einblick in das Übersetzen eines bestimmten Fachgebietes (z. B. Medizin, Wirtschaft und Finanzen) in jeder der gewählten Sprachkombinationen gegeben. Diese Herangehensweise ist nicht zu verwechseln mit dem zusätzlichen Studium eines Sachfaches, da es sich bei den Übersetzungsübungen üblicherweise um terminologische Fragen handelt, die genauer besprochen werden. Eine Einarbeitung in das Fach als solches, mit dem dazugehörigen Grundwissen und der Fachsprache, kann bei den Übersetzungsübungen nicht stattfinden.

Kristin äußerte dahingehend ein persönliches Interesse an einer weiteren fachlichen Spezialisierung (Medizin, Pharmazie), auch wenn dies ihre

---

78 Diese Werte basieren auf Praxiserfahrungen aus dem Korrekturbereich in einem Unternehmen mit ca. 15 dauerhaft tätigen Korrekturleser:innen. Es sind allerdings Näherungswerte, für die keine Statistiken vorliegen. Sie dienen hier lediglich zur Veranschaulichung der Fachtextbelastung, nicht zu statistischen Zwecken.

Berufswahl nicht unbedingt erfordert. Ein Studium von Neben- oder Zusatzfächern war daher ihre Anregung für die Gestaltung des Studiengangs, da dies nicht zuletzt durch die Vertrautheit mit der Fachsprache als nützlich für die Berufsvorbereitung bewertet wurde.

4.2.1.7 Thema 6 – Qualitätssicherungsmaßnahmen

Wie in Kapitel 2.3.3.3 geschildert waren die Evaluationssysteme der Hochschulen zu dem Zeitpunkt in einem entwicklungsmäßigen Rückstand und dabei nicht einheitlich. Ihre Bedeutung wuchs allerdings seit dem Beginn des Bologna-Prozesses Stück für Stück. (Sieh 2014, S. 154) Da die interne Evaluation als eher nachrangiges Ziel galt, kam sie nur mit einiger Verzögerung in Gang.

Die internen QS-Maßnahmen waren an den Hochschulen zur Zeit der Befragung sehr unterschiedlich entwickelt und jede Hochschule hatte ihre eigene Umsetzungsgeschwindigkeit dieses Reformzieles. Beate hat beispielsweise in ihrem ÜS-Studium nur sehr selten QS-Maßnahmen z. B. in Form von Feedbackbefragungen erlebt. Sie begann ihr BA-Studium im Jahr 2012. In ihrem anschließenden Jurastudium (ab 2015) existierten allerdings dann für jede Lehrveranstaltung bereits Bewertungen. Dies ist ein Hinweis darauf, dass sich diese Maßnahme erst später konkret entwickelt hat und flächendeckend eingeführt wurde. Dagegen spricht, dass Stefanie, die ihr BA-Studium ebenfalls 2012 in Leipzig begann, von regelmäßigen Bewertungen spricht. Hier liegt entweder bei einer Probandin ein Erinnerungsfehler vor, oder das, was für Stefanie „viele" Bewertungen waren, sind für Beate wenige gewesen. Bei Kristin liegt die Sache zeitlich entgegensetzt wie bei Beate: Sie hat im BA-Studium in Freiburg ab 2007 bereits regelmäßige Evaluationen in Form von Fragebögen erlebt. Überdies wurde ein Abschlussfragebogen am Ende des Studiums erhoben. Für ihr Masterstudium in Leipzig, ebenfalls ab 2012, gibt sie wiederum an, dass wenige Befragungen durchgeführt wurden, und das meist in Zusatzkursen wie SQ oder Kursen vom Rechenzentrum. Das unterstützt Beates Aussage, dass es in Leipzig eher wenige Evaluationen gab. In London erlebte Nina ab 2007 im Bachelorstudium QS-Maßnahmen in jeder LV. Dies waren Fragebogenbewertungen. In Germersheim ab 2011 gibt sie an, für die meisten LV, u. a. aufgrund der Exzellenzinitiative, Bewertungen durchgeführt zu haben. Helene begann ihr Studium im Jahr 2003 und berichtete schon von umfassenden Evaluationen in allen Studiengängen am jeweiligen Semesterende, durchgängig vom BA bis zum MA mit Ausnahme des Aufenthaltes in Rom. Sie erinnert sich an Einzelkursevaluationen und gesamte Studiengangsevaluationen, online und auf Papier, auch wenn sie keine Einzelheiten zu Art und Umfang in den jeweiligen

Studiengängen mehr geben kann. Ihre Studien endeten 2008. Dies deutet wiederum darauf hin, dass die Einführung der QS-Maßnahmen stark von den Institutionen selbst abhing, nicht so sehr von der verzögerten Umsetzung als nachrangiges Ziel.

Beate hatte es in ihrem Jurastudium bereits erlebt, dass die QS-Maßnahmen konkrete Verbesserungen bewirkten, indem eine Dozentin ihre Prüfungsanforderungen anpasste, nachdem sie deutliches Feedback ihrer Studenten erhielt, die sich im Gegensatz zu anderen Gruppen desselben Faches überfordert fühlten. Auch Nina berichtete, dass Feedback ernst genommen wurde und Verbesserungsmaßnahmen bei Bedarf erfolgten.

Beate beurteilte die QS-Maßnahmen als aufwändig, aber nützlich. Sie gab zu bedenken, dass es auch bei möglicher Online-Durchführung sinnvoll sei, die Befragungen innerhalb des Unterrichts durchzuführen, um eine möglichst hohe Rücklaufquote zu erreichen.

Elisa füllte sowohl im BA in Wien als auch im MA in Stockholm in jeder LV einen schriftlichen Fragebogen zur Qualitätssicherung aus.

4.2.1.8 Zusammenfassung nach Reformzielen – Vor- und Nachteile

Die teilnehmenden Proband:innen kannten bis auf eine Probandin als Studierende die Studienstruktur vor der Reform nicht. Dennoch war es möglich, die Aussagen der Proband:innen, unter Heranziehung von Vorwissen, in Form von Vor- und Nachteilen zusammenzufassen. Die Darstellung in Listenform dient der Übersichtlichkeit:

Positive Auswirkungen der Reform:

- Allgemein gute Studienstruktur, die wichtigste Inhalte abdeckt
- Flexible Studiengangskombinationen
- Studienorganisation erst durch die Reform möglich mit BA in GB und MA in DE
- Durchstrukturierter Doppelmaster
- Einfacher Fachwechsel nach BA-Abschluss
- Gute Einstiegsbedingungen für Quereinsteiger:innen
- Viele Wahlmöglichkeiten, mehr Wahlmöglichkeiten im MA als im BA
- Pflicht- und Wahlmodule mit wählbaren Hauptseminarthemen
- Strukturelle Vorgaben sichern wichtigste Inhalte, hoher Anspruch als Herausforderung (BA)
- Variabler, vielfältiger Studiengang (BA), einzelne LV frei wählbar

- Gut organisierte Auslandssemester
- Unkomplizierte Anrechnung aller Punkte; beim Diplom oft Schwierigkeiten mit der Anerkennung
- Nützliche Ergänzungen durch Wahlpflichtmodule und Schlüsselqualifikationen
- Auslastung und Anforderungen hoch genug (BA)
- Vorhandene Spielräume ausgenutzt, wie Bachelorarbeit zu unbekanntem Thema
- Ausreichendes Stresslevel durch fortlaufende Prüfungsleistungen (BA)
- Leistungsdruck durch persönlichen Anspruch erzeugt (BA)
- Wissenschaftliches Arbeiten bringt Befriedigung, die fehlenden Anspruch ausgleichen kann
- Master entspannter, weniger LV und Prüfungen, eng begrenzte Thematik im Vergleich zu BA

Negative Auswirkungen der Reform:

- Verschulte Struktur fast ohne Hochschulcharakter (BA)
- Starre Studienstruktur (verschult) mit eingeschränkten Wahlmöglichkeiten
- Knapper und unflexibler Zeitplan mit Zeitdruck Richtung Abschluss
- Zeitdruck durch Anmeldungszwang der Masterarbeit
- Studienzeit knapper, dadurch stressiger (MA)
- Große Stoffmenge
- Straffe Struktur durch wechselnde Universitäten, Studienbereiche vorgeschrieben, bis zu 12 Prüfungen pro Semester (BA)
- Zeit zu kurz für Belegung aller interessanten Kurse (ohne Benotung zu hoher Aufwand)
- Zurückhalten von Prüfungsleistungen üblich zum Zeitgewinn
- Großer Andrang bei Anmeldung in Pflichtkursen
- Keine Zusatzkurse, da viele Aufgaben, fremdsprachiges Studium und Nebenjob (MA)
- Fehlende Spezialisierung
- Einführungen in Sachfächer als Spezialisierung unzureichend, da sie als Schlüsselqualifikation nur ein Semester umfassten
- Diplom ermöglichte fortlaufende und tiefgründige Spezialisierung; Neid auf restliche Diplomstudent:innen
- Spezialisierung fehlt oder muss nachgeholt werden (z. B. durch Zweitstudium)
- Hoher Einstiegsaufwand für Quereinsteiger, um Anschluss herzustellen
- Mangel an praktischer Übung erschwert die Berufsorientierung (BA)

- Französisches Studiensystem traditionell verschult, keine Folge der Reform, Prüfungen über Mitschriften, keine Vertiefung
- Variabilität des deutschen Systems irritiert und überfordert Franzosen (Interaktive LV und intensives Selbststudium)
- Ungünstiges System für wissensdurstige Student:innen aus neuhumanistischer Perspektive

Beim letztgenannten Punkt bestätigt sich noch einmal, dass nicht alle Übersetzerstudierenden die berufsfokussierten *Studierenden* sind, und es auch neuhumanistische *Student:innen* gibt. Diese sehen die Prioritäten und Ziele ihrer berufsfokussierten Kommilitoninnen durchaus kritisch, sind aber in der Minderheit und werden bei der Ausgestaltung der Reform in ihren Bedürfnissen oft übergangen.

4.2.2 Auswertung nach Themenschwerpunkten der Translatologie

Die Vorgehensweise ist identisch mit Punkt 4.2.1. Bei der Auswertung nach Themenschwerpunkten aus dem Bereich Translatologie werden ebenso die wiederkehrenden Positionen zusammengefasst, die Ergebnisse beschrieben und mit dem damaligen Forschungsstand abgeglichen. Sollte es gegensätzliche Positionen geben, werden diese einander gegenübergestellt und diskutiert. Am Ende erfolgt ein Fazit, das als Kategorienbildung für die Aufstellung eines quantitativen Fragebogens dienen kann.

Die folgenden Unterpunkte werden analysiert:

(8) Nutzen der Translatologie für den Übersetzerberuf
(9) Könnenschaft: Translatologische Inhalte im Übersetzerberuf
(10) Unterrichtsformen der translatologischen Lehrveranstaltungen
(11) Unterrichtsinhalte der translatologischen Lehrveranstaltungen

4.2.2.1 Thema 8: Nutzen der Translatologie für den Übersetzerberuf

Folgende Aussagen zur Wahrnehmung der translatologischen Studieninhalte wurden getroffen. Dabei werden die didaktische Seite und die forschungsbetonte Seite der Translatologie von den Probandinnen meist nicht getrennt betrachtet. Für sie gehört alles zur Translatologie.

> *Also, es war auf jeden Fall sehr wichtig für mich im Studium ein bisschen so darauf sensibiliert worden zu, sensibilisiert worden zu sein, welche Übersetzungsprobleme es gibt, überhaupt auftreten können in bestimmten Textsorten. Und wie man diese lösen kann. Also, wie gehe ich zum Beispiel mit Eigennamen um, mit landesspezifischen*

> *Ausdrücken? Wie übersetze ich Ämter? Was mache ich mit so Assoziationen, die in bestimmten Kulturen einfach vorkommen, mit Wortspielen, Metaphern? Genau. Also, das hätte ich so ohne Translatologiestudium einfach nicht gewusst.*
>
> (Kristin, Zeile 47–54)

Wie eben beschrieben sieht Kristin nicht die Translatologie als Wissenschaft im Vordergrund, sondern die Methodik. Das betrifft den Lehrbereich der Berufsausbildung, weniger der Forschung. Sie betont, dass die erlernten Inhalte ihr bei den beruflichen Anforderungen helfen, da sie täglich Evaluationen von Übersetzungen durchzuführen hat. Zu diesem Zweck verwendet sie die erlernten Verfahrensweisen für die Lösung von Übersetzungsproblemen, sie sieht sich in der Lage, die eingeübte Recherchekompetenz zu nutzen und die Arbeit mit Paralleltexten fachgerecht durchzuführen. Dies sind einige Punkte, die tatsächlich von großer Bedeutung bei der täglichen Arbeit in dem Bereich sind. Die Recherchekompetenz wurde beim Unterpunkt Fachgebiete bereits angesprochen (siehe 4.2.1.6) und ist bei den heutigen fachlichen Anforderungen an Übersetzer:innen von tragender Bedeutung. Oft entscheidet über eine gelungene Übersetzung nicht das bereits vorhandene Wissen eine/r Übersetzer:in, sondern die Fertigkeit, die erforderlichen Informationen in kürzester Zeit aus verlässlichen Quellen zu ermitteln. Dies passiert heutzutage meist über Fachquellen im Internet, deren Vertrauenswürdigkeit noch zusätzlich zur eigentlichen Recherche von Übersetzer:in oder Korrektor:in beurteilt werden muss. Die Suche nach Paralleltexten, also Texten derselben Textsorte in der jeweiligen Zielsprache, gestaltet sich ähnlich. Carolin äußert sich ähnlich, geht gar nicht auf die wissenschaftlich orientierten Inhalte ein, räumt aber den strategischen Inhalten einen großen Stellenwert ein. Vicky unterscheidet die beiden Felder ebenfalls nicht, sieht aber in den Grundlagen eine große Bedeutung dafür, reflektierte Entscheidungen im Übersetzungsprozess zu treffen. Ähnlich argumentiert Stefanie, ordnet die Theorieinhalte als hilfreich ein, meint damit aber wieder die erlernten, übersetzungspraktischen Strategien. Pauline bezeichnet die übersetzungstheoretischen Inhalte als sehr interessant, betont dabei aber auch die anwendungsbezogenen Aspekte.

Bei Beate liegt vermutlich ein Missverständnis vor, was die Fragestellung angeht, denn sie zählt alles zu Translatologie, was ihr im Studium vermittelt wurde. Sie trennt nicht zwischen praktischen Übungen und theoretischen Inhalten. Sie zählt sogar die sprachpraktischen Veranstaltungen zur Translatologie. Dennoch findet bei ihren Ausführungen eine Differenzierung der beiden Seiten der Translatologie statt, diese bleibt aber unspezifisch, unscharf und wird nicht bewusst betont. Ihr zufolge wird der Nutzen des translatologischen

Studiums oft erst im Nachhinein wahrgenommen, wenn der Eintritt ins Berufsleben stattgefunden hat. Dies geschieht unabhängig davon, ob es sich um den versierten Umgang mit sprachlichen Feinheiten in der Muttersprache handelt, die profunden Kenntnisse der Fremdsprachen oder die geschaffenen Grundlagen für weitere Studien anderer Fächer. Das Niveau der A-Sprache sollte ihrer Meinung nach immer am höchsten sein, da in diese sehr oft und üblicherweise übersetzt wird. Dies sind Bezüge zu sprachpraktischen Lehrinhalten, die mit der Wissenschaft wenige Berührungspunkte haben. Ihre Grundaussage ist jedoch sehr bemerkenswert: Auswendig Gelerntes vergisst man oft wieder. Bei Studienbeginn geriet sie als Studierende in eine Überforderungssituation durch die hohe, kaum zu bewältigende Theoriemenge. Erst die konkrete Anwendung des Gelernten verbesserte die Verinnerlichung. Dabei halfen sowohl Wiederholungen als auch Verknüpfungen mit anderen Inhalten und dies führte zu schnellen Verbesserungen. Dabei wurde das methodische Arbeiten durch die Übersetzungsübungen geschult. Hier findet sich wieder die Vermischung aller Studieninhalte.

Retrospektivisch betrachtet sind Beate konkrete Übersetzungsmethoden bekannt, allerdings kann sie sie nicht mehr konkret und korrekt benennen. Sie umschreibt die Methoden mit ihren eigenen Worten. Zudem stellt sie die große Bedeutung einer Balance zwischen treuem und freiem Übersetzen dar. Auch der spezifische Umgang mit Realienlexemen wird besonders betont. Beate ist der Meinung, dass methodisches Arbeiten möglich ist, auch wenn die theoretischen Benennungen in Vergessenheit geraten. Sie erklärt es sich so, dass die grundlegende Arbeitsweise von Übersetzer:innen durch die im Studium erlernten Theorien geleitet wird. Hier setzt das Thema Könnerschaft an, auf das weiter unten detailliert Bezug genommen wird. An dieser Stelle findet der gedankliche Übergang von der Ausbildungsbetonung (Verfahren, Übungen etc.) auf die wissenschaftlichen Inhalte statt. Denn Beate betont, dass die persönliche Arbeitseinstellung durch die verinnerlichten theoretischen Ansätze eine bestimmte Ausrichtung erhält: „(…) es gibt ja diese verschiedenen Typen von Übersetzern. Und ich glaube, dass man einfach, umso länger man auch selber in dem Beruf irgendwann tätig ist, einfach sich zu einem hinarbeitet (…)“ (Beate, Zeile 190–192) Es wäre daher möglich, anhand der Arbeitsweise jedes/r Übersetzer:in Umkehrschlüsse auf die dem zugrunde liegenden Theorie zu ziehen. Jede/r Übersetzer:in entscheide sich also ihrer Meinung nach im Laufe ihrer/seiner Karriere für eine der theoretischen Richtungen, die sie oder er dann bei seinen Aufträgen verfolge. Dies ist ihre persönliche Einstellung, die sie mittels der theoretischen Grundlagen nun zu festigen versucht, da sie noch am Anfang ihrer Karriere steht.

Beates Umgang mit den wissenschaftlichen Inhalten geht demzufolge über Kristins Sichtweise hinaus. Kristin sieht die Theorie als reine Hilfestellung für die Praxis, darüber hinaus äußert sie zumindest keine Gedanken. Beate betrachtet durchaus die Metaaspekte der wissenschaftlichen Studien, auch wenn dies noch undifferenziert geschieht. Anders ist es bei Nina. Sie sieht eher die Metaebene der theoretischen Ansätze im Vordergrund:

> *Na, ich mache mir nur Gedanken drüber, wenn ich, angenommen ich habe jetzt einen Medizintext, der sich an Patienten richtet. Da mache ich mir natürlich schon Gedanken: Wie wird der Text empfangen. Also, was kann ich sagen und was kann ich nicht sagen. Oder was kann ich vom Zielpublikum überhaupt erwarten? Da dann schon, aber ja, so allgemein nicht, weil die Texte doch relativ speziell sind. (Nina, Zeile 133–137)*

Dies wendet sie allerdings nur an, wenn es um allgemeinsprachliche Texte geht, oder wenn sich Fachtexte an Laien richten, also der Adressat variiert.

Nina geht damit schon eher von der wissenschaftlichen Seite an das Thema heran und differenziert theoretische Methoden im Verhältnis zu Übersetzungsverfahren. Die praktischen Translationstheorien hat sie verinnerlicht und wendet sie, wie oben erwähnt, sporadisch in ihren Vorüberlegungen zu freieren Übersetzungen an, und dies in einer eher automatisierten Art und Weise. Bei Fachtexten hat sie dafür keine Verwendung, da der Spielraum für die Gestaltung sehr gering ist. Die abstrakten Theorien hat sie als philosophische Strömungen eingestuft und mental abgelegt, da sie in der Form für ihr tägliches Arbeiten nicht von Bedeutung sind.

Matteo legt Wert auf das Wissen um die translatologischen, deskriptiven Inhalte, deren Kenntnis er sehr schätzt, äußert sich aber sehr skeptisch zu den Möglichkeiten der Umsetzung in der Praxis.

Helene hat ähnliche Denkansätze wie die bereits genannten Probandinnen: Sie ist erstaunt über die trotz intensiver Behandlung vergessenen Theorieinhalte aus dem Studium, vor allem angesichts ihrer Unterlagen und Mitschriften, die sie für das Interview herausgesucht und durchgeschaut hat. Sie vermutet, wie die anderen auch, dass die vergessenen Inhalte in praktisch erprobte Arbeitstechniken umgewandelt wurden, auch wenn sie zu dem Hergang keine genaueren Angaben machen kann. Elisas und Lydias Aussagen gleichen sich damit ebenfalls, auch wenn sie zu Beginn rundheraus der Wissenschaft nur eine geringe Auswirkung auf ihre Arbeit bescheinigen. Dennoch sind Elisas Aussagen sehr interessant, was die Könnerschaft angeht.

Diana hingegen ist der Meinung, dass in ihrer Tätigkeit als Übersetzerin, bei der es darum gehe, möglichst schnell möglichst viel zu übersetzen, die erlernte Theorie kaum weiterhilft. Ebenso sieht das Julian: Er räumt ein, dass die Theorielehre für einen Überblick der Inhalte sinnvoll ist, sieht das Theoriewissen aber lediglich als nützlich für eine wissenschaftliche Arbeit an der Universität an.

Andrea reflektiert ihre frühere Einstellung zur Translatologie, bei der sie im Rahmen ihres Studiums davon überzeugt war, „(...), dass es vollkommen sinnlos ist (...)“ (00:02:59). Sie hat erst im Zuge ihrer Berufstätigkeit die Bedeutung der Translatologie schätzen gelernt. Greta sieht dies ähnlich, denn sie konnte nach Abschluss ihres Bachelors feststellen, dass theoretisches Hintergrundwissen ihr im Arbeitsbereich Projektmanagement bei der Argumentation gegenüber Kunden half. Sie unterscheidet dabei aber sehr deutlich zwischen den deskriptiven Inhalten, die sie als weniger relevant einstuft, und den didaktischen Methoden, die sie als sehr nützlich bezeichnet. Vor allem für Textanalyse, textlinguistische Konzepte und Äquivalenztheorien sieht sie kaum Transfermöglichkeiten in der Praxis. Für manche theoretische Ansätze sieht sie allerdings durchaus Anknüpfungspunkte, wie z. B. für die funktionalistische Skopostheorie, die sie in ihrer Arbeit als Projektmanagerin bewusst einsetzt, um Übersetzungsaufträge mit Kund:innen abzustimmen, oder bei Reklamationen fachlich fundiert zu argumentieren. Sie bezeichnet das auch als hilfreich für die Selbstsicherheit bei der Argumentation im Berufsumfeld.

Ein auffälliges Gegenbeispiel ist Fleur, die im Bachelor in Lyon und im ersten Masterjahr in Straßburg gar keine übersetzungstheoretischen Inhalte behandelte. Im letzten Masterjahr stieß sie dann auf große Schwierigkeiten, sich in die sehr theoretisch geprägten Inhalte der Universität Leipzig einzuarbeiten und sagte von sich selbst, dass die Theorie ihr nicht behagte. Sie betrachtet die Theoretisierung des Übersetzens kritisch, denn für sie ist das Übersetzen in keinem Aspekt ein theoretischer Prozess.

> *(...) la traduction c'est de la pratique, c'est pas de la théorie. Et je comprenais pas que des gens aient, ... aient théorisé de la traduction, parce que pour moi, c'est pas du tout un processus théorique. (Fleur, 00:24:52)*

Die translatologischen Inhalte hätten ihr daher überhaupt nicht geholfen, man müsse das Übersetzen täglich üben und dabei jeden Tag seine Fertigkeiten verbessern.

4.2.2.2 Thema 9: Könnerschaft – Translatologische Inhalte im Übersetzerberuf

> *Ja, es ist erstaunlich, was man mal alles gelernt hat. Weil, es ist tatsächlich so, und es ist scheinbar auch typisch, dass ich einiges davon vergessen habe, aber damals habe ich mich doch intensiv damit beschäftigt. Und es ist zumindest so viel hängen geblieben,*

dass ich es praktisch anwenden konnte, auch wenn ich mich jetzt an diese ganzen Kategorien und Etiketten nicht erinnern kann. (Helene, Zeile 157–161)

Betrachtet man das „(…) menschliche Erkennen ausgehend von der Tatsache (…), daß wir mehr wissen, als wir zu sagen wissen“ (Polanyi 1985, S. 14), so mag dies tröstlich sein angesichts der Tatsache, dass sich viele Absolvent:innen nicht mehr im Einzelnen an Inhalte ihres Studiums erinnern können. (Neuweg 2015) Die Könnerschaft manifestiert sich bei Ihnen lehrbuchgemäß, siehe die Ausführungen dazu unter 3.1.3, vor allem 3.1.3.4. Wie im vorigen Unterkapitel detailliert beschrieben wurde, können sich die Absolvent:innen im seltensten Fall noch an konkrete theoretische Inhalte ihres Studiums erinnern, obwohl sie diese bei ihrer tagtäglichen Arbeit anwenden.

Angesichts des Widerspruchs zwischen anscheinend vergessenen Wissensinhalten aus dem Studium und der scheinbar mühelosen und teilweise virtuosen Ausführung schwierigster Fachübersetzungen, die berufstätige Übersetzer:innen Tag für Tag anfertigen und damit ihr Können unter Beweis stellen, treten leicht Trugschlüsse über die Natur der Handlung auf. Der vermutlich häufigste ist die Annahme, dass Übersetzen eben auch ohne dieses Grundlagenwissen möglich wäre, sofern es nur genügend trainiert würde, und mit langzeitiger Arbeitserfahrung untermauert würde. Dem widerspricht aus Sicht der Könnerschafts-Theorie einiges, und im vorliegenden Fall zusätzlich die persönlich überprüfte Erfahrung mit vielen Übersetzer:innen. Denn auch Absolvent:innen, die gerade erst ihren Abschluss erreicht hatten, erzeugten ohne jegliche Berufserfahrung gute und brauchbare bis hin zu exzellenten Übersetzungsleistungen. Quereinsteiger:innen ohne Übersetzungsausbildung hingegen, die von ihrem Enthusiasmus getrieben wurden und ihr Fachwissen im zu bearbeitenden Textbereich als ausreichende Grundlage für gutes Übersetzen erachteten, erfuhren häufig nach einem erfolgreichen Start steigende Problemlagen mit dem Arbeitsalltag des Übersetzens, der von geschulten Übersetzer:innen mit Hochschulabschluss problemlos gemeistert wird. Dies betrifft sowohl die Bewältigung der erforderlichen Volumina als auch die reine Erzeugung von brauchbaren Zieltexten anhand der gegebenen Ausgangstexte. Diese Beobachtung bestätigt Andrea, die in ihrer Tätigkeit als Korrekturleserin sofort feststellen kann, ob ein Text von eine/r qualifizierten Übersetzer:in stammt oder nicht: „Es sind oft die Leute, die Probleme haben, die (…) nicht Übersetzen studiert haben (…).“ (00:03:05) In einzelnen Fällen kann dies bei den nicht ausgebildeten Quereinsteiger:innen zu einem Abbruch der Tätigkeit als Übersetzer:in führen, was auch im eigenen Berufsumfeld bereits mehrfach vorgekommen ist, oder zu einer sehr eingeschränkten Ausführung (z. B. nur noch Arbeit an ausgewählten Einzelprojekten mit bestimmten Fachgebieten und Themen).

Dieser ursächliche Zusammenhang kann nur durch die Einbeziehung der Konzepte von Lernen und Könnerschaft deutlich gemacht werden. Nachdem in der Folge der vorausgegangenen Forschung[79] und im Laufe von vier Jahren Arbeit in der Abteilungsleitung im Übersetzungsbereich Gelegenheit war, mit vielen Übersetzer:innen über dieses Thema zu sprechen, konnte die gemeinsame Grundaussage ihrer Eigenwahrnehmung mit der eigenen Fremdwahrnehmung abgeglichen werden. Das fachlich anhand der Forschung zum Lernen und der Könnerschaft erklärte, und empirisch durch die Angaben der Proband:innen bestätigte Ergebnis lautet folgendermaßen: Die konkreten, erlernten Wissensinhalte, und dazu zählen sowohl rein theoriebasierte Informationen (wissenschaftliche Translatologie, siehe Kapitel 2.6.2) als auch anwendungsbezogene Informationen (Methoden, Verfahren etc., siehe Kapitel 2.6.3), geraten nach dem Studienabschluss tatsächlich in vielen Fällen in Vergessenheit. Die Proband:innen können beispielsweise Übersetzungsverfahren nur noch bruchstückhaft benennen oder sich nur noch an sehr allgemeine Themenbereiche aus der Übersetzungstheorie erinnern. Bis zum Abschluss haben die Inhalte sich allerdings derart verankert und sind soweit automatisiert worden, dass die Auswirkungen auf ihre Anwendung in der alltäglichen Praxis stattfinden, auch wenn die konkrete Benennung der Vorgänge und Grundlagen kaum noch gelingt. Die Handlungsvorbereitung ist soweit gefestigt, dass die Ausführung weitestgehend gelingt, ohne sich die Inhalte aus dem Vorbewussten (*vbw*) wieder ins Gedächtnis zu rufen.

Hier setzen Elisas Einschätzungen an: Sie beschreibt diese Könnerschaft auf Basis ihres impliziten Wissens recht genau, wenn sie schildert, dass sie bestimmte Grundlagen und Herangehensweisen „im Hinterkopf" (00:05:47) hat, dabei implizit auf das Vorbewusste und auf handlungsvorbereitende Inhalte verweist, und im selben Moment erläutert, dass sie beim Übersetzen nicht aktiv darüber nachdenkt. Sie greift dennoch ihrer eigenen Aussage

79 Siehe dazu Rothe 2010. Im Rahmen der Erhebung geben fast alle Teilnehmer:nnen an, dass die theoretischen Studieninhalte ihre praktische Arbeit „unbewusst" beeinflussen (siehe dazu Absatz 3.1.3.3). Dies ist eine vage Aussage, die allerdings nicht verwunderlich ist. Mit der Theorie des Lernens und dem Erwerb der Könnerschaft dürfte sich kaum ein/e Proband:in üblicherweise auseinandergesetzt haben. Daher ist diese ungenaue Beschreibung zu dem Zeitpunkt die einzig mögliche Eingrenzung gewesen.

zufolge auf verschiedene Übersetzungsmethoden und -strategien zurück, die sie bewusst anwendet.

Lydia sieht in der Praxis kaum Anwendung der translatologischen Inhalte und sie macht sich auch keine Gedanken darüber. Sie sieht den Nutzen der strategischen und didaktischen Inhalte eher zu Beginn des Studiums, wenn die Erfahrung noch mangelt, räumt aber ebenfalls ein, dass die Verfahrensweisen sich im Laufe der Zeit automatisieren. Andrea sieht das ähnlich, stellt aber „Wachsamkeit" vor Theorie, und meint damit das Erkennen von Übersetzungsproblemen. Stefanie thematisiert umgehend Übersetzungsverfahren, beschreibt diese als „eingeprägt" (00:02:06) und bezeichnet sie als hilfreich. Selbst Diana, die der Wissenschaft kaum Bedeutung beigemessen hat, äußert sich ganz kurz, aber fast deckungsgleich zur „unterbewussten" Anwendung von bestimmten Inhalten, die man wissen müsse (00:02:00). Julian hat in seinem Studium selten den Transfer der Theorieinhalte in praktische Übungen erlebt und er betrachtet den Lernerfolg beim Übersetzen mittels nicht wissenschaftlicher Übungen als ausreichend. Insgesamt sieht er wie Diana wenig Nutzen in der Arbeitspraxis und betont außerdem, dass keine Zeit bliebe und es nicht erforderlich sei, bei der Arbeit über Theorie nachzudenken.

> *Das ist vielleicht alles so ganz nett, aber man hat in der realen Praxis einfach keine Zeit, sich da auch noch allerlei Gedanken darüber zu machen. Das hilft einfach nicht großartig. Ich würde trotzdem nicht sagen, dass es falsch ist, das zu lehren, es hat auf jeden Fall mal geholfen, um so einen Überblick zu bekommen. Aber für die berufliche Praxis ist es nicht unbedingt erforderlich, würde ich jetzt mal sagen. (Julian, Zeile 42–47)*

Vicky sieht ebenfalls den Zeitfaktor als Problem an, erkennt aber wie die anderen Proband:innen eine Automatisierung hinter den didaktischen Inhalten. Matteo wiederum als sehr spezialisierter Übersetzer in der Praxis, sieht nicht nur das Zeitproblem, sondern betrachtet jeden Text als Einzelfall und ist daher zu der Überzeugung gelangt, dass die Übersetzungstheorien niemals verallgemeinert auf Texte angewendet werden können. Die Manifestation impliziten Wissens im Übersetzungsprozess und die Könnerschaft gehören nicht zu seinen Gedankengängen. Genauso verhält es sich bei Greta, die wie oben erwähnt, den Theorien unterstützende Wirkung bei der Arbeit im Projektmanagement bescheinigt, die allerdings keinerlei handlungsvorbereitende Prozesse im Bereich des eigentlichen Übersetzens sieht oder erwähnt.

Damit erkennen Julian, Matteo, Greta und Fleur die Umwandlung von Wissen in implizites Wissen und die Anwendung im Zuge der Könnerschaft nicht bzw. erkennen sie nicht an, was bei Helene, Nina, Kristin, Beate, Elisa, Carolin, Vicky, Andrea, Lydia, Stefanie und Pauline und mit Einschränkungen auch bei Diana ganz von alleine geschieht.

4.2.2.3 Thema 10: Unterrichtsformen der translatologischen Lehrveranstaltungen

Die allgemeinen Themen wie Übersetzungsgeschichte und Theorie wurden nach Beates Erfahrung in Leipzig und in Strasbourg in Vorlesungen behandelt. Die Vorlesungen wurden als Frontalunterricht gehalten und schlossen mit einer Klausur als Prüfungsleistung ab, wie Kristin berichtet. Es waren nur wenige Hausarbeiten zu schreiben.

Ebenso existierte bei Beate in Leipzig das Unterrichtsformat Seminar, beispielsweise bei Textredaktion und Fachtextanalyse. Kristin berichtet über Seminare in Leipzig als Unterrichtsgespräche mit Referaten und praktischen Prüfungsleistungen wie z. B. Hausübersetzungen. Klassische Hausarbeiten wurden eher selten als Prüfungsleistung gefordert. Im Rahmen der Seminare wurden von den Studierenden einige Male auch eigene Vorträge gehalten, wie Beate sich erinnert.

In Ninas Translationstheorie-LV in England sahen die Formate ähnlich aus. Die besuchten Theorieveranstaltungen liefen in seminarähnlicher Form, aber als Frontalunterricht ab, und beinhalteten Essays und ein *Learning Journal* als kumulative, praktische Prüfungsleistungen. Die Essays erforderten dabei persönliche Reflexionen zur Translationstheorie und deren Einfluss auf die Studierenden selbst. In der Fachkombination *Modern Languages* für Französisch und *Translation* für EN-DE und DE-EN waren zwei Essays pro Jahr zu schreiben. Die Reflexion zur persönlichen Entwicklung durch die Theorie ist dabei sehr wissenschaftlich angelegt. Diese intensive Betrachtungsweise findet sich im deutschen Translatologieunterricht nicht standardmäßig wieder. Zwar ist es möglich, solche Überlegungen in Hausarbeiten anzustellen, es wird aber nicht explizit gefordert. In ihrem anschließenden Master fiel es Nina schwer, sich von der knappen Aufsatzstruktur der Essays auf die länger gefassten deutschen Hausarbeiten umzustellen.

Verglichen mit London stufte Nina die Theorieveranstaltungen in Germersheim als nicht besonders umfangreich ein und vieles wiederholte sich inhaltlich. London bot generell belebtere Unterrichtsgespräche durch sehr kleine Gruppen.

In der Vorlesung *Einführung in die Translationswissenschaft* herrschte Anwesenheitspflicht, es wurde aber keine Prüfung durchgeführt. Heute gilt bei jeder Vorlesung in Germersheim Anwesenheitspflicht und Prüfung. Nina belegte diese LV freiwillig, da sie im Bachelor keine Prüfung dazu abgelegt hatte.

Im Hauptseminar waren deutlich mehr Themen als Teilnehmende verfügbar, sodass ein Großteil thematisch unberührt blieb. Eine Hausarbeit zur eigenen Präsentation wurde als Prüfungsleistung verlangt. Die angebotenen ÜS-Übungen hingegen waren sehr praktisch orientiert und es fand keine Integration der Theorieinhalte statt. Ergänzend war es möglich, eine Theorie basierte kommentierte Hausübersetzung abzugeben, diesen Kurs hatte Nina aber nicht belegt. Die Anfertigung von Übersetzungen unter wissenschaftlichen Aspekten belegte sie lediglich im Bachelor.

Bei Helene fand die einzige angebotenen LV zur Übersetzungstheorie *Méthodologie de la Traduction* in Lille als *cour magistral* statt, eine Art Vorlesung. Diese gestaltete sich jedoch recht aufgelockert, interaktiv und vertieft durch zusätzliche Aufgaben. Deren Auswertung erlebte sie allerdings nicht mit, da im zweiten Semester ihr Erasmusaufenthalt in Rom folgte.

Bei Matteo gab es im Bachelor eine einzige Lehrveranstaltung für Translatologie und im Master gab es ein Modul *Linguistica per traduttori* mit drei einzelnen Lehrveranstaltungen, Linguistik für Übersetzer, Italienische Linguistik und Übersetzungswissenschaft. Die Prüfungsleistungen in Italien wurden üblicherweise in mündlicher Form abgenommen.

Elisa erlebte in Wien einen mit um die 1000 Studierenden extrem überlaufenen BA-Studiengang mit sehr vielen kleinen Translatologie-Vorlesungen, die jeweils nur ein paar ECTS-Punkte umfassten. In ihrem Master in Stockholm mit einem Jahrgang von lediglich 10 Studierenden wiederum gab es ausschließlich Translatologie-Seminare in Kleingruppen mit sehr intensiven Unterrichtsgesprächen.

Im französischen Umfeld gab es die Probandin Fleur, die im Bachelor in Lyon und im ersten Masterjahr in Straßburg gar keine übersetzungstheoretischen Inhalte behandelte, was erneut den stark berufspraktisch geprägten Ansatz der französischen Hochschulen deutlich macht. Im ERASMUS-Semester, das sie in Münster absolvierte, entschied sie sich immer für die anwendungsbezogenen Kurse. Erst in ihrem dritten Jahr, im Doppelmaster in Leipzig, erfuhr sie Inhalte der Translatologie, wie die anderen Probandinnen sie bereits schilderten.

Bei der anderen französischen Probandin Pauline gab es übersetzungstheoretische Lehrveranstaltungen ab dem 4. Studienjahr.

Selbststudium

Für das Selbststudium gab es Lektüreempfehlungen und Reader. Viele Standardwerke wurden daher von Beate, Kristin, Nina, Helene, Elisa, Matteo und den übrigen in Auszügen gelesen. Beate hat ein Werk komplett gelesen, Nina mehrere. Weitere Werke wurden von Kristin beispielsweise für Hausarbeiten, Hausübersetzungen und andere Aufgaben bei Bedarf konsultiert.

Kristin hat ihre anfangs vorhandenen fachlichen Defizite als Quereinsteigerin gegenüber den Absolvent:innen des BA Translation durch intensives Theoriestudium abgebaut. Bei Nina lag der Fokus der Lektüreempfehlungen in London auf nationalen Werken mit eigener Ausrichtung. Die Leipziger Schule oder die Germersheimer Ansätze wurden wenig thematisiert. Das in Leipzig sehr verbreitete Standardwerk *Handbuch Translation* wurde dann im Rahmen des Masterstudiums in Germersheim behandelt.

4.2.2.4 Thema 11: Unterrichtsinhalte der translatologischen Lehrveranstaltungen

Hier soll umrissen werden, welche translatologischen Inhalte sich in den von den Proband:innen belegten LV fanden. Im französischen Übersetzungs-Master (Strasbourg) beispielsweise wurden Beate viele Grundlagen vermittelt, die deutsche Studierende schon aus dem BA besitzen. Dazu gehörten Übersetzungs-Geschichte, Linguistik, Terminologie, Methodik. Dabei waren Aufbau und Vermittlung ähnlich wie in Deutschland. Die Wiederholung der Inhalte erleichterte für sie das Verständnis. Von Kristin wissen wir, dass im Master Translatologie in Leipzig ebenfalls die translatologischen Grundlagen in einem Modul für Quereinsteiger:innen vermittelt wurden. Dabei wurden die Geschichte der Translation, Grundbegriffe der Translatologie, verschiedene Übersetzungsverfahren, der Äquivalenzbegriff, die unterschiedlichen Übersetzungstheorien, eine translationsorientierte Textanalyse und verschiedene Übersetzungsprobleme thematisiert. Dies war allerdings ein fakultatives Mastermodul und wurde für Quereinsteiger:innen anderer Fachrichtungen angeboten. Studierende mit einem BA-Abschluss im Bereich Übersetzen waren nicht angehalten, diese Grundlagenveranstaltung zu besuchen, da sie diese Modulkombination in ihrem Bachelorstudium bereits absolviert hatten. Die translatologischen Grundlagen wurden hier also sehr umfangreich abgedeckt.

Im zweiten Masterjahr in Leipzig gab es dafür laut Beate dann überhaupt keine vertiefenden translatologischen Inhalte mehr, im Gegensatz zum Diplomstudium, bei dem in den höheren Semestern des Hauptstudiums mehrere Hausarbeiten zu Proseminaren mit vertiefenden translatologischen Themen zu schreiben waren. Dies hat seinen Ursprung vermutlich in der Doppelmasterstruktur von Beates Studium. Da in Strasbourg bereits intensiv theoretische Veranstaltungen abgearbeitet wurden, wies ihr zweites Masterjahr in Deutschland kaum solche auf. Auffällig ist dabei nur, dass ihre Theorieveranstaltungen in Strasbourg sich mit den Theorieveranstaltungen im deutschen Bachelor sehr stark deckten, während sie die neuen Theorieveranstaltungen im Master anschließend versäumte. Hier sehen wir die Realisierung eines strukturellen Reformziels, was allerdings inhaltlich zu einer Verarmung führte.

Kristin berichtete, welche theoretischen Inhalte in den vorhandenen Theorieveranstaltungen in Leipzig thematisiert wurden und bewertet sie hinsichtlich ihrer mehr oder weniger vorhandenen Relevanz fürs Übersetzen.

> Einführung in die Terminologielehre: Dabei erfolgte eine Einführung in die Begrifflichkeiten der Terminologielehre, es wurden Grundlagen und Arbeitsmethoden der Terminologiewissenschaft vermittelt, die Bedeutung der Terminologie für die Fachkommunikation wurde erläutert, die terminologischen Normen besprochen, Synonymie und Polysemie wurden behandelt, verschiedene Definitionen vermittelt, die Elemente terminologischer Datenbanken und ihre Benennung spielten eine Rolle und das Terminologiemanagement kam zur Sprache.

Beim Thema Fachkommunikation ging es um die Definition und Entwicklung von Fachsprache, die kommunikativ-pragmatische Wende im Jahr 1970, die acht Quellen der modernen Fachsprachforschung und das Leipziger Modell der Interdisziplinarität. In der Vorlesung Vertextungsstrategien wurden Vertextungsstrategien zur Produktion von Fachtexten behandelt, wobei der Schwerpunkt auf dem Thema Interdisziplinarität lag. Die Vorlesung Fachstile beinhaltete Denkstile, Rhetorik, den Stilbegriff, Fachstilgrundbegriffe, Fachkultur, interkulturelle Aspekte. Es wurden Fachstile der Sozialwissenschaften, Technik und Wirtschaftswissenschaften besprochen. Die drei letztgenannten LV bezogen sich sehr auf sprachwissenschaftliche Aspekte und wiesen wenige Bezüge zum Thema Übersetzen auf.

Die Lehrveranstaltung Paralleltextvergleich hingegen war natürlicherweise stark übersetzungsbezogen und eher praktisch orientiert. Dabei wurden Paralleltexte von Originaltexten unterschiedlicher Textsorten analysiert und zu je einem behandelten Text wurden von den Teilnehmer:innen Referate gehalten. Im Rahmen der LV Technische Redaktion ging es um die Rolle der Übersetzer:innen im Dokumentationsworkflow, um technische Redaktion im Allgemeinen, technisches Übersetzen, Globalisierung, Lokalisierung, translationsrelevante Kulturspezifik von Termini und Texten, Textverstehen, Verständlichkeit, klares Schreiben, kontrollierte Sprache, Formulieren klarer Instruktionen und Textkorrektur gemäß DIN EN 15038[80]. Kristin bewertete

80 http://qualitatsstandard.din.en-15038.com/: „Der Qualitätsstandard DIN EN 15038:2006 ist eine europäische Norm für Übersetzungsdienstleister. (…) Eine Übersetzungsdienstleistung gemäß der Norm DIN EN 15038 muss mindestens

diese Veranstaltung als besonders nützlich für ihre derzeitige Tätigkeit: „Auf jeden Fall, total. Also, ich habe mir sogar das Dokument, diese Norm oder, ja, auch nochmal runtergeladen und das nochmal überflogen, weil das wirklich sehr nützlich war. Also für mich jetzt, für heute." (Kristin, Zeile 237–239)

Abschließend ist zur LV Wissens- und Kulturtransfer zu sagen, dass hier wieder ein Randbereich der Translation erreicht wurde, und die Thematik eher literaturwissenschaftlich ausgerichtet war. Themen waren unter anderem die Rolle der Translation im Kulturtransfer, die Translation als kultureller Filter und die Wissensvermittlung über Translation.

Die beiden von Nina belegten Lehrveranstaltungen *Introduction to translation* und *Translation principles and strategies* in London beinhalteten Einführungen in verschiedene Themen wie formale und dynamische Äquivalenz nach Nida (vgl. Nida 1981), Skopostheorie (vgl. Vermeer und Reiß 1984), *Rewriting* nach Lefevere. Die Vertiefung erfolgte mit Kognitionsmodellen nach van Dijk und Kintsch (vgl. van Dijk und Kintsch 1983), dem *Translation Process Model* nach Bell (vgl. Bell 1995), und der *Domestication and Foreignisation* nach Venuti (vgl. Venuti 2008). Sie las verschiedene Werke, wie bereits erwähnt, darunter waren u. a.: *Introduction to translation studies* (Munday 2016), *Möglichkeiten und Grenzen der Übersetzungskritik* (Reiß 1986), *Grundlegung einer allgemeinen Übersetzungstheorie* (Reiss und Vermeer 1991), *The translator's invisibility* (Venuti 2008), das dortige Standardwerk von Mona Baker *In other words* (Baker 2011), ein grundlegendes Handbuch namens *Translation. An advanced resource book* (Hatim und Munday 2004) ähnlich dem Handbuch Translation, *Translation quality assessment* (House 2015) und die englische Version des häufig gebrauchten Standardwerks von Christiane Nord *Text analysis in translation* (Nord 2005). Andere Werke las sie auszugsweise und konsultiert sie regelmäßig, z. B. *Strategies of Discourse Comprehension* (van Dijk und Kintsch 1983), *Translation and translating* (Bell 1995), und ein nicht genau benennbares Werk von Nida. Besonderen Gefallen fand sie an Venutis Konzept der *domestication and foreignisation* in *The translator's invisibility.*

Es fanden Wiederholungen und vergleichende Betrachtungen der Theorien statt, vor allem unter Einbeziehung der Skopostheorie. Die historischen Theoriethemen umfassten u. a. Cicero, Hieronymus, die Bibelübersetzung und die linguistischen Entwicklungen der Prager Schule. Ninas Bachelorstudium

---

das Übersetzen und Korrekturlesen umfassen." Diese Norm wurde ersetzt durch die internationale Qualitätsnorm ISO 17100. Siehe https://qualitatsstandard.iso17100.com/

gestaltete sich theoretisch-wissenschaftszentriert. Es fand lediglich eine Übersetzungsübung (*Specialised Translation*) statt, außerdem deutsche und französische sprach- oder kulturwissenschaftlicher Kurse.

Was die Translationstheorie- Lehrveranstaltungen im Germersheimer Master angeht, so wurden in der Vorlesung *Einführung in die Translationswissenschaft* die Historie der Translation, die Unterscheidung von Übersetzen und Dolmetschen, die Translations- und Wissenschaftsbegrifflichkeiten thematisiert. Weitere Inhalte waren: Humboldt, die Unmöglichkeit des Übersetzens, die Betrachtungen von Lee Whorf (vgl. Whorf 1956), Transkodierungen und die *Stylistique Comparée* (vgl. Malblanc 2007). Es wurden verschiedene Modelle angesprochen, wie das Kommunikationsmodell und das Translationsmodell. Weiterhin wurden die Germersheimer Schule mit den prominenten Vertretern Kußmaul und Hönig, also im Gesamten die Funktionalen Translationstheorien, sowie die Schule des Translatorischen Handelns betrachtet. Es ging in einem Exkurs um die Maschinelle Übersetzung, um schließlich zu Nida und dem Thema der Bibelübersetzung und der Äquivalenz zurückzukehren.

Der Hauptseminarinhalt von *Theoretische Grundlagen der Übersetzungswissenschaft und praktische Grundlagen des Fachübersetzerinnenalltags* bestand in Block 1 aus einer eingehenden Behandlung des Handbuchs Translation (Snell-Hornby et al. 2003) und in Block 2 wurde die *Translator's Invisibility* von Venuti (Venuti 2008) thematisiert. Verglichen mit London stufte Nina die Theorie als nicht besonders umfangreich ein und vieles wiederholte sich inhaltlich. Das Kennenlernen der deutschen Theorieströmungen stufte sie als wichtig ein. Weitere behandelte Themen und Werke waren unter anderem: *The translator's turn* (Robinson 1991), *Memes of translation* (Chesterman 2000), der *Social constructivist approach to translator education* (Kiraly et al. 2013), *The poetics of imperialism* (Cheyfitz 1997) und die Genderforschung.

Im Allgemeinen beobachtete Nina eine Überzahl berufsorientiert lernender Studierender. Sie bevorzugten ÜS-Übungen vor Theorieveranstaltungen, zeigten eingeschränktes Interesse an wissenschaftlichen Themen, wünschten sich arbeits- und marktbezogene Inhalte (Unternehmensgründung, Finanzmanagement etc.). Dies spiegelt die Betrachtungen aus 2.6.1 wider, wonach die leistungsorientierten Studierenden die humanistischen Student:innen zum Großteil in den Universitäten abgelöst haben, was sich im Studienfach Übersetzen besonders deutlich zeigt. Ninas Einschätzung zufolge ist es allerdings vor allem beim Übersetzerstudium schwierig Praxis und Theorie zu vereinen. Weiters ist ihrer Meinung nach die Übersetzungskompetenz nach dem Studium noch mangelhaft ausgeprägt. Sie selbst sieht sich eher in der humanistischen Ausprägung als Studentin: Sie entwickelte ein persönlich großes Interesse an der Wissenschaft und begann im Anschluss an ihr Studium eine Dissertation zum Thema Prozessforschung. Dies beweist ihrer Meinung nach den wissenschaftlichen Anspruch des Faches, der wie bereits unter 2.6.1.5 erwähnt, zuweilen in Zweifel gezogen wird. Eine Vertiefung zu übersetzungsphilosophischen Aspekten und theoretischen Ansätzen wäre ihr zufolge für das Studium wünschenswert. Die Wissenschaft als Selbstzweck würde oft zugunsten wirtschaftlicher Erwägungen zurückgestellt: „Und die Wissenschaft um der Wissenschaft wegen ist halt, kommt halt oft zu kurz." (Nina, Zeile 1873)

Helene berichtet über den Master, dass Fachübersetzen ein großer, bedeutender Anteil war, die Theorie hingegen als weniger bedeutsam und mit einem geringen Anteil bedacht wurde, dies aber eine gute Veranstaltung war. Diese bereits erwähnte Theorie-LV im ersten Halbjahr in Lille, *Méthodologie de la Traduction* war sprachübergreifend konzipiert. Zu den verschiedenen Themen gehörten das Arbeiten mit unterschiedlichen Blickwinkeln (Autor oder Leser), treue oder freie Übersetzung, die Geschichte der Übersetzung und Übersetzungsstrategien. Inhaltlich war es eine breit gefächerte, informative Einführung mit Themen wie Vinay und Darbelnets Verfahren, Nida mit Auszügen aus seinem Werk, Bibelübersetzung und interlinguale Übersetzung, Luthers Wirken u.a. Die Beispiele wurden in verschiedenen Sprachen gegeben. Die Ausrichtung war methodenspezifisch, an konkrete Beispiele kann sie sich nur sehr bedingt erinnern, wie etwa an *Instant coffee* und *café soluble* für Refokussierungen.

Bei Matteo fand eine chronologische Aufarbeitung der translatologischen Historie im Bachelor statt, wobei einzelne theoretische Ansätze vertieft wurden, wie z. B. die Skopostheorie. Außerdem behandelten sie einige literarische Übersetzungstheorien. Im Master besuchten sie einen translationsbezogenen Linguistikkurs, eine Veranstaltung zu italienischer Linguistik und eine Veranstaltung zur spezifischen Übersetzungswissenschaft.

Elisa erlebte im BA eine Mischung aus den bereits genannten historischen Inhalten und den üblichen translatologischen Ansätzen, wobei sie Nord als Beispiel nennt, und lokalen Theorieinhalten (Klaus Kaindl in Wien). In Stockholm war die Translatologie vor allem im ersten Masterjahr von Bedeutung, wobei sie dort, neuere, lokale Theorien in Stockholm kennenlernte, an die sie sich aber nicht im Einzelnen erinnert.

Paulines Theorieinhalte in den ersten drei Jahren waren fachbezogen auf Wirtschaft, Marketing und Management, also eher im Bereich Schlüsselqualifikationen angesiedelt. Im 4. Studienjahr spezialisierte sie sich im Bereich Fachübersetzung, was dann vermehrt Theorieinhalte im Bereich Übersetzen bedeutete.

4.2.2.5 *Zusammenfassung der Auswertung nach Translatologie-Schwerpunkten*

Unter Punkt 4.2.2.1, Thema 8, dem Stellenwert der Translatologie, räumen 3 Proband:innen den gesamten wissenschaftlichen, also den anwendungsbezogenen und den forschungsbetonten Inhalten, einen großen Stellenwert ein. 9 Proband:innen sehen die anwendungsbezogenen, also übersetzungsstrategischen, didaktischen Inhalte als vorrangig wichtig an, während 4 Proband:innen keinen oder nur einen geringen Nutzen der Translatologie sehen.

Die unter 4.2.2.2, Thema 9 untersuchte Könnerschaft konnte vom Großteil der Proband:innen auch selbst wahrgenommen werden. Die konkreten, erlernten Wissensinhalte, darunter sowohl rein theoriebasierte Informationen als auch anwendungsbezogene Informationen, geraten nach dem Studienabschluss in vielen Fällen in Vergessenheit. Bis zum Abschluss haben die Inhalte sich allerdings derart verankert und sind soweit automatisiert worden, dass die Auswirkungen auf ihre Anwendung in der alltäglichen Praxis stattfinden. Die Handlungsvorbereitung ist soweit gefestigt, dass die Ausführung weitestgehend gelingt, ohne sich die Inhalte wieder ins Gedächtnis zu rufen.

Dabei erkennen 12 Proband:innen, und damit drei Viertel der Befragten, durch eigenständige Überlegungen die Umwandlung von Wissen in implizites Wissen und die Anwendung im Zuge der Könnerschaft an, während dies 4 Proband:innen nicht tun oder dem Konzept ablehnend gegenüberstehen.

Zu Thema 10 und 11, Unterrichtsformen und -inhalte, unter den Punkten 4.2.2.3 und 4.2.2.4 konnte festgestellt werden, dass die häufigste von den Proband:innen genannte Unterrichtsform in den translatologischen Lehrveranstaltungen (z. B. Übersetzungsgeschichte und Theorie) die Vorlesung (Leipzig, Germersheim, Straßburg, Messina, Forlì, Lille, Paris) war. Diese schlossen üblicherweise mit einer Klausur ab, außer in Italien, wo die Prüfungen mündlich abgehalten wurden. Hausarbeiten wurden eher selten verlangt, und wenn dann vor allem in Deutschland. Auch Seminare waren häufig (anwendungsbezogene und theoretische Lehrveranstaltungen), in England auch überwiegend, weil dort Kleingruppen dominierten, wobei sie sich unterschieden zwischen Seminaren mit Vorlesungscharakter und interaktiven Seminaren mit Unterrichtsgespräch. Die Prüfungsleistungen der Seminare waren üblicherweise Referate, Hausarbeiten (Leipzig, Germersheim) oder Essays und *Learning Journals* (London), bzw. mündliche Prüfungen (Messina und Forlì), je nach Land. Bei diesen Unterrichts- und Prüfungsformen gleichen sich zwar formal die Formate, die Ausführung (frontal oder interaktiv) und die Prüfungsgestaltung (Referat, mündl. Prüfung, Hausarbeit, Essay) sind folglich eher individuell und nach landesüblicher Wissenschaftskultur geprägt.

Das Selbststudium war geprägt von Lektüreempfehlungen und Readern, wobei alle Proband:innen ein oder mehrere Werke ganz oder in Auszügen lasen.

Die Leipziger Schule oder die Germersheimer Ansätze wurden standardmäßig thematisiert. Das in Leipzig sehr verbreitete Standardwerk *Handbuch Translation* wurde in Germersheim, Leipzig und in Italien intensiv behandelt.

Insgesamt überschnitten sich theoretische Inhalte zwischen Italien, Frankreich und Deutschland mehr als zwischen Deutschland und dem Vereinigten Königreich. Dort lag der Fokus mehr auf nationalen Werken und Theorien, sodass sich beim anschließenden Studium in Deutschland gute Ergänzungen ergaben. Zwischen Deutschland und Frankreich konnte es durch die Behandlung der Übersetzungsgeschichte, Linguistik, Terminologie, Methodik zu unterschiedlichen Zeitpunkten im Master zu doppelter Belegung führen. Die Wiederholung wurde nicht zwingend als unnötig empfunden, sondern auch als nützliche Aufarbeitung. Dennoch kann eine reine Wiederholung statt einer Vertiefung, die durch den Wechsel des Studienortes (z. B. Leipzig und Straßburg im Doppelmaster) entfällt, auch zu inhaltlicher Verarmung führen. Messina umfasste neben den bekannten Theoriegrundlagen zu Historie und methodischen Ansätzen zusätzlich noch literarische Theorien, was an den anderen Universitäten nicht üblich war. In Lille umfasste die eine vorhandene Translatologie-LV alles, von Übersetzungstheorie bis zu Übersetzungsstrategien, sodass Umfang und Tiefe eher gering waren, im Gegensatz zu den anderen erwähnten Standorten. Straßburg bot erst im zweiten Mastersemester und auch Paris erst im vierten Studienjahr überhaupt eine Einführung in die Translationstheorie, der Bachelor in Lyon bot ebenfalls gar keine Theorieveranstaltungen an.

Weiterhin wurden mit Lehrveranstaltungen zu Fachkommunikation, Wissens- und Kulturtransfer Technischer Redaktion, Paralleltextvergleich in Leipzig auch spezielle Randbereiche und Vertiefungen der Translatologie abgedeckt. Ähnlich sah es in Germersheim in den beiden vertiefenden Lehrveranstaltungen aus, wobei dort auch einige englische Grundlagenwerke zum Kanon gehörten, was die Bandbreite noch vergrößerte. In England gaben die einführenden und vertiefenden Theorieveranstaltungen einen sehr breiten Überblick über Inhalte, die in Deutschland eher wenig thematisiert wurden, wie z. B. das *Rewriting* oder das *Translation Process Model*. Allerdings wurden auch deutsche Grundlagenwerke bearbeitet, und Inhalte behandelt, die in Leipzig ebenfalls zum Standard gehören, wie historische Theoriethemen, u. a. Cicero, Hieronymus, Äquivalenz mit Nida und der Bibelübersetzung sowie die linguistischen

Entwicklungen der Prager Schule, sodass insgesamt ein guter Überblick über die theoretischen Bereiche erreicht werden konnte, ähnlich dem in Leipzig und Germersheim.

Insgesamt kann festgestellt werden, dass die deutschen, englischen und italienischen Universitäten eine breite Grundlage an Translatologie sowohl im BA als auch im MA anboten, während Frankreich mit der starken Praxisorientierung hier eine Ausnahme macht, und im Master sehr spät bzw. im Bachelor gar keine Translatologie anbot. Die Variation der Themen in den angebotenen theoretischen Lehrveranstaltungen der untersuchten Hochschulen gewährleistete einen umfassenden Einblick in die translatologische Historie und Theorie und ist daher zwar nicht inhaltlich komplett gleich, aber durch die vielen Überschneidungen inhaltlich durchaus als vergleichbar zu bezeichnen. Das Konzept der *Gleichwertigkeit* statt *Gleichartigkeit*, das unter 2.5.5 eingeführt wurde, wird in diesen Fällen tatsächlich bedient. Frankreich bleibt dabei eine Ausnahme und passt sich den internationalen Bedürfnissen nur insofern an, dass Translatologie in Masterstudiengängen überhaupt integriert wird.

4.2.3 Zusammenfassung der Analyseergebnisse

Im Folgenden werden die Ergebnisse der Interviewstudie themenübergreifend zusammengefasst und die Bologna-Reformziele wieder in den Fokus gerückt.

Die Struktur der Studiengänge und Module, die zwar stark vorgegeben ist, dabei aber die wichtigsten Inhalte abdeckt, wurde allgemein als sinnvoll und angenehm empfunden. Die im Rahmen der BA- und MA-Studiengänge möglichen Wechsel und Kombinationen von Studiengängen und -fächern wurden ebenso als sehr positiv und förderlich für das Vorankommen und die eigene Orientierung gewertet. Die Struktur kommt demnach, wie bereits hergeleitet, den Absolvent:innen des *Studierenden*-Typus sehr entgegen.

Die gestufte Struktur der Abschlüsse und die internationalen Doppelabschlüsse haben dabei vielen Proband:innen wertvolle Möglichkeiten eröffnet, unter anderem eine freie Wahl des Studienortes in mehreren Ländern mit vielgestaltigen Wechselmöglichkeiten, einem einfachen Fächerwechsel nach dem BA-Abschluss und im Bereich der Masterstudiengänge günstige Möglichkeiten des Quereinstiegs. Die Internationalisierung wird demzufolge in den translatologischen Studiengängen deutlich vorangebracht. Innerhalb der Struktur der Curricula wurden die große Zahl von Modul-Wahlmöglichkeiten im Rahmen von Pflicht- und Wahlmodulen mit wählbaren Hauptseminarthemen als sehr positiv bewertet.

Im Rahmen von Auslandsstudien wurde in den meisten Fällen von einer guten Organisationsstruktur gesprochen, wobei die unkomplizierte Anrechnung der Leistungspunkte eine der wertvollsten Errungenschaft ist. Im Gegensatz zum Diplomstudium, bei dem es in vielen Bereichen Schwierigkeiten mit der Anrechnung von Leistungen gab, traten Probleme bei der Anrechnung im neuen Studiensystem nur in ganz wenigen Einzelfällen in BA-Studien auf. Damit wurde die Mobilität der Studierenden spürbar verbessert, die Motivation erhöht und das Ziel, die Auslandsstudien zu einem festen und selbstverständlichen Teil der Studiengänge werden zu lassen, wird im Bereich Translation vollumfänglich erfüllt.

Wahlpflichtmodule und Schlüsselqualifikationen boten in den meisten Fällen ausreichende, wenn auch nicht vertiefte fachliche Ergänzungen. Die Leistungsanforderungen wurden im BA durchgehend als ausreichend hoch eingestuft und das Leistungsniveau wurde durch die fortlaufend geforderten Prüfungsleistungen auf einem hohen Niveau gehalten. Es gab trotz der strengen Vorgaben Spielräume, wie die Anfertigung von Abschlussarbeiten zu unbekannten Themen oder die vertiefte wissenschaftliche Beschäftigung im Bereich Translatologie, die auch einzelne Mängel im Bereich des Leistungsanspruchs ausgleichen konnte, der durch die geringere Dichte an Lehrveranstaltungen und Prüfungen in Masterstudiengängen teilweise auftrat.

Im Gegenzug zu den genannten positiven sind auch einige nachteilige Aspekte zu verzeichnen. Dazu gehören die verschulte Struktur, die an manchen Stellen des Hochschulcharakters entbehrt. Dies wurde allerdings lediglich von einigen wenigen Studierenden des *Studentinnen*-Typus bemängelt, die alle drei aus Deutschland stammten. Dabei wurde im Einzelnen auf die Starrheit der Vorgaben und Strukturen verwiesen und die oftmals zwar vorhandenen, aber eingeschränkten Wahlmöglichkeiten. Daraus entstand eine relativ umfängliche Stoffmenge im Rahmen eines oft knappen und unflexiblen Zeitplans, was einen starken Zeitdruck auf den Studienabschluss hin erzeugte. Die Belegung zusätzlicher Kurse im eigenen Interessengebiet war damit kaum oder gar nicht möglich. Es ist dabei anzumerken, dass dies dennoch umgesetzte Ziele der Reform sind (Senkung der Abbruchsquoten und Beschleunigung der Abschlusserreichung), auch wenn sie von einzelnen humanistisch orientierten Probandinnen als nachteilig bewertet wurden. Im Vergleich dazu ist in Frankreich bspw. eine solche Struktur von jeher als Standard anzusehen. Die Studierenden von französischen Heimatuniversitäten empfanden wiederum die Flexibilität, die an deutschen Hochschulen doch noch geboten wurde, teilweise als irritierend.

Es gab allerdings auch nicht gewünschte Effekte der Reform, wie eine starke Überbelegung einzelner Studiengänge oder ein übergroßer Andrang bei der Anmeldung für Pflichtkurse, bei denen es dennoch Teilnahmebeschränkungen gab. Auch das üblich gewordene Zurückhalten von Prüfungsleistungen zum Zeitgewinn vor der Anmeldung der Abschlussarbeiten oder die Beurteilung der Nützlichkeit einzelner Module nach ihrem ECTS-Punktegewinn war sicherlich nicht im Sinne der Reformbewegung.

Ein Bereich, der fast durchgehend als ungünstig bewertet wurde, ist die ungenügende Spezialisierung im Sach- bzw. Nebenfachbereich. Einführungen wurden als zu gering vom Zeitumfang (oft nur ein Semester) oder als nicht tiefgründig genug empfunden, oder beides. Dies war tatsächlich ein deutlicher Vorteil der Diplomstudiengänge, die beinahe einen vollen Nebenfachumfang der Sachfächer ermöglichten und individuelle Vertiefungen durch die flexiblen Strukturen begünstigten. Einige Proband:innen glichen dies durch Sachfach-Vorkenntnisse (Erststudium) oder durch ein anschließendes Zweitstudium in einem anderen Fach aus. Im Bereich Jura, der ein wichtiger Grundpfeiler des Fachübersetzens ist, kam dies mehrmals vor. Als einziges Land wurde der Sachfachvertiefung in Frankreich einen großen Stellenwert beigemessen, vor allem in den BA-Studiengängen, allerdings ging dies zu Lasten der translatologischen Inhalte. Im Bereich Quereinstieg wurde teilweise ein hoher Aufwand angemerkt, um den Anschluss im Fachbereich Translatologie zu schaffen.

Der deutlichste Nachteil, der sich mit dem Nichterreichen eines Reformziels deckt, ist allerdings die Berufsqualifizierung nach dem Bachelor. Keine(r) der Proband:innen fühlte sich nach dem Bachelorabschluss ausreichend für die Übersetzungspraxis vorbereitet. Der Mangel an praktischer Übung in dem sehr straff organisierten Studium erschwerte dabei die Berufsorientierung und den Berufseinstieg sehr. Daher ist es nicht verwunderlich, dass die meisten Proband:innen entweder als Selbstverständlichkeit den Master anschlossen, oder nach einem kurzen „Praxistest" zumindest in Teilzeit wieder an die Hochschule zurückkehrten. Lediglich eine Probandin schaffte es, direkt nach ihrem BA-Abschluss eine erfolgreiche und langjährige Berufstätigkeit anzuschließen, doch auch sie hatte viele Schwierigkeiten dabei zu bewältigen. Das Ziel der *Employability* wurde daher im Bereich Übersetzen erst nach dem Master erreicht. Es wurde zwar eine formelle Beschäftigungsqualifikation mit dem Bachelor geschaffen, die aber zu der Zeit der Untersuchung im Bereich der Berufspraxis weder Arbeitgeber noch Absolvent:innen nachhaltig überzeugte.

Was die translatologischen Themenschwerpunkte betrifft, so räumen 3 Proband:innen den gesamten wissenschaftlichen, also den anwendungsbezogenen und den forschungsbetonten Inhalten, einen großen Stellenwert ein.

9 Proband:innen sehen die anwendungsbezogenen, also übersetzungsstrategischen, didaktischen Inhalte als vorrangig wichtig an, während 4 Proband:innen keinen oder nur einen geringen Nutzen der Translatologie sehen.

Die Könnerschaft konnte vom Großteil der Proband:innen selbst wahrgenommen werden. Bis zum Abschluss haben die Inhalte sich verankert und sind automatisiert worden. Die Handlungsvorbereitung ist gefestigt. Dabei erkennen 12 Proband:innen, und damit drei Viertel der Befragten, durch eigenständige Überlegungen die Umwandlung von Wissen in implizites Wissen und die Anwendung im Zuge der Könnerschaft an, während dies 4 Proband:innen nicht gelingt oder sie dem Konzept ablehnend gegenüberstehen.

Zu Thema Unterrichtsformen und -inhalte konnte festgestellt werden, dass die häufigste von den Proband:innen genannte Unterrichtsform in den translatologischen Lehrveranstaltungen die Vorlesung war. Die Vorlesungen schlossen üblicherweise mit einer Klausur ab. Auch Seminare waren eine häufig vorkommende Unterrichtsform. Die Prüfungsleistungen der Seminare waren üblicherweise Referate, Hausarbeiten oder Essays und Learning Journals bzw. mündliche Prüfungen, je nach landesüblicher Wissenschaftskultur. Das Selbststudium war geprägt von Lektüreempfehlungen und Readern, wobei alle Proband:innen ein oder mehrere Werke ganz oder in Auszügen lasen.

Insgesamt überschnitten sich theoretische Inhalte zwischen Italien, dem Vereinigten Königreich und Deutschland stärker als zwischen Deutschland und Frankreich.

Insgesamt kann festgestellt werden, dass die deutschen, englischen und italienischen Universitäten eine breite Grundlage an Translatologie sowohl im BA als auch im MA anboten, während Frankreich mit der starken Praxisorientierung hier eine Ausnahme macht, und im Master sehr spät bzw. im Bachelor gar keine Translatologie anbot. Die Konzentration lag dort auf der Sachfachvertiefung. Die Variation der Themen in den angebotenen theoretischen Lehrveranstaltungen der untersuchten Hochschulen gewährleistete einen umfassenden Einblick in die translatologische Historie und Theorie und war daher zwar nicht inhaltlich komplett gleich, aber durch die vielen Überschneidungen inhaltlich durchaus als vergleichbar zu bezeichnen. Das Konzept der *Gleichwertigkeit* statt *Gleichartigkeit* wird in diesen Fällen tatsächlich bedient.

5 Synthese empirischer Ergebnisse und theoretischer Betrachtungen

Im Jahr 2004 stellten die Forscherinnen Schwarz-Hahn und Rehburg fest, dass nur ein kleiner Teil der neuen Studiengänge alle Kriterien der Bildungsreform umsetzten. (Schwarz-Hahn und Rehburg 2004, S. 134) Anhand der vorliegenden Studie lässt sich nachweisen, dass die Umsetzung mehr als zehn Jahre später zwar vorangeschritten war, die Kriterien allerdings in sehr unterschiedlichem Maße und mit sehr unterschiedlichem Erfolg, je nach Einrichtung, verwirklicht worden sind.

Die von den Autorinnen aufgeworfenen Fragen zur Zukunft der Studiengänge sind nach Auswertung dieser Untersuchung für den Bereich Translation und Translatologie in Teilen beantwortbar (Schwarz-Hahn und Rehburg 2004, S. 135): Es wurde kein „doppeltes System" vorbereitet, denn in keinem Fall erwähnen Proband:innen mehrere Curricula, oder veraltete Studiengangsstrukturen, die nebeneinander existierten. Unterschiedliche Längen der Master, Abweichungen bei der Leistungspunktevergabe und auch die individuelle Größenordnung der Module stellte kein Hindernis für die Mobilität der Studierenden dar. Die Frage nach der Wahrnehmung aus der Sicht der Arbeitgeber ist etwas diffiziler, da Arbeitgeber zumindest im Bereich Translation durchaus (berechtigte) Skepsis gegenüber den BA-Abschlüssen an den Tag legten. Hier konnte bis zum Abschluss des Untersuchungszeitraums keine Veränderung festgestellt werden. Als aktuelle Fragestellung wäre dieser Punkt in einer weiterführenden Untersuchung von großem Interesse.

In diesem Abschnitt sollen die Ergebnisse der theoretischen und der empirischen Untersuchung zusammenfassend als Hypothesenüberprüfung miteinander abgeglichen werden. Die vorgestellten Fragen, die sich dem Thema in unterschiedlicher Weise näherten, führten zu kohärenten Resultaten. Daher können die Ergebnisse der Voruntersuchung an der beschriebenen Erhebungsgesamtheit als grundlegend verlässlich und verwertbar eingestuft werden, und die Hypothesen auf dieser Grundlage diskutiert werden.

5.1 Rückbezug auf die aufgestellten Hypothesen

Die Erkenntnisse, die sich aus der zuvor unter 4.2.3 beschriebenen, zusammenfassenden Analyse zur Untersuchung im Zusammenhang mit der theoretischen Aufarbeitung der Reformlage unter 3.1.5 ergeben haben, sollen nun unter dem Aspekt der Hypothesenprüfung betrachtet werden. Dabei wird bewertet, welche der unter 3.2.2 gebildeten Hypothesen sich bestätigt haben und welche widerlegt werden.

5.1.1 Auswertung der Hypothesen

Die Hypothesen haben sich in drei von vier Fällen als nichtzutreffend erwiesen. Folgende Schlüsse können bezüglich der Arbeitshypothesen gezogen werden:

Hypothese 1: Im Bereich Translatologie wird nur ein Teil der Bologna-Reformziele erreicht, hauptsächlich die Strukturziele (siehe 2.3.3). Dies ist nachzuweisen anhand des Aufbaus und der Inhalte in den beschriebenen Studiengängen in diesem Bereich. Die gestufte, modulare Struktur und die ECTS-Bewertung werden weitgehend umgesetzt.

Ergebnis:

Die Umsetzung der unter 2.3.3 beschriebenen Strukturziele wurde an den meisten Hochschulen zuerst in Angriff genommen, da sie eines der greifbarsten und am leichtesten zu verwirklichenden Ziele darstellt. Dieses ist somit im Untersuchungszeitraum bis zum Jahr 2016 auch am weitesten fortgeschritten gewesen. Alle 16 Proband:innen der vorliegenden Studie haben Bachelor- Masterabschlüsse erworben oder waren zum Zeitpunkt der Befragung dabei, diese zu erwerben. Lediglich eine Probandin hat nach dem Bachelor keinen weiteren Abschluss erworben. Ebenso absolvierten alle Proband:innen Kurse in modularer Struktur und erhielten dafür neben den Noten auch ECTS-Leistungspunkte. *Learning Agreements* für Auslandsstudien waren ebenso üblich wie Notenübersichten nach neuen Standards (*Transcript of Records*). Selbst in Frankreich, wo die Bezeichnungen stets landesüblich blieben, wurden diese Dokumente nach und nach eingeführt.

Dieses Strukturziel kann demnach als umgesetzt angenommen werden.

Die verstärkte Strukturierung und Verschulung mit vielen obligatorischen Elementen und wenig Gestaltungsfreiheit im Gegensatz zu den Diplomstudiengängen kommt dem aktuell vorherrschenden *Studierenden*-Typus (siehe Kapitel 2.6.1) entgegen und ist darauf ausgelegt, gut ausgebildete Arbeitnehmer:innen im Europäischen Wirtschaftsraum hervorzubringen, wie unter 2.5.2 und 2.5.3 hergeleitet wurde. Dies wird durch die wenigen Personen des *Studentinnen*-Typus bestätigt, die Kritik an der verschulten Struktur übten, und die auch bei ihren Kommilitoninnen, die sehr praxisorientiert waren und wenig Interesse an der Wissenschaft zeigten, diese Einstellung beobachtet hatten.

Hypothese 2: Die strukturelle Gliederung der Lehrveranstaltungen im Rahmen der Module sagt wenig über die inhaltliche Ausgestaltung der translatologischen Lehrveranstaltungen aus. Die Struktur kann an verschiedenen Hochschulen ähnlich sein, die inhaltliche Ausgestaltung sehr heterogen. Dies wurde zwar im Rahmen der Bologna-Ziele berücksichtigt, die Vergleichbarkeit fußt allerdings ebenso auf der Anrechenbarkeit der (inhaltlich verschiedenen) Module an verschiedenen Universitäten mittels der ECTS-Punkte. Die Erreichung der Vergleichbarkeit wird durch die Erfahrungen bei Auslandsaufenthalten bezüglich der Mobilität und nach selbigen bezüglich der Anrechenbarkeit ermittelt. Es wurden aufgrund der Vorstudien Probleme bei der Motivation zur Mobilität im Vorfeld und bei der nachträglichen Anrechnung erwartet. Die Studiengänge sind daher nicht vergleichbar.

Ergebnis:

Die Schwierigkeiten der neuen Studienstruktur entstanden wie erwartet bei allen Probandinnen nicht aus einem Mangel an Struktur, sondern aus der Uneinheitlichkeit der geschaffenen Strukturen. Diese ergaben sich bereits bei der Korpusuntersuchung und wurden bei der Befragung sehr deutlich herausgearbeitet. Die Module hatten zwar einen ähnlichen aber nicht gleichen Aufbau an den verschiedenen Hochschulen. Außerdem waren die ECTS-Punkteverteilungen teilweise sehr verschieden.
Bei Betrachtung der Inhaltsebene stellte sich heraus, dass sich tatsächlich translatologische Inhalte über die Universitäten hinweg deckten, dies aber Bachelor- und Master-übergreifend, oder auch in verschiedenen Master-Studienjahren vorkommen konnte. Somit mussten einige Proband:innen Inhalte mehrfach belegen, die sie aus ihrem vorangegangenen BA-Studium/Studienjahr schon kannten. Einerseits waren die Universitäten sehr frei bei der Wahl ihrer wissenschaftlichen Inhalte, und auch die Umsetzung der wissenschaftlichen Auseinandersetzung blieb damit im kulturspezifischen Raum der nationalen Besonderheiten. Andererseits fanden sich auffällige inhaltliche Überschneidungen vor allem im Raum Deutschland/England/Italien, was zwar keine inhaltliche Gleichheit ergab, aber durchaus eine gewisse Deckung ähnlicher bzw. gleicher Themen, sodass eine Vergleichbarkeit der Inhalte als vorhanden gewertet werden kann. Lediglich Frankreich geht hier durch die sehr späte und teilweise oberflächliche Behandlung der Übersetzungstheorie einen Sonderweg, was aber durch die starke inhaltliche Abstimmung in den Doppelmaster-Studiengängen zum Teil wieder ausgeglichen wird, da deren Inhalte als Gesamtheit zu betrachten sind.
Allerdings, und dies ist eines der überraschenden Ergebnisse, die im Laufe der Untersuchung ermittelt wurden, hat weder die nicht vollkommene

inhaltliche Übereinstimmung, noch die uneinheitliche Modulgestaltung und Punktevergabe einen stark behindernden oder in sonstiger Art negativen Effekt auf die Mobilität der Studierenden und die Anrechenbarkeit der Leistungen gehabt. Sie alle konnten die zur Verfügung stehenden Möglichkeiten der Auslandsstudien nutzen und taten dies in sehr unterschiedlicher und teilweise sehr ausgedehnter Form. Von einem Semester gefordertem ERASMUS-Pflichtaufenthalt bis zu komplett internationalen Studien, bei denen planmäßig (Doppelmaster, M.E.T.S., Deutsch-Französische Studien) oder individuell zwischen Hochschulen (Bachelor in einem und Master in einem anderen Land) gewechselt wurde, sind alle zur Verfügung stehenden Optionen genutzt wurden. Die Studierenden hatten eine große Motivation für Auslandsstudien und setzten diese für das Gelingen ihrer Studien insgesamt voraus.Die Anrechnung brachte dabei für die meisten Proband:innen keinerlei Schwierigkeiten mit sich, da größtenteils vorher festgelegte *Learning Agreements* die Punkteübernahme garantierten oder die Anrechnung sehr großzügig und flexibel gehandhabt wurde. Anrechnungsprobleme gab es nur in Einzelfällen und interessanterweise eher in BA- als in MA-Studiengängen.Abschließend kann diese Hypothese der mangelnden Vergleichbarkeit nicht belegt werden, da die Ziele der inhaltlichen Vergleichbarkeit, Anrechenbarkeit und Mobilität trotz der Hindernisse bei der strukturellen Einheitlichkeit erreicht wurden. Das Konzept der *Gleichwertigkeit* statt *Gleichartigkeit* hat diesen Reformzielen zu einem Erfolg verholfen.

Hypothese 3:
Die Qualitätssicherung wird hauptsächlich im Rahmen der externen Akkreditierung vorgenommen. Es fanden an den Hochschulen zu der Zeit kaum interne Bewertungen statt.

Ergebnis:
Diese Hypothese, die aufgrund der wenig konzeptionell nachweisbaren Grundlagen an den Hochschulen aufgestellt wurde, konnte nicht verifiziert werden. Es fanden im Untersuchungszeitraum durchaus häufig interne Bewertungen statt, allerdings gab es bedeutende Unterschiede je nach Hochschule. An einigen Hochschulen wurden zum Zeitpunkt der Studien sehr viele, an anderen Hochschulen wiederum sehr wenige interne Qualitätssicherungsmaßnahmen durchgeführt. Die Tendenz war jedoch absehbar steigend. Die Absolvent:innen, deren Abschlüsse kürzere Zeit zurücklagen als andere, berichteten von einer größeren Zahl von Evaluationen, unabhängig von Studiengang und Hochschule. Daher kann die Herleitung aus der Verknüpfung von Theorie und Praxis unter 2.6.4 den Schluss zulassen, dass die verstärkte

Mitwirkung der eingeschriebenen Personen bei der Qualitätssicherung auch einen stärkeren Einfluss der Studierenden auf die Qualität der Studieninhalte bedeutet. In diesem Punkt hatten die Proband:innen die Anpassung von Unterrichtsformen und Prüfungsinhalten nach Auswertung von internen Evaluationen angegeben. Die häufigen (bis hin zu vollständigen) Evaluationen der Lehrveranstaltungen begannen sich zu dem Zeitpunkt bereits in einem Dialog zwischen Lernenden und Lehrpersonen niederzuschlagen, der in der folgenden Zeit zu deutlich stärkerer Einflussnahme der Studierenden auf die Ausgestaltung der Lehrveranstaltungen geführt haben dürfte.

Hypothese 4:
Das Erreichen des Übergeordneten Reformziels der europäischen Dimensionen im Hochschulbereich kann erst dann konstatiert werden, wenn die Gesamtheit der Bologna-Reformziele umgesetzt wird oder sich auf einem nachweisbaren Weg dahin befindet. Da nach der Untersuchung der Sekundärliteratur der Schluss gezogen wurde, dass hauptsächlich die strukturellen Kriterien (Studienstruktur) umgesetzt wurden, die Übergeordneten Kriterien (Motivation, Mitwirkung und Unterstützung der Studierenden) allerdings vernachlässigt wurden, wird das Erreichen europäischer Dimensionen im Hochschulbereich in Abrede gestellt.

Ergebnis:
Diese Hypothese wurde falsifiziert. Einerseits sind die Übergeordneten und ideell geleiteten Ziele sehr viel schwerer zu verwirklichen und auch ihre Erreichung ist wesentlich schwerer zu beurteilen, als die Erreichung der Strukturziele, wie unter 2.3.4 erläutert wurde. Allerdings ergibt sich in der Gesamtheit des Fortschreitens der Umsetzung der Strukturziele und der damit verbundenen Weiterentwicklung der Übergeordneten Ziele eine Gesamtdynamik, die ein Erreichen der europäischen Dimensionen im Hochschulbereich nicht nur wahrscheinlich, sondern im Rahmen der Ziele der Reform auch nachweisbar macht. In einigen wenigen Bereichen wurden bisher keine europäischen Dimensionen erreicht, wie der *Employability.* Dies umfasst allerdings so gut wie alle Hochschulen, die in der vorgelegten Untersuchung eine Rolle spielten, denn keine davon konnte den Absolvent:innen nach dem Bachelorabschluss ausreichende Berufsperspektiven bieten. Dieses partielle Scheitern war also auch ein länderübergreifendes. Inwiefern das Erreichen dieses Teilziels zu einem späteren Zeitpunkt realistisch wurde, hängt nicht unwesentlich von der weiteren Ausgestaltung der Studiengänge ab.

5.1.2 Zusammenfassung der Hypothesenüberprüfung

Als Zusammenfassung der einzelnen Hypothesen ist festzustellen: Im Bereich Translatologie wurde bis Ende des Untersuchungszeitraums nur ein Teil der Bologna-Reformziele abschließend umgesetzt und damit erreicht. Da diese allerdings weder die Mobilität noch die Motivation der befragten Studierenden gravierend negativ beeinflussten, sondern eher das Gegenteil der Fall war, kann bestätigt werden, dass ein Erreichen europäischer Dimensionen im Hochschulbereich und die Umsetzung der Bologna-Ziele zwar nicht abgeschlossen, aber auf dem Wege der konkreten Umsetzung waren, und deren Verwirklichung bis zu dem Zeitpunkt der Untersuchung als erfolgreich eingeschätzt werden konnte.

Eine Ausnahme bildet hier im Bereich der Translatologie die *Employability* nach dem Bachelor, die durchgehend nicht erreicht wurde.

5.2 Vorschläge für eine weiterführende Forschungskonzeption

Nach eingehender Betrachtung hat sich weiterer Untersuchungsbedarf ergeben, der im Vertiefungsmodell durch eine quantitative Untersuchung gestützt werden könnte. Die letzte zusammenfassende Betrachtung soll an dieser Stelle einer möglichen neuen Erhebung gelten.

Um die bestehenden Ergebnisse zu verifizieren und zu vertiefen und damit auch den Umsetzungsstand nicht nur zur Zeit der Untersuchung und Befragung, sondern auch im aktuellen Zeitgeschehen zu beurteilen, können die bewiesenen und die widerlegten Hypothesen in einer weiterführenden Arbeit quantitativ überprüft werden. Dafür kann im besten Fall ein standardisierter Fragebogen erstellt werden. Einige Vorschläge dazu finden sich im Folgenden.

Mögliche, nicht erschöpfende Fragestellungen, die sich aus den Ergebnissen der Inhaltsanalyse ermitteln ließen, werden im Folgenden als Vorschläge aufgelistet:

Berufsperspektivische Fragestellungen	
Zu welchem Zeitpunkt Ihres Studiums haben Sie Ihre berufliche Perspektive festgelegt/ gefunden?	Bei der Auswahl des Bachelorstudiums Im Verlauf des Bachelorstudiums Bei der Auswahl des Masterstudiums Im Verlauf des Masterstudiums

Weshalb haben Sie sich für ein Masterstudium entschieden und nicht nach dem Bachelor den Berufseinstieg gewählt?	Ich fühlte mich nach dem Bachelor noch nicht ausreichend ausgebildet und empfand meine Kenntnisse als unzureichend. Ich bin der Meinung, dass ein vollwertiges Studium eine gewisse Zeit braucht und frühestens mit dem Master abgeschlossen sein sollte. Ich lerne gern und hatte Freude am wissenschaftlichen Erkenntnisgewinn, daher wollte ich gern weiterstudieren. Ich hatte noch keine konkrete Berufsvorstellung und habe diese erst innerhalb des Masterstudiums entwickelt. Ich habe es versucht, aber mit dem Bachelorabschluss keine Stelle gefunden. Ich habe nach dem Bachelorabschluss den Berufseinstieg gewählt, mich später aber noch für ein Masterstudium entschieden.
Wenn Sie die letzte Antwort gewählt haben, was waren Ihre Beweggründe, wieder ins Studium zurückzukehren?	Ich empfand meine Kenntnisse und Fertigkeiten bei meiner Arbeit als unzureichend und wollte sie nachholen. Ich kam zwar auf der Arbeit gut zurecht, fühlte mich aber fachlich dennoch unzureichend ausgebildet. Ich wollte meine Chancen auf dem Arbeitsmarkt durch den höheren Abschluss verbessern. Ich wollte gern weiter studieren, um meine persönlichen Interessen zu befriedigen. Ich nutzte günstige Rahmenbedingungen (z. B. Freistellung) zur Vertiefung meiner Kenntnisse.
Translatologische Fragestellungen	
Was verstehen Sie unter Translatologie? (Mehrfachauswahl)	Studium der Geschichte des Übersetzens Studium der Übersetzungsverfahren und -methoden Studium der kognitiven Aspekte des Übersetzens Deskriptive Erforschung des Übersetzens Anderes, und zwar: …

Welche Inhalte der translatologischen Studien können Sie heute noch aktiv abrufen? (Mehrfachauswahl)	Übersetzungsgeschichte Übersetzungsverfahren und -methoden Kognitive Aspekte des Übersetzens Deskriptive Erforschung des Übersetzens In meinem Studium gab es keine translatologischen Inhalte. In meinem Studium gab es andere translatologische Inhalte. Und zwar: …
Welche Inhalte der translatologischen Studien wenden Sie heute an, ohne diese aktiv zu wiederholen? (Mehrfachauswahl)	Übersetzungsgeschichte Übersetzungsverfahren und -methoden Kognitive Aspekte des Übersetzens Deskriptive Erforschung des Übersetzens In meinem Studium gab es keine translatologischen Inhalte. Ich wende andere translatologische Inhalte an. Und zwar: …
Haben Sie bisher über die Anwendung der erlernten Inhalte nachgedacht, während Sie Ihrer Übersetzungsarbeit nachgehen? (Mehrfachauswahl)	Nein, ich übersetze einfach, das geht ganz automatisch. Nein, ich übersetze einfach, wie ich es im Studium geübt habe. Ja, ich weiß allerdings nicht genau, **welche** der erlernten Inhalte ich beim Übersetzen anwende. Ja, ich weiß allerdings nicht genau, **wie** ich die erlernten Inhalte beim Übersetzen anwende. Ja, ich wende die erlernten Inhalte an und bin mir dessen bewusst.
Wenn sie bei der vorigen Frage die letzte Antwort gewählt haben, spezifizieren sie bitte, welche der und wie sie die erlernten Inhalte anwenden. (Offene Frage)	
Reformbezogene Fragestellungen	
Welche Modulstruktur hatten ihre Lehrveranstaltungen üblicherweise?	Vorlesung + Seminar oder Übung Vorlesung + Seminar + Übung Vorlesung alleine Seminar alleine Alle oben genannten traten gemischt auf Andere Struktur – Welche?

Wie sah ihr theoretisches Selbststudium aus? (Mehrfachauswahl)	Ich habe mehr als ein empfohlenes wissenschaftliches Werk komplett gelesen. Ich habe ein empfohlenes wissenschaftliches Werk komplett gelesen. Ich habe mehr als ein empfohlenes wissenschaftliches Werk in Auszügen gelesen. Ich habe ein empfohlenes wissenschaftliches Werk in Auszügen gelesen. Ich habe die in Readern und online (z. B. Moodle) zur Verfügung gestellten Auszüge aus wissenschaftlichen Werken gelesen. Ich habe keine wissenschaftlichen Werke ganz oder in Auszügen gelesen. Ich habe in Eigeninitiative weitere wissenschaftliche Werke komplett gelesen. Ich habe in Eigeninitiative weitere wissenschaftliche Werke in Auszügen gelesen. Ich habe mich anderweitig im Selbststudium mit translatologischen Texten beschäftigt, und zwar:
Mit welcher Art Prüfungsleistung schlossen ihre theoretischen Lehrveranstaltungen (z. B. Vorlesungen) ab? (Mehrfachauswahl)	Mit einer Klausur Mit einer theoriebetonten Hausarbeit Mit einer praxisbetonten Hausübersetzung Mit einem Referat Ohne Prüfungsleistung Andere Art, welche?
Mit welcher Art Prüfungsleistung schlossen ihre praktischen Lehrveranstaltungen (z. B. Seminar) ab? (Mehrfachauswahl)	Mit einer Klausur Mit einer theoriebetonten Hausarbeit Mit einer praxisbetonten Hausübersetzung Mit einem Referat Ohne Prüfungsleistung Andere Art, welche?

Welche Unterrichtsform herrschte in ihren theoriebetonten Lehrveranstaltungen vor? (Mehrfachauswahl)	Vorlesung als Frontalunterricht (kaum oder keine aktive Studierendenbeteiligung) Vorlesung mit Unterrichtsgespräch (teilweise aktive Studierendenbeteiligung) Seminar mit Vorlesungscharakter (kaum oder keine aktive Studierendenbeteiligung) Seminar mit Unterrichtsgespräch (teilweise aktive Studierendenbeteiligung) Seminar als interaktive Form (intensive aktive Studierendenbeteiligung)
Welche Unterrichtsform herrschte in ihren praxisbetonten Lehrveranstaltungen vor? (Mehrfachauswahl)	Vorlesung als Frontalunterricht (kaum oder keine aktive Studierendenbeteiligung) Vorlesung mit Unterrichtsgespräch (teilweise aktive Studierendenbeteiligung) Seminar mit Vorlesungscharakter (kaum oder keine aktive Studierendenbeteiligung) Seminar mit Unterrichtsgespräch (teilweise aktive Studierendenbeteiligung) Seminar als interaktive Form (intensive aktive Studierendenbeteiligung)
Haben Sie in Ihren Studiengängen Qualitätssicherungsmaßnahmen in Form von Evaluationen erlebt?	Ja Nein
Wenn ja, in welchem Studiengang haben sie diese erlebt?	Bachelor Master Beide
Welchen Umfang hatten diese Evaluationen?	Jede Veranstaltung wurde evaluiert Ein Teil der Veranstaltungen wurde evaluiert Der gesamte Studiengang wurde evaluiert Keines davon, sondern: …
Welche Form hatten die Evaluationen?	Papierfragebögen Onlinefragebögen Anderes, und zwar: …

Bildungspolitische Fragestellungen	
Die ersten beiden Fragen sollen den Studententypus ermitteln helfen. Da die Studierenden bei direkter Fragestellung beeinflusst werden könnten, wird das über den Umweg der Inhalte gelöst.	
Welche Unterrichtsinhalte bewerten Sie für Ihr **Studium** als unverzichtbar? Erstellen Sie eine Rangfolge 1 (unverzichtbar) bis X (nebensächlich).	Wissenschaftliche Inhalte (Übersetzungsgeschichte, deskriptive Erforschung u. ä.) Theoretisch-methodische Inhalte (Übersetzungsverfahren und Strategien u. ä.) Übersetzungsübungen in die Muttersprache/A-Sprache Übersetzungsübungen in die Fremdsprachen/B-/C-Sprachen Sprachpraxis (Sprachunterricht in den Arbeitsfremdsprachen) Landeskunde der Arbeitsfremdsprachen/B-/C-Sprachen Technische Fertigkeiten (CAT-Tools, Computerkenntnisse u. ä.) Zielsprachenorientierte Inhalte der A-Sprache
Welche Unterrichtsinhalte bewerten Sie für Ihren **Beruf** als unverzichtbar? Erstellen Sie eine Rangfolge 1 (unverzichtbar) bis X (nebensächlich).	Wissenschaftliche Inhalte (Übersetzungsgeschichte, deskriptive Erforschung u. ä.) Theoretisch-methodische Inhalte (Übersetzungsverfahren und Strategien u. ä.) Übersetzungsübungen in die Muttersprache/A-Sprache Übersetzungsübungen in die Fremdsprachen/B-/C-Sprachen Sprachpraxis (Sprachunterricht in den Arbeitsfremdsprachen) Landeskunde der Arbeitsfremdsprachen/B-/C-Sprachen Technische Fertigkeiten (CAT-Tools, Computerkenntnisse u. ä.) Zielsprachenorientierte Inhalte der A-Sprache

Unterscheidet sich Ihrer Ansicht nach das deutsche Studiensystem von anderen europäischen Studiensystemen?	Nein Ja Keine Angabe
Unterscheidet sich Ihres Eindrucks nach die Einstellung zum Studium allgemein in Deutschland von der Einstellung zum Studium in anderen europäischen Ländern?	Nein Ja Keine Angabe
Durch die Studienreform werden europäische Studiensysteme miteinander harmonisiert. Nehmen Sie dadurch Veränderungen der Studiengänge in Deutschland wahr? (Mehrfachauswahl)	Ich nehme keine Veränderungen war. Ich nehme positive Veränderungen wahr. Ich nehme negative Veränderungen war. Es ist für mich nicht von Bedeutung, da ein Studium zu einem fachlichen Ziel führen soll. Solange dies erreicht wird, ist die Form sekundär. Für mich ist das Grundziel eines Studiums eine möglichst umfassende Bildung. Dies kann im reformierten Studiensystem erreicht werden. Für mich ist das Grundziel eines Studiums eine möglichst umfassende Bildung. Dies kann im reformierten Studiensystem nicht erreicht werden.
Wenn Sie bei der vorangegangenen Frage Antwort 2 oder 3 gewählt haben, geben Sie kurz in Stichworten an, welche Veränderungen Sie wahrnehmen. (Offene Frage)	

6 Schlussbetrachtung

„Das Ende jener Universitätsidee, so wie sie sich in der maßgeblich von Wilhelm von Humboldt betriebenen Gründung der Universität zu Berlin (…) beispielhaft Ausdruck verschafft hat, ist in Deutschland zu einem Faktum geworden." (Konrad 2010, S. 37)

Zu Beginn der Forschungsarbeit war die Beeinflussung durch die damals aktuellen Veröffentlichungen zum Bologna-Prozess groß. Deren Autor:innen äußerten sich, wie immer wieder geschildert wird, sehr negativ zum Voranschreiten und zu den Auswirkungen der Bildungsreform. Auch die persönlichen Eindrücke von der Reform, die einerseits aus dem Vergleich mit unserem früheren Übersetzungs-Diplomstudium stammten, andererseits aus Bemerkungen von involvierten Personen gewonnen wurden, hinterließen große Zweifel am Zweck und am Nutzen der Bildungsreform. Der Wunsch, eine objektivierbare Grundlage für die Beurteilung zu schaffen, führte zur Idee, diese in einer Studie umzusetzen, um schließlich eine wechselseitige Betrachtung der theoretischen und empirischen Ergebnisse in der vorliegenden Arbeit zu ermöglichen. Die empirische Forschung für die Einschätzung der Reformlage zu nutzen, hat sich als großer Vorteil erwiesen. So konnten die Ausgangssituation in der Literatur genauer untersucht und die persönlichen Erfahrungen der Studierenden im Rahmen der Reform explorativ erforscht werden. Anschließend konnten die theoretischen Betrachtungen auf dieser Grundlage überprüft und die Problemfelder eingrenzt werden. Diese Möglichkeit stärker zu nutzen, kann nicht nur in Forschungsfeldern der Sozialen Arbeit, der diese Forschungsmethodik entstammt, sondern auch in der Translatologie empfehlenswert sein.

In der Folge kam es dank dieser Untersuchungen zu überraschenden Ergebnissen: So erbrachte der Analyseprozess ein Umdenken, da die Untersuchung deutlich, wenn auch nicht eindeutig andere Ergebnisse zutage förderte, als ursprünglich vermutet. Alle drei Hypothesen, die gegen den Erfolg bei der Umsetzung der Reform sprachen, wurden widerlegt. Eine Hypothese, die das Erreichen eines Teilziels formulierte, wurde belegt. Allein dieses Ergebnis spricht für den umfassenden Erfolg der Reform im Bereich der Translationsstudiengänge. Die anfängliche Annahme eines möglichen Scheiterns beruhte dabei nicht ausschließlich auf persönlichen Erlebnissen und Studien der zugehörigen Literatur, sondern bleibt darüberhinausgehend eine Frage der Perspektive: Zu Anfang wurde die Fragestellung bezüglich des Gelingens aus der Sicht der Hochschulen und ihrer zugehörigen Interessengruppen (Lehrende,

Lernende, Forschende und verwaltende Personen) gestellt. Es stellte sich jedoch heraus, dass die in die Reform involvierten Interessengruppen nicht allein Angehörige der Hochschulen waren, sondern dass diese Hochschulangehörigen im Laufe des Reformprozesses eher zu (un-)freiwilligen Akteur:innen wurden. Weitere große und einflussreiche Interessengruppen der Bildungsreform sind neben politischen Akteur:innen der einzelnen teilnehmenden Länder und der EU auch die europäische Wirtschaft, wirtschaftsnahe Akteur:innen sowie im weiteren Sinne der EU-Binnenmarkt und über die Grenzen hinaus sogar der EU-Außenhandel. Diese Akteur:innen haben sich die Studierenden als geeignete „Gehilf:innen" herangezogen, denn sie sollten in ihrer überwiegenden Zahl die neugeschaffenen oder angeglichenen Strukturen als angenehm und nützlich empfinden. Die wenigen Unzufriedenen wurden dabei leicht überstimmt. Damit muss der Bologna-Prozess aus der Perspektive der meisten Interessengruppen als ein Erfolg gesehen werden, und damit als eine Mehrheitsentscheidung. Auch die Mehrheit der Studierenden ist damit zufrieden, was unsere Befragungen ergeben haben. Wie Le Bon feststellt, sind Massen wesentlich leichter zufrieden zu stellen als Individuen: „Allein durch die Tatsache, Glied einer Masse zu sein, steigt der Mensch also mehrere Stufen von der Leiter der Kultur hinab." (Le Bon 2014, S. 38)

Die Enttäuschung an den Hochschulen über den extremen Verwaltungsaufwand sowie die Gefahr einer „Herabwürdigung" des Studiums und der Forschung, die Beschränkung der Freiheit von Forschung und Lehre, bleibt eine philosophische Frage: Ist die Abbildung des Zeitgeistes in unserem länderübergreifenden Hochschulsystem als Dienst an der Internationalisierung verkraftbar und akzeptabel? Diese Frage bleibt zum Ende der vorliegenden Arbeit offen.

In der Zukunft bestünde die Möglichkeit, die angeregte quantitative Untersuchung zum Umsetzungsstand der Reform in den zwanziger Jahren des 21. Jahrhunderts fortzuführen und zu komplettieren. Das Ergebnis dürfte dabei diesmal deutlicher absehbar sein, da im Laufe eines weiteren Jahrzehnts der Reformprozess in seinem langsamen, aber stetigen Charakter deutlich vorangeschritten sein müsste. Sollte es gelingen – was sehr wünschenswert wäre – eine solche Untersuchung in Zukunft in Angriff zu nehmen, wären wir gern bereit, den Forschenden mit unserem Material und Kontakten zur Seite zu stehen, die wir für dieses Projekt nutzen konnten.

Zum Schluss bleibt nur Demut: Wenn der eigene Eindruck täuscht, und die Wissenschaft ein objektives, überprüfbares Bild ergibt, wird der Mensch als Individuum sehr klein. Angesichts schwer zu überblickender historischer, politischer und bildungsspezifischer Prozesse kann dieses Gefühl heilsam sein, denn mangelnder Überblick ist nicht zwingend gleichbedeutend mit einem Mangel.

„Was sich überhaupt sagen läßt, läßt sich klar sagen; und wovon man nicht reden kann, darüber muß man schweigen.“ (Wittgenstein 1989, S. 9)

Anhang

Interviewleitfaden Version I – Pretest

Die folgenden Leitfadenauszüge sollen die Lesbarkeit der Auswertungskapitel erleichtern. Die kompletten Leitfadenvorlagen, inklusive Einführung und Zielstellung, wie sie die Proband:innen erhalten haben, wurden der Arbeit separat beigefügt. Der erste Leitfaden wurde beim Interview von Beate als Pretest verwendet.

Interviewleitfaden

Zentrale Fragstellung:

Wie gestaltet sich die Umsetzung der Bildungsreformen gemäß der Bologna-Erklärung in den BA-/MA-Studiengängen mit translatologischem Inhalt?

Allgemeine Angaben zu den Lehrveranstaltungen

- Wo haben Sie studiert? Welchen Abschluss/welche Abschlüsse haben Sie erreicht? Was ist Ihre derzeitige Beschäftigung (Beruf, Studium etc.)?
- Welchen Nutzen hat der translatologische Teil Ihres Studiums für Ihre heutige Tätigkeit?
- Welche Module mit translatologischen LV haben Sie in den von Ihnen belegten Studiengang/Studiengängen besucht?
- Welche Themengebiete werden/wurden in dieser/in diesen LV vermittelt?
- Welche Module mit translatologischen LV haben Sie an den von Ihnen besuchten Gastuniversitäten (Auslandssemester o.ä.) besucht?
- Welche Themengebiete werden/wurden in dieser/in diesen LV vermittelt?

Auswirkungen der Bildungsreform auf die Ausgestaltung der LV

- Wie wurden die translatologischen LV methodisch gestaltet? Das bedeutet, wie war der Aufbau, wurden Referate gehalten, hat der Lehrende frontal unterrichtet o.ä
- Was wurde ins Selbststudium verlagert? Gab es Reader, Lektürelisten, semesterbegleitende Aufgaben oder Hausarbeiten?
- Haben Sie Auswirkungen der Bildungsreform auf die Organisation / Ausgestaltung der von Ihnen belegten LV direkt wahrgenommen?
- Hat dies für Ihr Studium in irgendeiner Form positive oder negative Auswirkungen gehabt?

Umsetzung der Bologna-Ziele in der Praxis (Konkrete Fragen, falls es noch nicht im Gespräch thematisiert wurde)

Bitte schildern Sie:

- Haben Sie im Laufe Ihres translatologischen Studiums Auslandsstudien / Studien an anderen Hochschulen absolviert?
  - ➢ Falls nicht, was hat sie davon abgehalten?
  - ➢ Falls ja:
- Wurden die an anderen HS erbrachten Leistungen anerkannt?
- Welche wurden anerkannt, welche nicht? Weshalb?
- Wie ist die Anrechnung der ECTS-Punkte dabei abgelaufen
- Gab es Schwierigkeiten bei der Anrechnung?
- Wie bewerten Sie das Arbeiten mit den ECTS-Punkten generell in Ihrem Studium?

Für ehemalige BA-Studierende (ohne anschließenden MA):

- Was hat sie veranlasst, nach dem Abschluss den berufsqualifizierenden Bachelor anzuwenden?
- Wie haben Sie den Berufseinstieg mit dem BA-Abschluss erlebt?
- Haben Sie Erfahrungen mit der Wahrnehmung der Qualität/des Ansehens Ihres Studienabschlusses bei Arbeitsgebern etc.? Wie ist sie bei Ihnen persönlich?

Für ehemalige MA- Studierende:

- Was hat sie veranlasst, nach dem BA-Abschluss ein Masterstudium aufzugreifen, statt den berufsqualifizierenden Bachelor anzuwenden?
- Haben Sie Erfahrungen mit der Wahrnehmung der Qualität/des Ansehens Ihres Studienabschlusses bei Arbeitsgebern etc.? Wie ist sie bei Ihnen persönlich?
- Wurden Sie in die Qualitätssicherungsmaßnahmen der besuchten Hochschulen eingebunden? Das bedeutet, haben Sie an hochschulinternen Bewertungen der Lehre durch Studierende oder an vergleichbaren Maßnahmen teilgenommen?

Was wäre Ihnen zu diesem Thema noch wichtig zu sagen und wurde noch nicht erwähnt?

Interviewleitfaden Version 2 – Gesamterhebung Translatolog:innen

Dieser Leitfaden wurde nach dem Pretest erstellt und leicht überarbeitet. Die kompletten Leitfadenvorlagen, inklusive Einführung und Zielstellung, wie sie die Proband:innen erhalten haben, wurden der Arbeit separat beigefügt.

Interviewleitfaden

Zentrale Fragstellung:

Wie gestaltet sich die Umsetzung der Bildungsreformen gemäß der Bologna-Erklärung in den BA-/MA-Studiengängen, vor allem bezogen auf die LV mit translatologischem Inhalt?

Allgemeine Angaben zu den Lehrveranstaltungen

- Wo haben Sie studiert? Welchen Abschluss/welche Abschlüsse haben Sie erreicht? Was ist Ihre derzeitige Beschäftigung (Beruf, Studium etc.)?
- Wie wirkt sich der übersetzungstheoretische Teil Ihres Studiums auf Ihre heutige Tätigkeit aus?
- Welche Module mit übersetzungstheoretischen LV haben Sie in dem/den von Ihnen belegten Studiengang/Studiengängen besucht?
- Welche Themengebiete werden/wurden in dieser/in diesen LV vermittelt?
- Welche Module mit übersetzungstheoretischen LV haben Sie an den von Ihnen besuchten Gastuniversitäten (Auslandssemester o.ä.) besucht?
- Welche Themengebiete werden/wurden in dieser/in diesen LV vermittelt?
- Welche übersetzungstheoretischen Werke haben Sie im Laufe Ihres Studiums komplett oder in Auszügen gelesen?

Auswirkungen der Bildungsreform auf die Ausgestaltung der LV

- Wie wurden die übersetzungstheoretischen LV methodisch gestaltet? Das bedeutet, wie war der Aufbau, wurden Referate gehalten, hat der Lehrende frontal unterrichtet o.ä..
- Was wurde ins Selbststudium verlagert? Gab es Reader, Lektürelisten, semesterbegleitende Aufgaben oder Hausarbeiten?
- Haben Sie Auswirkungen der Bildungsreform auf die Organisation / Ausgestaltung der von Ihnen belegten LV direkt wahrgenommen?
- Hat dies für Ihr Studium in irgendeiner Form positive oder negative Auswirkungen gehabt?

Umsetzung der Bologna-Ziele in der Praxis (Konkrete Fragen, falls es noch nicht im Gespräch thematisiert wurde)

- Haben Sie im Laufe Ihres translatologischen Studiums Auslandsstudien / Studien an anderen Hochschulen absolviert?
  - Falls nicht, was hat sie davon abgehalten?
  - Falls ja, was hat sie dazu motiviert?
  - Weitere Fragen zum Auslandsstudium:
- Wurden die an anderen HS erbrachten Leistungen anerkannt?
- Welche wurden anerkannt, welche nicht? Weshalb?
- Wie ist die Anrechnung der ECTS-Punkte dabei abgelaufen
- Gab es Schwierigkeiten bei der Anrechnung?
- Wie bewerten Sie das Arbeiten mit den ECTS-Punkten generell in Ihrem Studium?

Für ehemalige BA-Studierende (ohne anschließenden MA):

- Was hat sie veranlasst, nach dem Abschluss den berufsqualifizierenden Bachelor anzuwenden?
- Wie haben Sie den Berufseinstieg mit dem BA-Abschluss erlebt?
- Haben Sie Erfahrungen mit der Wahrnehmung der Qualität/des Ansehens Ihres Studienabschlusses bei Arbeitgebern etc.? Wie ist die Wahrnehmung bei Ihnen persönlich?

Für ehemalige MA- Studierende:

- Was hat sie veranlasst, nach dem BA-Abschluss ein Masterstudium aufzugreifen, statt den berufsqualifizierenden Bachelor anzuwenden?
- Kennen Sie AbsolventInnen, die direkt nach dem Bachelorstudium ins Berufsleben eingetreten sind?
- Haben Sie Erfahrungen mit der Wahrnehmung der Qualität/des Ansehens Ihres Studienabschlusses bei Arbeitgebern etc.? Wie ist die Wahrnehmung bei Ihnen persönlich?
- Wurden Sie in die Qualitätssicherungsmaßnahmen der besuchten Hochschulen eingebunden? Das bedeutet, haben Sie an hochschulinternen Bewertungen der Lehre durch Studierende oder an vergleichbaren Maßnahmen teilgenommen? Dazu gehören u.a. Feedbackbögen oder ähnliches.

Was wäre Ihnen zu diesem Thema noch wichtig zu sagen und wurde noch nicht erwähnt?

Liste der studentischen Proband:innen

Pseudonym / Herkunft	**Hochschule**	**Studiengang bzw. Abschluss**	**Auslandsaufenthalt**
Andrea Deutschland	Universität Leipzig Universität Leipzig	Bachelor Translation (BA) 2006-2009 Master Translatologie M.E.T.S. (MA) 2011	ISTI (Brüssel) (ERASMUS) Marie Haps (Brüssel) ISIT (Paris)
Beate Deutschland	Universität Leipzig Université de Strasbourg (ITIRI) / Universität Leipzig TU Dresden	Bachelor Translation (BA) 2012 Doppelmaster Translatologie (MA) 2014 Law in Context (BA Jura) ab 2015	Aston University, Birmingham (ERASMUS)
Carolin Deutschland	Universität Heidelberg Universität Leipzig	Übersetzungswissenschaft (BA) 2014 Master Translatologie (MA) vorauss. 2016	Praktikum in Schottland
Diana Deutschland	Universität Heidelberg	Jura (1. Staatsexamen) Übersetzungswissenschaft (BA) 2010	Praktikum im Vorfeld des Zweitstudiums in einem Hotel in Palermo
Elisa Österreich	Universität Innsbruck / Universität Wien Universität Stockholm	Diplom (2 Sem.) / Transkulturelle Kommunikation (BA) 2011 Translation Studies (MA) 2013	Gesamter MA in Schweden
Fleur Frankreich	Université de Jean Moulin Lyon III Université de Strasbourg (ITIRI) / Universität Leipzig	Langues Étrangères Appliquées (BA) 2013 Doppelmaster Translatologie (MA) vorauss. 2016 (Traduction Audiovisuelle)	Westfälische Wilhelmsuniversität Münster 2013 (ERASMUS)
Greta Deutschland	Universität Leipzig University of Portsmouth, Großbritannien	Bachelor Translation (BA) 2012 Fernstudium Translation Studies (MA) in Teilzeit. Abschluss vorauss. 2018	Université de Strasbourg (ITIRI) (ERASMUS) WS 2011-12

Pseudonym / Herkunft	**Hochschule**	**Studiengang bzw. Abschluss**	**Auslandsaufenthalt**
Helene Deutschland	Universitäten Regensburg / Blaise Pascal, Clermont-Ferrand Lille 3 Nice, Sophia-Antipolis	Deutsch-Französische Studien / Études Franco-Allemandes (binationaler Studiengang zwischen Regensburg und Clermont, dt.-frz. Doppeldiplom) 2003–2006 1. Jahr : « Traduction spécialisée multilingue » 2. Jahr : « Traduction, sous-titrage, doublage » (MA) 2006–2008	ERASMUS -Semester in Rom (Scuola superiore per mediatori linguistici) – von Lille 3 aus
Julian Deutschland	Universität Heidelberg Universität Leipzig	Übersetzungswissenschaft (BA) 2012 Master Translatologie (MA) 2015	Stipendium der Universität in Montpellier (kein ÜS-Profil besucht)
Kristin Deutschland	Universität Freiburg Universität Kiel Universität Leipzig	Bachelor Romanistik (ohne Übersetzungs-Profil) 2007-2011 (BA) Bachelor Lehramt 2011-2012 (kein Abschluss) Master Translatologie 2012-2015 (MA)	2 Auslandssemester an der Universität Bordeaux III 9/2009-4/2010
Lydia Deutschland	Universität Leipzig	Bachelor Translation (BA) 2012 Master Translatologie (MA) 2015	Aston University, Birmingham 2011/12
Matteo Italien	Università degli Studi di Messina, Italien Università di Bologna (Forlì), Italien	Laurea triennale in Teorie e Tecniche della Mediazione Linguistica (BA) 2008 Laurea magistrale in Traduzione Specializzata (MA) 2011	Universität Leipzig 10/2009 bis 02/2010 Universität Wien 03/2010 bis 07/2010

Pseudonym / Herkunft	**Hochschule**	**Studiengang bzw. Abschluss**	**Auslandsaufenthalt**
Nina Deutschland	Middlesex University (London), UK FTSK Germersheim (Uni Mainz)	Modern Languages and Translation, 2011 (BA) Sprache, Kultur und Translation, 2013 (MA)	Kompletter Bachelor in England
Pauline Frankreich	ISIT Paris, Frankreich	Übersetzen (BA) + Diplôme de Traducteur Grade de Master Spécialisation Communication Interculturelle et Traduction (MA) 2015	UNINT (Università Degli Studi Internazionali) Rom 10/2011 bis 01/ 2012 Einjähriges Übersetzungs-Praktikum vor ihrem Studienabschluss in Leipzig
Stefanie Deutschland	Universität Leipzig	Bachelor Translation (BA) 2012 Master Translatologie (MA) 2014	Angers (Université Catholique de l'Ouest) 2011
Vicky Deutschland	FTSK Germersheim (Uni Mainz) Universität Leipzig Université catholique de Louvain in Louvain-la-Neuve (Belgien) Universitat Pompeu Fabra in Barcelona	Sprache, Kultur, Translation (BA) 2013 Master Translatologie, seit 2014 Zusätzlich M.E.T.S.	Angers (Université Catholique de l'Ouest) 2010/11

7 Literaturverzeichnis

Allègre, Claude; Berlinguer, Luigi; Blackstone, Tessa; Rüttgers, Jürgen (1998): Sorbonne-Erklärung. Sorbonne Joint Declaration. Gemeinsame Erklärung zur Harmonisierung der Architektur der europäischen Hochschulbildung. Paris, Sorbonne. Online verfügbar unter https://www.bildungsserver.de/onlineressource.html?onlineressourcen_id=30137, zuletzt geprüft am 01.05.2023.

Ash, Mitchell G. (Hg.) (1999a): Mythos Humboldt. Vergangenheit und Zukunft der deutschen Universitäten. Wien u.a.: Böhlau.

Ash, Mitchell G. (1999b): Mythos Humboldt gestern und heute. Zur Einführung. In: Mitchell G. Ash (Hg.): Mythos Humboldt. Vergangenheit und Zukunft der deutschen Universitäten. Wien u.a.: Böhlau, S. 7–25.

Atteslander, Peter; Cromm, Jürgen, (2003): Methoden der empirischen Sozialforschung. Berlin: de Gruyter.

Baker, Mona (2011): In other words. A coursebook on translation. 2nd ed. Abingdon England, New York: Routledge.

Banscherus, Ulf (2007): Die deutsche Studienreformdiskussion und der Bologna-Prozess. In: Georg Bollenbeck und Waltraud Wende (Hg.): Der Bologna-Prozess und die Veränderung der Hochschullandschaft. Beiträge zum Symposium. Heidelberg: Synchron Wiss.-Verl. der Autoren (Forum Synchron), S. 71–88.

Baum, Silke (2013): Die Bedeutung der UN-Behindertenrechtskonvention. "Handlungsleitlinien zur Förderung des Empowerments". München: AVM.

Baur, Nina; Blasius, Jörg (Hg.) (2014): Handbuch Methoden der empirischen Sozialforschung. Wiesbaden: Springer VS (Handbuch).

Bekhradnia, Bahram (2004): Credit Accumulation and Transfer, and the Bologna Process: an Overview. Executive Summary. Higher Education Policy Institute. Online verfügbar unter http://www.hepi.ac.uk/2004/10/18/credit-accumulation-and-transfer-and-the-bologna-process-an-overview/, zuletzt geprüft am 01.05.2023.

Bell, Roger Thomas (1995): Translation and translating. Theory and practice. 1st publ., 4th impr. London: Longman (Applied linguistics and language study).

Bibliographisches Institut (2018): Duden - Das Bedeutungswörterbuch. Bedeutung und Gebrauch von rund 20000 Wörtern der deutschen Gegenwartssprache. Unter Mitarbeit von Melanie Kunkel. 5., neu bearbeitete und erweiterte Auflage. Berlin: Dudenverlag (Der Duden in zwölf Bänden, Band 10).

Bibliographisches Institut (2020): Duden - die deutsche Rechtschreibung. Auf der Grundlage der aktuellen amtlichen Rechtschreibregeln. 28., völlig neu bearbeitete und erweiterte Auflage. Berlin: Dudenverlag (Der Duden, Band 1).

Biggs, John (2003): Aligning teaching for constructing learning. Online verfügbar unter https://www.advance-he.ac.uk/knowledge-hub/aligning-teaching-constructing-learning, zuletzt geprüft am 18.04.2023.

Biggs, John B. (1999): Teaching for quality learning at university. What the student does. 1. publ. Buckingham: Open Univ. Press.

Bloom, Benjamin S.; Engelhart, Max D.; Furst, Edward J.; Hill, Walker H.; Krathwohl, David R. (Hg.) (1976): Taxonomie von Lernzielen im kognitiven Bereich. Übersetzt von Eugen Füner und Ralf Horn. 5. Aufl., (17. - 21. Tsd.). Weinheim: Beltz (Beltz-Studienbuch, 35).

Bollenbeck, Georg; Saadhoff, Jens (2007): Humboldts Tod. In: Georg Bollenbeck und Waltraud Wende (Hg.): Der Bologna-Prozess und die Veränderung der Hochschullandschaft. Beiträge zum Symposium. Heidelberg: Synchron Wiss.-Verl. der Autoren (Forum Synchron), S. 11–30.

Bollenbeck, Georg; Wende, Waltraud (Hg.) (2007a): Der Bologna-Prozess und die Veränderung der Hochschullandschaft. Beiträge zum Symposium. Symposium: Der Bologna-Prozess und die Veränderungen in der Hochschullandschaft. Heidelberg: Synchron Wiss.-Verl. der Autoren (Forum Synchron).

Bollenbeck, Georg; Wende, Waltraud (2007b): Was soll man überhaupt gegen Bologna sagen? Zur Einleitung. In: Georg Bollenbeck und Waltraud Wende (Hg.): Der Bologna-Prozess und die Veränderung der Hochschullandschaft. Beiträge zum Symposium. Heidelberg: Synchron Wiss.-Verl. der Autoren (Forum Synchron), S. 7–9.

Bourdieu, Pierre (1992): Rede und Antwort. 1. Aufl. Frankfurt am Main: Suhrkamp (Edition Suhrkamp, 1547 = N.F., 547).

Brändle, Tobias (2010): 10 Jahre Bologna-Prozess. Chancen, Herausforderungen und Problematiken. 1. Aufl. Wiesbaden: VS Verl. für Sozialwiss.

Breinig, Helmbrecht; Gebhardt, Jürgen; Ostendorf, Berndt (Hg.) (2001): Das deutsche und das amerikanische Hochschulsystem. Bildungskonzepte und Wissenschaftspolitik. Bayerische Amerika-Akademie; German and American Higher Education in Comparison: Educational Philosophies, Political Systems, Funding. Münster: Lit.

Carroll, John B. (Hg.) (1956): Language, thought, and reality. Selected writings of Benjamin Lee Whorf. New York: Technology Press of Massachusetts Institute of Technology.

Charlier, Jean-Emile; Croché, Sarah; Ndoye, Abdou Karim (2009a): Les enjeux du passage des universités d'Afrique subsaharienne au LMD. In: Jean-Emile Charlier, Sarah Croché und Abdou Karim Ndoye (Hg.): Les universités africaines francophones face au LMD. Les effets du processus de Bologne sur l'enseignement supérieur au-delà des frontières de l'Europe. Louvain-La-Neuve: Bruylant Academia (1), S. 7–12.

Charlier, Jean-Emile; Croché, Sarah; Ndoye, Abdou Karim (Hg.) (2009b): Les universités africaines francophones face au LMD. Les effets du processus de Bologne sur l'enseignement supérieur au-delà des frontières de l'Europe. Louvain-La-Neuve: Bruylant Academia (1).

Charlier, Jean-Émile (2009): Le processus de Bologne, son histoire officielle, quelques éléments de son histoire cachée et quelques enjeux immédiats. In: Jean-Emile Charlier, Sarah Croché und Abdou Karim Ndoye (Hg.): Les universités africaines francophones face au LMD. Les effets du processus de Bologne sur l'enseignement supérieur au-delà des frontières de l'Europe. Louvain-La-Neuve: Bruylant Academia (1), S. 24–132.

Chesterman, Andrew (2000): Memes of translation. The spread of ideas in translation theory. Paperback ed., incorp. few minor corr. Amsterdam: Benjamins (Benjamins translation library, 22).

Cheyfitz, Eric (1997): The poetics of imperialism. Translation and colonization from "The tempest" to "Tarzan". Expanded ed. Philadelphia, Pa.: Univ. of Pennsylvania Press.

Connelly, John (1999): Humboldt im Staatsdienst. Ostdeutsche Universitäten 1945-1989. In: Mitchell G. Ash (Hg.): Mythos Humboldt. Vergangenheit und Zukunft der deutschen Universitäten. Wien u.a.: Böhlau, S. 80–104.

Conze, V. (2020): Vereinigte Staaten von Europa. Hg. v. Bundeszentrale für Politische Bildung. Online verfügbar unter https://www.bpb.de/kurz-knapp/lexika/das-europalexikon/177332/vereinigte-staaten-von-europa/, zuletzt geprüft am 13.12.22.

Diekmann, Andreas (2013): Empirische Sozialforschung. Grundlagen, Methoden, Anwendungen. Orig.-Ausg., vollst. überarb. und erw. Neuausg. 2007, 9. Aufl., [26. Aufl. der Gesamtausg.]. Reinbek bei Hamburg: Rowohlt-Taschenbuch-Verl. (Rororo Rowohlts Enzyklopädie, 55678).

DIPF (2011): Magna Charta Universitatum. Deutsches Institut für Internationale Pädagogische Forschung. Online verfügbar unter http://www.bildungsserver.de/db/mlesen.html?Id=43414, zuletzt aktualisiert am 01.03.2011, zuletzt geprüft am 01.05.2023.

Eco, Umberto; Kroeber, Burkhart (1987): Nachschrift zum "Namen der Rose".9. Aufl. München: Hanser.

EHEA (2023): European Higher Education Area and Bologna process. Hg. v. Bologna Process Secretariat. Ministère de l'Enseignement supérieur, de la Recherche et de l'Innovation. Online verfügbar unter http://www.ehea.info/, zuletzt geprüft am 26.04.2023.

EPSO (2023): Allgemeine und besondere Zulassungsvoraussetzungen. Hg. v. European Personnel Selection Office. European Personnel Selection Office. Online verfügbar unter https://epso.europa.eu/de/node/126, zuletzt geprüft am 18.04.2023.

Europäische Bildungsminister (1999a): Der Europäische Hochschulraum. Gemeinsame Erklärung der Europäischen Bildungsminister. Online verfügbar unter http://www.hrk.de/fileadmin/redaktion/hrk/02-Dokumente/02-03-Studium/02-03-01-Studium-Studienreform/Bologna_Dokumente/Bologna_1999.pdf, zuletzt geprüft am 18.04.2023.

Europäische Bildungsminister (1999b): The Bologna Declaration of 19 June 1999. Joint declaration of the European Ministers of Education. Online verfügbar unter https://www.bildungsserver.de/onlineressource.html?onlineressourcen_id=14601&mstn=5, zuletzt geprüft am 01.05.2023.

Fleischmann, Eberhard (Hg.) (1997): Translationsdidaktik. Grundfragen der Übersetzungswissenschaft; [Vorträge der VI. Internationalen Konferenz "Grundfragen der Übersetzungswissenschaft" vom 11. bis 13. September 1996 an der Universität Leipzig]. Internationale Konferenz Grundfragen der Übersetzungswissenschaft; Universität Leipzig. Tübingen: Narr.

Fraenkel-Haeberle, Cristina (2014): Die Universität im Mehrebenensystem. Modernisierungsansätze in Deutschland, Italien und Österreich. Univ., Habil.-Schr.--Speyer, 2012. Tübingen: Mohr Siebeck (Jus Publicum Beiträge zum öffentlichen Recht, 226).

Freud, Sigmund (2014): Das Ich und das Es. In: Sigmund Freud (Hg.): Gesammelte Werke. Köln: Anaconda, S. 829–872.

FTSK Germersheim (2012): Ordnung des Fachbereichs Translations-, Sprach- und Kulturwissenschaft der Johannes-Gutenberg-Universität Mainz zu Germersheim. für die Prüfung im Bachelorstudiengang Sprache, Kultur, Translation. Johannes-Gutenberg-Universität Mainz, Germersheim. Fachbereich Translations-, Sprach- und Kulturwissenschaft. Online verfügbar unter http://www.fb06.uni-mainz.de/studium/Dateien/PO_BA-SKT_2012_mit_1.Aenderungen_2014-11-03.pdf, zuletzt geprüft am 03.05.2023.

Futterer, Torsten; Künzel, Rainer; Pietzonka, Manuel; Suchanek, Justine (2012): Bologna (aus)gewertet. Eine empirische Analyse der Studienstrukturreform. 1. Aufl. s. l.: Vandenhoeck Ruprecht (Gesellschaft - Wirtschaft - Medien - Band 003).

Gebhardt, Jürgen (2001): Einleitung. Jenseits von Humboldt - Amerika? In: Helmbrecht Breinig, Jürgen Gebhardt und Berndt Ostendorf (Hg.): Das deutsche und das amerikanische Hochschulsystem. Bildungskonzepte und Wissenschaftspolitik. Münster: Lit (Publikationen der Bayerischen Amerika-Akademie, 1 a), S. 1–22.

Goethe, Johann Wolfgang von (1813): Zu brüderlichem Andenken Wielands. Eine in der Trauerloge gehaltene Rede. Online verfügbar unter https://www.rolandbremen.de/wp-content/uploads/2017/11/Goethe_Wieland.pdf, zuletzt geprüft am 01.05.2023.

Göpferich, Susanne (2008): Translationsprozessforschung. Stand, Methoden, Perspektiven. Tübingen: Narr (Translationswissenschaft, 4).

Gorys, Erhard (2008): Lexikon der Heiligen. Orig.-Ausg., 7., durchges. und erw. Neuausg. München: Dt. Taschenbuch-Verl. (dtv, 34149).

Große Hüttmann, Martin (Hg.) (2013): Das Europalexikon. Begriffe, Namen, Institutionen. 2., aktualisierte und erw. Aufl. Bonn: Dietz Nachf.

Gutjahr-Löser, Peter; Schulz, Dieter; Wollersheim, Heinz-Werner (Hg.) (2010): Wissenschaft und Akademische Bildung. Ist Theodor Litt für die gegenwärtige Hochschulpolitik aktuell? Theodor-Litt-Jahrbuch 2010/7. Leipzig: Leipziger Universitätsverlag.

Güttinger, Fritz (1963): Zielsprache. Theorie und Technik des Übersetzens. Zürich: Manesse Verlag.

Habermas, Jürgen (1957): Das chronische Leiden der Hochschulreform. In: *Merkur. Deutsche Zeitschrift für europäisches Denken.* 11 (109), S. 265–284.

Hagemann, Susanne (2005): Translationswissenschaft und der Bologna-Prozess. BA/MA-Studiengänge für Übersetzen und Dolmetschen im internationalen Vergleich. Köln: Saxa-Verl. (Saxa Reihe C, Beiträge zur Translationswissenschaft, H. 2).

Harris, Zellig S. (2015): Distributional Structure. In: *<i>WORD</i>* 10 (2-3), S. 146–162. DOI: 10.1080/00437956.1954.11659520.

Hartung, Manuel J. (2006): Außer Demos nichts gewesen. Studentenprotestler setzen auf einen heißen Herbst. Online verfügbar unter http://www.zeit.de/campus/2006/35/kommentar_studentenproteste/seite-2, zuletzt geprüft am 01.05.2023

Hatim, Basil; Munday, Jeremy (2004): Translation. An advanced resource book. 1. publ. London: Routledge (Routledge applied linguistics).

Helfferich, Cornelia (2014): Leitfaden- und Experteninterviews. In: Nina Baur und Jörg Blasius (Hg.): Handbuch Methoden der empirischen Sozialforschung. Wiesbaden: Springer VS (Handbuch), S. 559–574.

Henschelmann, Käthe (1993): Zur Beschreibung und Klassifizierung von Übersetzungsverfahren. Lausanne: Centre de Traduction Littéraire Univ. de Lausanne (Travaux du Centre de Traduction Littéraire, 17).

Holz-Mänttäri, Justa (1984): Translatorisches Handeln. Theorie und Methode. Helsinki: Suomalainen Tiedeakat (Suomalaisen Tiedeakatemian toimituksia Sarja B).

Hörner, Wolfgang (2010): Bologna und die Idee der deutschen Universität. In: Peter Gutjahr-Löser, Dieter Schulz und Heinz-Werner Wollersheim (Hg.): Wissenschaft und Akademische Bildung. Ist Theodor Litt für die gegenwärtige Hochschulpolitik aktuell? Theodor-Litt-Jahrbuch 2010/7. Leipzig: Leipziger Universitätsverlag, S. 97–109.

Hörner, Wolfgang (2014): Introduction. In: Tamás Kozma, Magdolna Rébay, Andrea Óhidy und Éva Szolár (Hg.): The Bologna Process in Central and Eastern Europe. Wiesbaden: Springer Fachmedien, S. 7–12.

House, Juliane (2015): Translation quality assessment. Past and present. London: Routledge.

HRK (Hg.) (2008): FAQs. Häufig gestellte Fragen zum Bologna-Prozess an deutschen Hochschulen. Unter Mitarbeit von Kaja Swanhilt Haeger. Hochschulrektorenkonferenz; Service-Stelle Bologna. 1. Aufl. Bonn: (Beiträge zur Hochschulpolitik, 2008,8

Humboldt, Wilhelm von (1964): Bildung des Menschen in Schule und Universität. Heidelberg: Quelle & Meyer Verlag.

Humboldt, Wilhelm von; Flitner, Andreas; Giel, Klaus (1964 // 2002): Schriften zur Politik und zum Bildungswesen. 6. Aufl. Darmstadt: Wissenschaftliche Buchgesellschaft; Wiss. Buchges (Werke, in fünf Bänden / Wilhelm von Humboldt. Hrsg. von Andreas Flitner und Klaus Giel; 4).

IALT (2014): Studienordnung für den Bachelorstudiengang Translation an der Universität Leipzig. Studienordnung. Universität Leipzig, Leipzig. Institut für Angewandte Linguistik und Translatologie. Online verfügbar unter https://www.philol.uni-leipzig.de/institut-fuer-angewandte-linguistik-und-translatologie/studium/dokumente-formulare-richtlinien, zuletzt geprüft am 03.05.2023.

IALT (2015a): Vorlesungsverzeichnis. Wintersemester 2015/16. Hg. v. Institut für Angewandte Linguistik und Translatologie. Universität Leipzig. Leipzig. Online verfügbar unter https://www.philol.uni-leipzig.de/fileadmin/Fakult%C3%A4t_Philo/IALT/Vorlesungsverzeichnisse/ws15.pdf, zuletzt geprüft am 01.05.2023.

IALT (2015b): Studienordnung für den Masterstudiengang Translatologie an der Universität Leipzig. Studienordnung. Universität Leipzig, Leipzig.

Institut für Angewandte Linguistik und Translatologie. Online verfügbar unter https://www.philol.uni-leipzig.de/institut-fuer-angewandte-linguistik-und-translatologie/studium/dokumente-formulare-richtlinien, zuletzt geprüft am 03.05.2023.

Jakobson, Roman (1981): Linguistische Aspekte der Übersetzung. In: Wolfram Wilss (Hg.): Übersetzungswissenschaft. Darmstadt: Wiss. Buchges (Wege der Forschung, 535), S. 189–198.

Jarausch, Konrad H. (1999): Das Humboldt-Syndrom: Die westdeutschen Universitäten 1945-1989. Ein akademischer Sonderweg? In: Mitchell G. Ash (Hg.): Mythos Humboldt. Vergangenheit und Zukunft der deutschen Universitäten. Wien u.a.: Böhlau, S. 58–79.

Johannes-Gutenberg-Universität Mainz (2012): Der reformierte BA-Studiengang. Informationsveranstaltung. Johannes-Gutenberg-Universität Mainz. FTSK. Germersheim, 06.06.2012. Online verfügbar unter http://www.fb06.uni-mainz.de/pdf/BA-Infoveranstaltung_2012-06-06.pdf, zuletzt geprüft am 08.02.2016.

Johannes-Gutenberg-Universität Mainz (Hg.) (2016): TRA&CO Symposium 2016. 27th - 29th April 2016, Johannes Gutenberg University Mainz. Unter Mitarbeit von FTSK Germersheim. Online verfügbar unter http://traco.uni-mainz.de/, zuletzt aktualisiert am 30.01.2028, zuletzt geprüft am 01.05.2023.

Kade, Otto (1968): Zufall und Gesetzmäßigkeit in der Übersetzung. Beihefte zur Zeitschrift Fremdsprachen. Leipzig: VEB Verlag Enzyklopädie.

Kade, Otto (1981): Kommunikationswissenschaftliche Probleme der Translation (1968). In: Wolfram Wilss (Hg.): Übersetzungswissenschaft. Darmstadt: Wiss. Buchges (Wege der Forschung, 535), S. 199–219.

Kausen, Ernst (2013): Die Sprachfamilien der Welt. Teil 1: Europa und Asien. 4. Aufl. Hamburg: Buske. Online verfügbar unter http://www.gbv.de/dms/faz-rez/FD1201506024570008.pdf.

Kellermann, Paul; Boni, Manfred; Meyer-Renschhausen, Elisabeth (2009a): Vorwort. In: Paul Kellermann, Manfred Boni und Elisabeth Meyer-Renschhausen (Hg.): Zur Kritik europäischer Hochschulpolitik. Forschung und Lehre unter Kuratel betriebswirtschaftlicher Denkmuster. Wiesbaden: VS Verlag für Sozialwissenschaften, S. 7–9.

Kellermann, Paul; Boni, Manfred; Meyer-Renschhausen, Elisabeth (Hg.) (2009b): Zur Kritik europäischer Hochschulpolitik. Forschung und Lehre unter Kuratel betriebswirtschaftlicher Denkmuster. Wiesbaden: VS Verlag für Sozialwissenschaften.

Kiraly, Donald C.; Hansen-Schirra, Silvia; Maksymski, Karin (Hg.) (2013): New prospects and perspectives for educating language mediators. International

Association of Translation and Interpreting Studies Conference. Tübingen: Narr (Translations-Wissenschaft, Bd. 10).

KMK (2017): Der Bologna-Prozess. Hg. v. Sekretariat der Ständigen Konferenz der Kultusminister der Länder in der Bundesrepublik Deutschland. Kultusministerkonferenz. Online verfügbar unter https://www.kmk.org/themen/hochschulen/internationale-hochschulangelegenheiten.html, zuletzt aktualisiert am 31.03.2023, zuletzt geprüft am 26.04.2023.

Koller, Werner (2004): Einführung in die Übersetzungswissenschaft. 7., aktualisierte Aufl. Wiebelsheim: Quelle & Meyer.

Königliche Akademie der Wissenschaften in Berlin (Hg.) (1816): Abhandlungen der Königlichen Akademie der Wissenschaften in Berlin. Aus den Jahren 1812-1813. Königliche Akademie der Wissenschaften in Berlin. Berlin. Online verfügbar unter http://www.mdz-nbn-resolving.de/urn/resolver.pl?urn=urn:nbn:de:bvb:12-bsb10498933-6, zuletzt geprüft am 04.05.2023.

Konrad, Franz-Michael (2010): Wissenschaft und akademische Bildung. Theodor Litt zur Bildungsbedeutung der Wissenschaft und zur Rolle der Universität. In: Peter Gutjahr-Löser, Dieter Schulz und Heinz-Werner Wollersheim (Hg.): Wissenschaft und Akademische Bildung. Ist Theodor Litt für die gegenwärtige Hochschulpolitik aktuell? Theodor-Litt-Jahrbuch 2010/7. Leipzig: Leipziger Universitätsverlag, S. 37–55.

Kozma, Tamás (2014): The Bologna Process in Central and Eastern Europe: A Comparative View. In: Tamás Kozma, Magdolna Rébay, Andrea Óhidy und Éva Szolár (Hg.): The Bologna Process in Central and Eastern Europe. Wiesbaden: Springer Fachmedien, S. 13–32.

Kozma, Tamás; Rébay, Magdolna; Óhidy, Andrea; Szolár, Éva (Hg.) (2014): The Bologna Process in Central and Eastern Europe. Studies in International Comparative Educational Science. Focus: Europe. Wiesbaden: Springer Fachmedien.

Krings, Hans P. (1986): Was in den Köpfen von Übersetzern vorgeht. Eine empirische Untersuchung zur Struktur des Übersetzungsprozesses an fortgeschrittenen Französischlernern. Univ., Diss./86--Bochum, 1985. Tübingen: Narr (Tübinger Beiträge zur Linguistik, 291).

Krings, Hans Peter (2005): Wege ins Labyrinth – Fragestellungen und Methoden der Übersetzungsprozessforschung im Überblick. In: *Meta* 50 (2), S. 342. DOI: 10.7202/010941ar.

Kuckartz, Udo; Rädiker, Stefan (2014): Datenaufbereitung und Datenbereinigung in der qualitativen Sozialforschung. In: Nina Baur und Jörg Blasius (Hg.): Handbuch Methoden der empirischen Sozialforschung. Wiesbaden: Springer VS (Handbuch), S. 383–396.

Kwiek, Marek (2014): Social Perceptions versus Economic Returns of the Higher Education: The Bologna Process in Poland. In: Tamás Kozma, Magdolna Rébay, Andrea Óhidy und Éva Szolár (Hg.): The Bologna Process in Central and Eastern Europe. Wiesbaden: Springer Fachmedien, S. 147–182.

Le Bon, Gustave (1939): Psychologie des foules. 41. Aufl. Paris: Alcan.

Le Bon, Gustave (2014): Psychologie der Massen. Halbleinen. Unter Mitarbeit von Rudolf Eisler. Hamburg: Nikol.

Liessmann, Konrad Paul (2009): Bologna: Die Leere des europäischen Hochschulraums. In: Paul Kellermann, Manfred Boni und Elisabeth Meyer-Renschhausen (Hg.): Zur Kritik europäischer Hochschulpolitik. Forschung und Lehre unter Kuratel betriebswirtschaftlicher Denkmuster. 1. Aufl. Wiesbaden: VS Verlag für Sozialwissenschaften / GWV Fachverlage GmbH Wiesbaden, S. 13–25.

Lill, Felix (2016): Angriff auf die freien Denker. Universitäten in Japan, Großbritannien und den USA verabschieden sich von ihren Geisteswissenschaften. Hält Deutschland dagegen? In: *Die Zeit* (15), S. 61–62.

Luther, Martin (1968): Sendbrief vom Dolmetschen. In: Erwin Arndt (Hg.): Sendbrief vom Dolmetschen. und Summarien über die Psalmen und Ursachen des Dolmetschens. 1. Aufl. Halle (Saale): VEB Max Niemeyer Verlag, S. 20–47.

Maeße, Jens (2010): Die vielen Stimmen des Bologna-Prozesses. Zur diskursiven Logik eines bildungspolitischen Programms. Univ., Fak. für Geistes-, Sozial- und Erziehungswiss., Diss. 2009--Magdeburg, 2009. Bielefeld: transcript-Verlag (Science Studies).

Malblanc, Alfred (2007): Stylistique comparée du français et de l'allemand. Paris: Didier (Lal).

Mayring, Philipp (2001): Kombination und Integration qualitativer und quantitativer Analyse. Forum Qualitative Sozialforschung / Forum: Qualitative Social Research, Vol 2, No 1 (2001): Qualitative and Quantitative Research: Conjunctions and Divergences. Online verfügbar unter http://www.qualitative-research.net/index.php/fqs/article/view/967, zuletzt geprüft am 05.04.2023.

Mayring, Philipp (2010): Qualitative Inhaltsanalyse. Grundlagen und Techniken. 11., aktualisierte und überarb. Aufl. Weinheim: Beltz (Studium Paedagogik).

Mednick, Sarnoff Andrej; Pollio, Howard R.; Loftus, Elizabeth F.; Mednick-Pollio-Loftus (1975): Psychologie des Lernens. 1. Aufl. München: Juventa Verl. (Juventa-Arbeitsbuch).

Meyer, Christian; Meier zu Verl, Christian (2014): Ergebnispräsentation in der qualitativen Forschung. In: Nina Baur und Jörg Blasius (Hg.): Handbuch Methoden der empirischen Sozialforschung. Wiesbaden: Springer VS (Handbuch), S. 245–257.

Mounin, Georges (2004): Les problèmes théoriques de la traduction. Repr. Paris: Gallimard (Collection tel, 5).

Munday, Jeremy (2016): Introducing translation studies. Theories and applications. 4th ed. London, New York: Routledge Taylor & Francis Group.

Neubert, Albrecht (1981): Pragmatische Aspekte der Übersetzung (1968). In: Wolfram Wilss (Hg.): Übersetzungswissenschaft. Darmstadt: Wiss. Buchges (Wege der Forschung, 535), S. 60–75.

Neubert, Albrecht (1997): Übersetzungswissenschaft und Übersetzungslehre: Spannungen und Chancen, Hemmnisse und Möglichkeiten, Gegensätze und Gemeinsamkeiten, Isolation und Gemeinsamkeit. In: Eberhard Fleischmann (Hg.): Translationsdidaktik. Grundfragen der Übersetzungswissenschaft. Tübingen: Narr, S. 3–14.

Neuweg, Georg Hans (2015): Das Schweigen der Könner. Gesammelte Schriften zum impliziten Wissen. 1. Aufl. Münster: Waxmann Verlag GmbH.

Nida, Eugene A. (1981): Das Wesen des Übersetzens (1975). In: Wolfram Wilss (Hg.): Übersetzungswissenschaft. Darmstadt: Wiss. Buchges (Wege der Forschung, 535), S. 123–150.

Nord, Christiane (2005): Text analysis in translation. Theory, methodology, and didactic application of a model for translation-oriented text analysis. 2. ed. Amsterdam: Rodopi (Amsterdamer Publikationen zur Sprache und Literatur, 94).

Nord, Christiane (2009): Textanalyse und Übersetzen. Theoretische Grundlagen, Methode und didaktische Anwendung einer übersetzungsrelevanten Textanalyse. 4., überarb. Aufl. Tübingen: Groos.

OAK – Online Akademie GmbH & Co. KG (Hg.) (2016): Bachelor International: Der Bologna Prozess im Überblick. Unter Mitarbeit von Jörn Michelsen. Online Akademie. Online verfügbar unter https://www.bachelor-studium.net/bachelor-international, zuletzt geprüft am 04.05.2023.

Ortega y Gasset, José (1976): Elend und Glanz der Übersetzung. Miseria y esplendor de la traducción. München: dtv (DTV-Zweisprachig. Langewiesche-Brandt).

Pasternack, Peer (2010): Bologna in Deutschland. Eine erklärungsorientierte Rekonstruktion. In: *Das Hochschulwesen* 58 (2), S. 39–44. Online verfügbar unter http://www.hochschulwesen.info/inhalte/hsw-2-2010.pdf, zuletzt geprüft am 03.05.2023.

Pasternack, Peer (2014): Qualitätsstandards für Hochschulreformen. Eine Auswertung der deutschen Hochschulreformqualitäten in den letzten zwei Jahrzehnten. Bielefeld: UVW Univ.-Verl. Webler (Hochschulwesen - Wissenschaft und Praxis, N.F., 27).

Polanyi, Michael (1985): Implizites Wissen. 1. Auflage. Frankfurt am Main: Suhrkamp (Taschenbuch Wissenschaft, 543).

Pritchard, Rosalind (2010): The British Higher Education System and the Bologna Process. In: Peter Gutjahr-Löser, Dieter Schulz und Heinz-Werner Wollersheim (Hg.): Wissenschaft und Akademische Bildung. Ist Theodor Litt für die gegenwärtige Hochschulpolitik aktuell? Theodor-Litt-Jahrbuch 2010/7. Leipzig: Leipziger Universitätsverlag, S. 182–201.

Prunč, Erich (2011): Entwicklungslinien der Translationswissenschaft. Von den Asymmetrien der Sprachen zu den Asymmetrien der Macht. 2., durchges. Aufl. Berlin: Frank & Timme (TransÜD, 14).

Reinhold, Gerd (Hg.) (1991): Soziologie-Lexikon. 4. Aufl. München: Oldenbourg

Reiß, Katharina (1981): Textbestimmung und Übersetzungsmethode. Entwurf einer Texttypologie (1969). In: Wolfram Wilss (Hg.): Übersetzungswissenschaft. Darmstadt: Wiss. Buchges (Wege der Forschung, 535), S. 76–92.

Reiß, Katharina (1986): Möglichkeiten und Grenzen der Übersetzungskritik. Kategorien und Kriterien für eine sachgerechte Beurteilung von Übersetzungen. 3. Aufl. München: Hueber (Hueber-Hochschulreihe, 12).

Reiß, Katharina; Snell-Hornby, Mary; Kadrić, Mira (Hg.) (1995): Grundfragen der Übersetzungswissenschaft. Wiener Vorlesungen. 2. Aufl. Wien: WUV-Univ.-Verl. (WUV-Studienbücher Geisteswissenschaften, Bd. 1).

Reiss, Katharina; Vermeer, Hans J. (1991): Grundlegung einer allgemeinen Translationstheorie. 2. Aufl. Tübingen: Niemeyer (Linguistische Arbeiten, 147).

Ridderbusch, Katja (2016): Der Horizont weitet sich. Deutsche Konzerne exportieren ihr Modell der dualen Berufsausbildung erfolgreich in die USA und nach Asien. In: *Süddeutsche Zeitung* (131), S. 5.

Risku, Hanna (2009): Translationsmanagement. Interkulturelle Fachkommunikation im Informationszeitalter. 2., überarb. Aufl. Tübingen: Narr.

Robinson, Douglas (1991): The translator's turn. Baltimore: Johns Hopkins Univ. Press (Parallax).

Rösener, Christoph; Dörflinger, Torsten; Canfora, Carmen (2019): Berufsfelder und Perspektiven für Übersetzer und Dolmetscher. Eine Studie zum Verbleib der Absolventinnen und Absolventen der FTSK Germersheim. Mainz: Zentrum für Qualitätssicherung und -entwicklung (ZQ) (Mainzer Beiträge zur

Hochschulentwicklung, Band 25). Online verfügbar unter https://astt.fb06.uni-mainz.de/files/2019/12/Band25_VerbleibsstudieDesFTSKGermersheim.pdf, zuletzt geprüft am 19.04.2023.

Rothe, Laura (2010): Methodik translatologischer Ansätze im Vergleich zur methodischen Arbeit von Übersetzern. Empirische Untersuchung. Diplomarbeit. Institut für Angewandte Linguistik und Translatologie. Leipzig.

Rothe, Laura (2020): Studentische Rollenbilder und ihr Wandel im Zusammenhang mit der europäischen Studienreform. In: Carsten Sinner, Christine Paasch-Kaiser und Johannes Härtel (Hg.): Translation 4.0. Dolmetschen und Übersetzen im Zeitalter der Digitalisierung. Berlin, Bern, Bruxelles, New York, Oxford, Warszawa, Wien: Peter Lang (Leipziger Studien zur angewandten Linguistik und Translatologie, 21), S. 197–210.

Ryle, Gilbert (2015): Der Begriff des Geistes. Unter Mitarbeit von Kurt Baier. Stuttgart: Reclam (Reclams Universal-Bibliothek, Nr. 19345).

Saussure, Ferdinand de; Bally, Charles (Hg.) (2001): Grundfragen der allgemeinen Sprachwissenschaft. 3. Aufl. Berlin: De Gruyter.

Schelsky, Helmut (1963): Einsamkeit und Freiheit. Idee und Gestalt der deutschen Universität und ihrer Reformen. Reinbek bei Hamburg: Rowohlt Taschenbuch Verlag.

Schleiermacher, Friedrich (1816): Ueber die verschiedenen Methoden des Uebersetzens. In: Königliche Akademie der Wissenschaften in Berlin (Hg.): Abhandlungen der Königlichen Akademie der Wissenschaften in Berlin. Aus den Jahren 1812-1813. Berlin, S. 143–172.

Schmitt, Peter A. (1999): Translation und Technik. Univ., Habil.-Schr.--Mainz, 1996. Tübingen: Stauffenburg-Verl. (Studien zur Translation, 6).

Schmitt, Peter A. (2003): 51. Technische Arbeitsmittel. In: Mary Snell-Hornby, Hans G. Hönig, Paul Kußmaul und Peter A. Schmitt (Hg.): Handbuch Translation. 2., verb. Aufl., unveränd. Nachdr. Tübingen: Stauffenburg Verl. (Stauffenburg Handbücher), S. 186–199.

Schnell, Rainer; Hill, Paul B.; Esser, Elke (1999): Methoden der empirischen Sozialforschung. 6., völlig überarb. u. erw. Aufl. München: Oldenbourg.

Schnell, Ralf (2007): Die Veränderung in der Hochschullandschaft und der Bologna-Prozess. In: Georg Bollenbeck, Waltraud Wende, (Hg.): Der Bologna-Prozess und die Veränderung der Hochschullandschaft. Beiträge zum Symposium. Symposium: Der Bologna-Prozess und die Veränderungen in der Hochschullandschaft. Heidelberg: Synchron Wiss.-Verl. der Autoren (Forum Synchron).

Schreiber, Michael (1997): Übersetzungsverfahren - Klassifikation und didaktische Anwendung. In: Eberhard Fleischmann (Hg.): Translationsdidaktik. Grundfragen der Übersetzungswissenschaft. Tübingen: Narr, S. 219–226.

Schreiber, Michael (2003): 42. Übersetzungstypen und Übersetzungsverfahren. In: Mary Snell-Hornby, Hans G. Hönig, Paul Kußmaul und Peter A Schmitt (Hg.): Handbuch Translation. 2., verb. Aufl., unveränd. Nachdr. Tübingen: Stauffenburg Verl. (Stauffenburg Handbücher), S. 151–154.

Schwarz-Hahn, Stefanie; Rehburg, Meike (2004): Bachelor und Master in Deutschland. Empirische Befunde zur Studienstrukturreform. Münster: Waxmann.

Sieh, Isabelle (2007): Adaption und Umsetzung des Bologna-Prozesses in Frankreich. Hamburg: Helmut-Schmidt-Universität (Hamburger Beiträge zur Erziehungs- und Sozialwissenschaft, Heft 10).

Sieh, Isabelle (2014): Der Bologna-Prozess in Frankreich und Deutschland im Vergleich. Helmut-Schmidt-Univ., Diss.--Hamburg, 2013. Wiesbaden: Springer VS.

Siever, Holger (2015): Übersetzungswissenschaft. Eine Einführung. Tübingen: Narr Francke Attempo (Bachelor-Wissen).

Sinner, Carsten; Paasch-Kaiser, Christine; Härtel, Johannes (Hg.) (2020): Translation 4.0. Dolmetschen und Übersetzen im Zeitalter der Digitalisierung. Berlin, Bern, Bruxelles, New York, Oxford, Warszawa, Wien: Peter Lang (Leipziger Studien zur angewandten Linguistik und Translatologie, 21) .

Snell-Hornby, Mary (2003): 9. Translation. (Übersetzen / Dolmetschen) / Translationswissenschaft / Translatologie. In: Mary Snell-Hornby, Hans G. Hönig, Paul Kußmaul und Peter A. Schmitt (Hg.): Handbuch Translation. 2., verb. Aufl., unveränd. Nachdr. Tübingen: Stauffenburg Verl. (Stauffenburg Handbücher), S. 37–38.

Snell-Hornby, Mary; Hönig, Hans G.; Kußmaul, Paul; Schmitt, Peter A. (Hg.) (2003): Handbuch Translation. 2., verb. Aufl., unveränd. Nachdr. Tübingen: Stauffenburg Verl. (Stauffenburg Handbücher).

Søndergaard, Per Lykke (2010): Die Wiedereroberung des Bologna-Prozesses. In: Peter Gutjahr-Löser, Dieter Schulz und Heinz-Werner Wollersheim (Hg.): Wissenschaft und Akademische Bildung. Ist Theodor Litt für die gegenwärtige Hochschulpolitik aktuell? Theodor-Litt-Jahrbuch 2010/7. Leipzig: Leipziger Universitätsverlag, S. 135–153.

Stolze, Radegundis (2008): Übersetzungstheorien. Tübingen: Gunter Narr Verlag.

Szymański, Mirosław; Nowosad, Inetta (2010): Bologna und die Lehrerbildung in Polen. In: Peter Gutjahr-Löser, Dieter Schulz und Heinz-Werner Wollersheim (Hg.): Wissenschaft und Akademische Bildung. Ist Theodor Litt für die gegenwärtige Hochschulpolitik aktuell? Theodor-Litt-Jahrbuch 2010/7. Leipzig: Leipziger Universitätsverlag, S. 203–231.

Taylor Allen, Ann (1999): Der lange Weg zur Gleichstellung. Frauen im deutschen und amerikanischen Hochschulwesen. In: Mitchell G. Ash (Hg.): Mythos Humboldt. Vergangenheit und Zukunft der deutschen Universitäten. Wien u.a.: Böhlau, S. 218–233.

Tomusk, Voldemar (2014): European Higher Education Considering Gellner, Malinowski and Wittgenstein. In: Tamás Kozma, Magdolna Rébay, Andrea Óhidy und Éva Szolár (Hg.): The Bologna Process in Central and Eastern Europe. Wiesbaden: Springer Fachmedien, S. 33–62.

Universität Würzburg (2023): Qualitätsmanagement. Programmakkreditierung. Hg. v. Universität Würzburg. Online verfügbar unter https://www.uni-wuerzburg.de/qm/akkreditierung/programmakkreditierung/, zuletzt aktualisiert am 24.01.2023, zuletzt geprüft am 21.04.2023.

van Dijk, Teun A.; Kintsch, Walter (1983): Strategies of Discourse Comprehension. Academic Press. New York. Online verfügbar unter https://discourses.org/wp-content/uploads/2022/06/Teun-A-van-Dijk-Walter-Kintsch-1983-Strategies-Of-Discourse-Comprehension.pdf, zuletzt aktualisiert am 06/2022, zuletzt geprüft am 01.05.2023.

Venuti, Lawrence (2008): The translator's invisibility. A history of translation. 2. ed. London: Routledge.

Vermeer, Hans J.; Reiß, Katharina (1984): Grundlegung einer allgemeinen Translationstheorie. 2. Aufl., 2., Reprint 2010. Berlin: De Gruyter (Linguistische Arbeiten, 147).

vom Bruch, Rüdiger (1999): Langsamer Abschied von Humboldt? Etappen deutscher Universitätsgeschichte 1810-1945. In: Mitchell G. Ash (Hg.): Mythos Humboldt. Vergangenheit und Zukunft der deutschen Universitäten. Wien u.a.: Böhlau, S. 29–57.

Walter, Thomas (2006): Der Bologna-Prozess. Ein Wendepunkt europäischer Hochschulpolitik? Wiesbaden: VS Verlag für Sozialwissenschaften | GWV Fachverlage GmbH Wiesbaden.

Weber, Max (1921-1922): Grundriss der Sozialökonomik. III. Abteilung. Wirtschaft und Gesellschaft. In: Marianne Weber (Hg.): Grundriss der Sozialökonomik. III. Abteilung. Wirtschaft und Gesellschaft. Tübingen: Mohr (Siebeck).

Webler, Wolff-Dietrich (2008): Zur Entstehung der Humboldtschen Universitätskonzeption. Statik und Dynamik der Hochschulentwicklung in Deutschland; ein historisches Beispiel. Bielefeld: UVW Universitäts-Verl. Webler.

Weikopf, Otto: Ursprung und Entwicklung der Sprachen. Sprachfamilien - Sprachvergleich - Sprachwandel. Indoeuropäische Sprachfamilie. Unter

Mitarbeit von Rechtsanwälte Weikopf & Coll. Online verfügbar unter https://welt-der-sprache.info/sprachfamilien.html, zuletzt geprüft am 01.05.2023.

Weischer, Christoph (2007): Sozialforschung. Konstanz: UVK (UTB Soziologie, 2924).

Wenzel, Xenia (2015): Die Übersetzbarkeit philosophischer Diskurse. Eine Übersetzungskritik an den beiden englischen Übersetzungen von Heideggers "Sein und Zeit". Berlin: Frank & Timme (TRANSÜD. Arbeiten zur Theorie und Praxis des Übersetzens und Dolmetschens, 78).

Whorf, Benjamin Lee (1956): Language, thought and reality. Selected writings. In: John B. Carroll (Hg.): Language, thought, and reality. Selected writings of Benjamin Lee Whorf. New York: Technology Press of Massachusetts Institute of Technology, S. 15–246.

Wilss, Wolfram (Hg.) (1981): Übersetzungswissenschaft. Darmstadt: Wiss. Buchges (Wege der Forschung, 535).

Witte, Heidrun (2000): Die Kulturkompetenz des Translators. Begriffliche Grundlegung und Didaktisierung. Univ., Diss--Hildesheim, 1998. Tübingen: Stauffenburg-Verl. (Studien zur Translation, Bd. 9).

Wittgenstein, Ludwig (1989): Tractatus logico-philosophicus. Tagebücher 1914 - 1916. Philosophische Untersuchungen. 1. Aufl. Frankfurt am Main: Suhrkamp (Werkausgabe, 1).

Woodsworth, Judith (2003): 10. Geschichte des Übersetzens. In: Mary Snell-Hornby, Hans G. Hönig, Paul Kußmaul und Peter A. Schmitt (Hg.): Handbuch Translation. 2., verb. Aufl., unveränd. Nachdr. Tübingen: Stauffenburg Verl. (Stauffenburg Handbücher), S. 39–43.

Ziedek, Patrizia (2013): Bologna-Prozess in Deutschland. Verfassungs- und verwaltungsrechtliche Fragen der Einführung von Bachelor- und Masterstudiengängen. Univ., Diss.--Frankfurt (Oder), 2011. Hamburg: Kovač.

Sprache – Kultur – Gesellschaft: Beiträge zu einer anwendungsbezogenen Sozio- und Ethnolinguistik
Herausgegeben von Sabine Bastian und Laurent Gautier

Die Bände 1–10 sind im Martin Meidenbauer Verlag erschienen und können über den Verlag Peter Lang, Internationaler Verlag der Wissenschaften, bezogen werden: www.peterlang.com.

Ab Band 11 erscheint diese Reihe bei der Peter Lang GmbH, Internationaler Verlag der Wissenschaften.

Band 11	Barbara Alicja Jańczak: Deutsch-polnische Familien: Ihre Sprachen und Familienkulturen in Deutschland und in Polen. 2013.
Band 12	Ramona Schröpf (Hrsg.): Medien als Mittel urbaner Kommunikation. Kontrastive Perspektiven Französisch-Deutsch. 2013.
Band 13	H. Ekkehard Wolff: Was ist eigentlich Afrikanistik? Eine kleine Einführung in die Welt der afrikanischen Sprachen, ihre Rolle in Kultur und Gesellschaft und ihre Literaturen. 2013.
Band 14	Claus Altmayer / H. Ekkehard Wolff (eds.): Africa: Challenges of Multilingualism. Afrika: Herausforderungen der Mehrsprachigkeit. Les défis du plurilinguisme en Afrique. 2013.
Band 15	Sabine Bastian / Julia Burkhardt / Elisabeth Burr (éds.): Langue et identité dans l'espace digital. 2014.
Band 16	Cécilia Bernez: Grammaire des couleurs. 2014.
Band 17	Marie-Anne Berron: Étude contrastive du slam en France et en Allemagne. Analyse linguistique du lexique sub- et non-standard de textes de slam. 2015.
Band 18	Johannes Dahm: Diskurslinguistische Perspektiven auf Soziale Repräsentationen. 2018.
Band 19	Yasamin Khosravani: Translation Quality Assessment (TQA) of Subtitles. Criteria for the Evaluation of Persian Subtitles of English Movies Focusing on Semiotic Model of TQA for Poetry Translation and Appraisal Theory. 2019.
Band 20	Florian Koch: Die Abwertung des Anderen mittels Sprache im Amateurfußball. Ein sozio-linguistischer Vergleich in Deutschland und Frankreich. 2019.
Band 21	Sabine Bastian / Uta Felten / Jean-Pierre Goudaillier (éds): Cultures et mots de la table. Comment parle-t-on de la nourriture et de la cuisine en termes académiques, littéraires et populaires / argotiques? 2021.
Band 22	Thomas Sähn: Analyse sémiologique des personnages dans les récits graphiques. 2022.
Band 23	Matthieu Bach: Sémantique discursive cognitive. Frames et constructions des discours de vente du vin en Autriche. 2022.
Band 24	Isabelle Guinamard / Weiwei Guo / Marie Laureillard (éds): Vieillesses en Chine et en France. Mots, textes, images. 2023.
Band 25	Mariele Mancebo Garcia: Des mots pour les bulles: le Crémant de Bourgogne mis en mots. 2023.
Band 26	Laura Rothe: Der Bologna-Prozess im Fachbereich Translatologie. Empirische Untersuchung der europäischen Studienreform 2006–2016. 2025.

www.peterlang.com

www.ingramcontent.com/pod-product-compliance
Ingram Content Group UK Ltd.
Pitfield, Milton Keynes, MK11 3LW, UK
UKHW041823290926
8980IPUK00002B/33

9 783631 925621